Ihre Arbeitshilfen zum Download:

Die folgenden Arbeitshilfen stehen für Sie zum Download bereit:

- Lünendonk®-Listen
- Studien
- Dossiers
- Whitepaper
- Magazine
- weitere Analysen

http://mybook.haufe.de/

Buchcode: ZRB-6636

LÜNENDONK

Thomas Ball und Jörg Hossenfelder
(Hrsg.)

HANDBUCH FACILITY MANAGEMENT

2021

70 FÜHRENDE PARTNER FÜR IHR UNTERNEHMEN

Haufe Group
Freiburg · München · Stuttgart

Handbuch Facility Management 2021 –
70 führende Partner für Ihr Unternehmen

ISBN 978-3-648-15069-6 Bestell-Nr. 16080-0001

Herausgeber: Thomas Ball und Jörg Hossenfelder
Redaktion: Lünendonk & Hossenfelder GmbH, Mindelheim
Redaktionsleitung: Theresa Drexel
Produktmanagement: Jürgen Fischer, München
Layout: SatzWerke, Rüsselsheim
Grafiken: DUOTONE Medienproduktion, München

Inhalt

Zurück in die Zukunft

Jörg Hossenfelder

Geschäftsführender Gesellschafter Lünendonk & Hossenfelder GmbH

Liebe Leserin, lieber Leser,

über die Ostertage 2021 prägte mitten in der Pandemie ein neuer Begriff die Schlagzeilen: der Brücken-Lockdown. Ein mühseliger letzter Gang über eine Brücke soll in eine neue Normalität führen. Oder muss eine weitere Brücke folgen? Oder müssen wir über sieben Brücken gehen, wie einst Karat oder Peter Maffay sangen? Auf jeden Fall sehen Unternehmen mittels Test- und Impfstrategie seit langer Zeit wieder Licht am Ende des Tunnels und planen einen Restart. Im zweiten Halbjahr 2021 wollen wir durchstarten.

Hier kommt das Facility Management ins Spiel – als Ermöglicher des New Normal. Hygienekonzept, Pandemieplan, Krisenstrategie, Gefährdungsbeurteilung – die Liste der gesetzlichen Anforderungen an Unternehmen ist lang. Nicht nur vonseiten des Gesetzgebers, auch unternehmensintern müssen wirtschaftlich notwendige Überlegungen angestellt werden, die den Einsatz von Arbeitskräften ermöglichen und die Nutzung von Arbeitsmitteln und -räumen präzisieren.

Es gibt indes keine Blaupausen für das Facility Management, denn die Assets unterscheiden sich signifikant: Produktionsstätten, Flughäfen, Veranstaltungsräume, Messehallen, Hotels und Gastronomie, Kultur- und Bildungseinrichtungen, Lebensmittelhandel, Logistik- und Rechenzentren sowie bestimmte Industriezweige waren von Schließungen unterschiedlich betroffen. Nicht jede Branche kann beispielsweise den Mitarbeiterinnen und Mitarbeitern Homeoffice anbieten, und die Restart-Maßnahmen gestalten sich unterschiedlich.

Erneut erweisen sich die Immobilienverantwortlichen und deren Service-Provider als Stütze der Krise – erneut außerhalb der Öffentlichkeit verrichten sie ihr Tagewerk, um die Primärprozesse der Unternehmen am Laufen zu halten.

Wenn Sie nun befürchten, dass es in dieser Publikation ausschließlich um die Pandemiebewältigung geht, dann darf ich Sie beruhigen. Denn die Entwicklungen in den Themengebieten Dekarbonisierung, Energieoptimierung, Digitalisierung, Automatisierung und Robotik werden ebenso auf den Schild gehoben wie Flächennutzungskonzepte, Outsourcing, Nachhaltigkeit und Recruiting.

Wir schauen mit zahlreichen Autorinnen und Autorinnen nicht auf den Status quo, sondern auf die nahe liegende Zukunft. Erneut gilt: Jedes Fachthema wird nur von einer Autorin respektive einem Autor besetzt. So stellen wir sicher, dass ein breites Spektrum an aktuellen Themen diskutiert wird und Redundanzen vermieden werden.

Die vorliegende fünfte Auflage des Lünendonk-Handbuchs Facility Management möchte nicht nur zur Orientierung beitragen, sondern Ihnen auch Mut machen. Es trägt den Entwicklungen im Markt der letzten beiden Jahre Rechnung und geht sowohl auf Kunden als auch auf Facility-Services-Anbieter ein. Die vorliegende Publikation richtet sich sowohl an Entscheider mit langjähriger Markterfahrung als auch an Neu- und Quereinsteiger, die sich erstmals mit dem Gesamtmarkt befassen.

Die Dreiteilung des Buches haben wir beibehalten: Erfolgsfaktoren im Facility Management, praxisorientierte Services sowie Produktlösungen und Unternehmensprofile von 50 führenden Anbietern und 20 Beratungshäusern runden den Marktüberblick ab. Die Analystinnen und Analysten des Marktforschungs- und Beratungsunternehmens Lünendonk & Hossenfelder ergänzen das Handbuch und ordnen aktuelle Entwicklungen ein. Dabei ist die Entwicklung des Marktes genauso relevant wie die Einordnung aktueller Trendthemen wie Betreiberverantwortung, Personalmangel und Digitalisierung.

Unser Dank gilt den Autorinnen und Autoren, die mit ihrer Expertise dieses Buch erst ermöglicht haben. Zum Teil begleiten sie den Markt seit langer Zeit und sind profunde Kenner von Strukturen, Akteuren, Unternehmen und den sich verändernden Anforderungen des Marktes. Ein besonderer Dank gilt auch dem Haufe-Verlag, der uns auch bei anderen Buchprojekten erfolgreich begleitet. Schließlich danke ich auch dem Lünendonk-Team für die erneut professionelle Umsetzung dieses Projekts und die vielen guten Ideen, ohne die dieses Buch ein anderes wäre.

Ihnen, liebe Leserin, lieber Leser, wünschen wir neue Impulse und freuen uns auf Ihre Rückmeldung ebenso wie auf Anregungen für die kommende Auflage im Jahr 2023.

Mindelheim, Juni 2021

Jörg Hossenfelder

Geschäftsführender Gesellschafter
Lünendonk & Hossenfelder GmbH

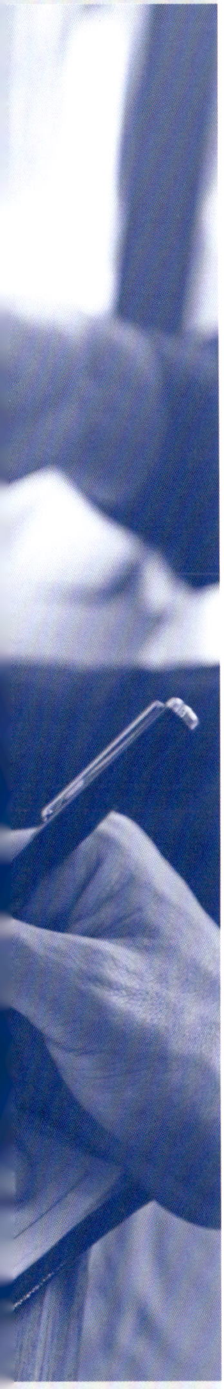

Teil I –

Erfolgsfaktor Facility Management

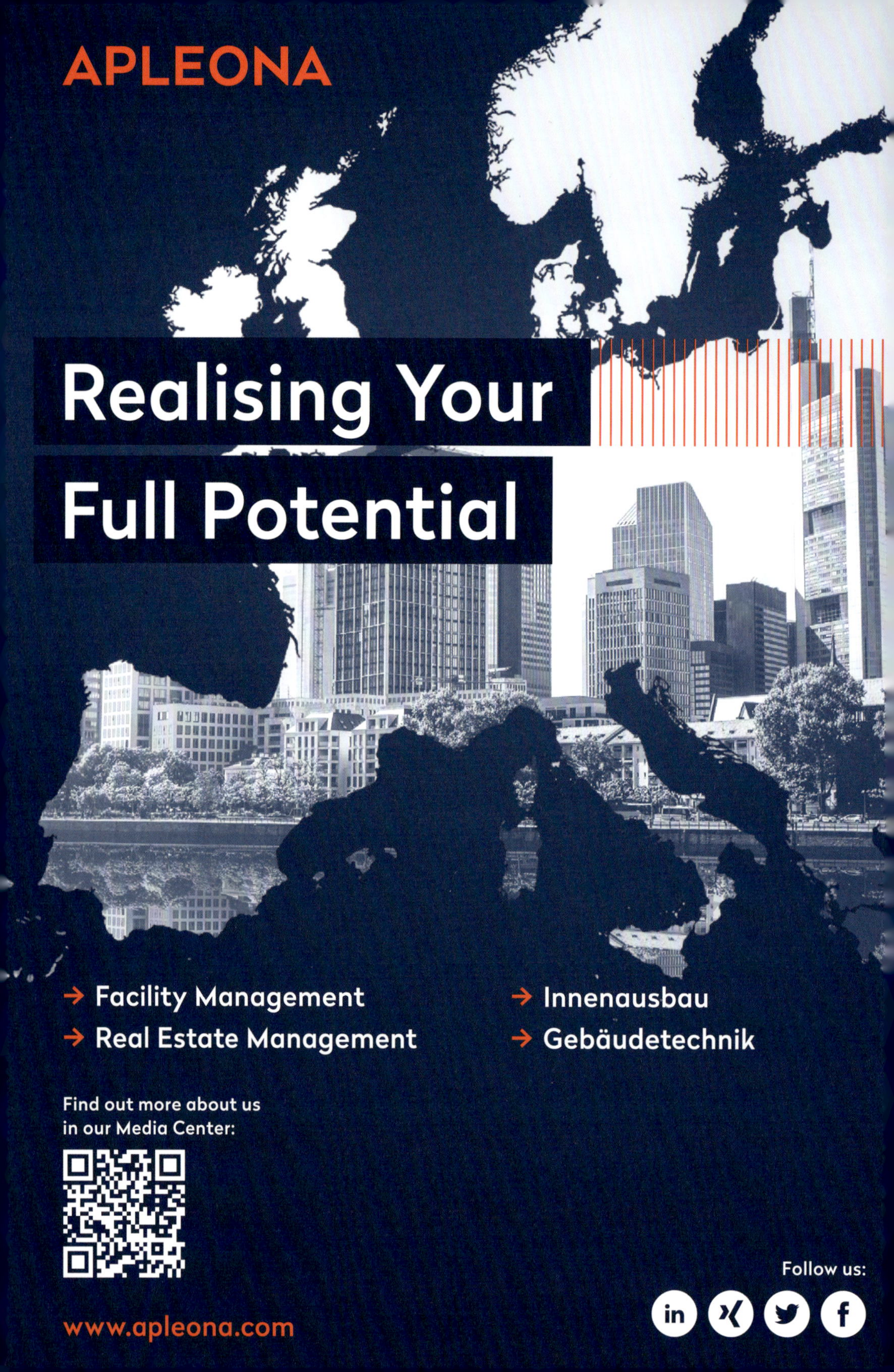
APLEONA
Realising Your
Full Potential
Facility Management
Real Estate Management
Innenausbau
Gebäudetechnik
Find out more about us
in our Media Center:
Follow us:
www.apleona.com

Thomas Ball

Der deutsche Markt für Facility Services: ein Überblick

Erst neulich ist die Frage wieder aufgekommen, wie viele Facility-Service-Unternehmen es denn in Deutschland gebe. Eine einfache Frage, die nur schwer zu beantworten ist. Warum ist das nach Jahrzehnten der Marktprofessionalisierung noch so?

»Facility Services« beschreibt bekanntlich eine Querschnittsdisziplin, die sich abseits von der offiziellen statistischen Erfassung etabliert hat. Weder das Statistische Bundesamt noch die Bundesagentur für Arbeit – die wichtigsten Datenquellen für Beschäftigte, Umsatz und Unternehmen in Deutschland – erheben belastbare Daten zur Marktgröße.

Aber: Warum ist es so schwierig, auf die eingangs gestellte Frage eine präzise Antwort zu geben, und wie lässt sich der Markt besser vermessen? Diese Frage versucht der folgende Beitrag ebenso zu beantworten wie die Frage nach den wesentlichen Strukturmerkmalen.

Merkmale von »Facility Services«

Lünendonk definiert Facility Services als eine Branche, in der Unternehmen mehrere Gewerke anbieten und mehrheitlich für den externen Markt tätig sind. Ein Facility-Service-Unternehmen ist etwa in der Instandhaltung der Gebäudetechnik, im Catering und in der Gebäudereinigung für Kunden aus der Industrie und der öffentlichen Hand tätig. Ein reines Sicherheitsdienstleistungsunternehmen zählt für Lünendonk ebenso wenig zu dieser Definition wie eine interne Gesellschaft, die nur für die Muttergesellschaft beziehungsweise den eigenen Konzern tätig ist. Dennoch sind die Überschneidungen mit Handwerksbetrieben, die sich etwa auf Heizungs-, Aufzugs- oder Brandschutzwartung spezialisiert haben, groß. Darüber hinaus gibt es eine ganze Reihe von Unternehmen, die sowohl technische als auch infrastrukturelle Leistungen anbieten.

Definition als B2B-Dienstleistung

Lünendonk definiert Facility Services zudem als Business-to-Business-Dienstleistung. Unternehmen, die überwiegend für Privatkunden tätig sind, sind daher in diesem Markt ebenfalls nicht zu berücksichtigen. Aus dieser Definition ergibt sich, dass die statistisch erfassten Gebäudereinigungsunternehmen zum Teil zu den Facility-Service-Unternehmen zählen, zum Teil nicht. Das Gleiche gilt für die in diesen Unternehmen tätigen Mitarbeiter beziehungsweise für die in der Berufsstatistik der Bundesagentur für Arbeit nach Tätigkeit erfassten Menschen.

Seit dem Jahr 2004 versucht Lünendonk, diese Informationslücke zur Beschreibung der Marktgröße und – damit wesentlich zusammenhängend – dessen Entwicklung zu schließen. Jedes Jahr werden die im Markt tätigen Unternehmen zu Kennzahlen wie Umsatzentwicklung, Leistungsspektrum, Rentabilität, Mitarbeitenden und Nachunternehmerquote befragt. Darüber hinaus befasst sich Lünendonk detailliert mit der Einschätzung der Unternehmen zur Relevanz von aktuellen Themen und Trends. Die Lünendonk®-Liste, eine Auskopplung der 25 nach Inlandsumsatz führenden Unternehmen, veröffentlicht Lünendonk separat.

Marktvolumen

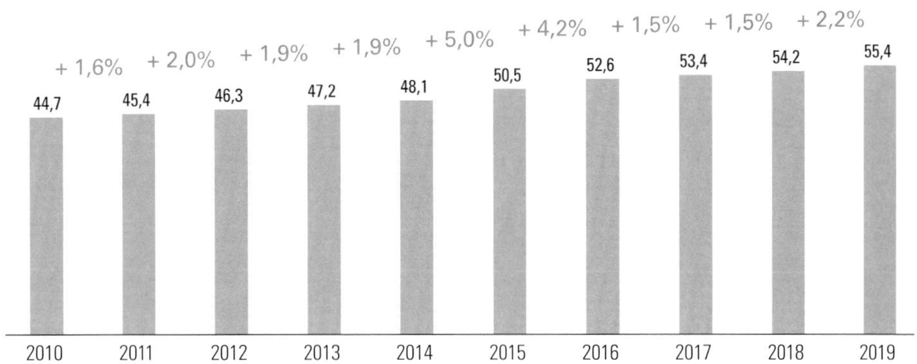

Abb. 1: Wachtum des Marktvolumens 2019 gewinnt an Fahrt

Quelle: Lünendonk & Hossenfelder GmbH

Für die Beschreibung des Marktes ist der kombinierte Umsatz der tätigen Unternehmen eine geeignete Kennzahl, die die Nachfrage spiegelt. In einer Marktkonsolidierung kann die absolute Anzahl der Unternehmen zurückgehen und gleichzeitig die volkswirtschaftliche Bedeutung des externen Marktes durch zusätzliches Outsourcing weiter ansteigen.

FS-Markt entwickelt sich krisenresistent

Lünendonk berechnet auf der Basis der eigenen langjährigen Datenerhebung und volkswirtschaftlicher Kennzahlen das externe Marktvolumen für 2019 auf 55,4 Milliarden Euro. Würden die unternehmensintern erwirtschafteten Umsätze der mehrheitlich am externen Markt tätigen Dienstleister miteinbezogen, stiege das Volumen auf 62,7 Milliarden Euro. Der Facility-Service-Markt entwickelt sich äußerst krisenresistent und nachzyklisch. Das durchschnittliche Wachstum der vergangenen zehn Jahre beträgt 1,5 Prozent. Das liegt an den meist mindestens dreijährigen Verträgen und am konjunkturabhängigen Bedarf. Preistreibend wirken die Lohnentwicklung,

unter anderem aufgrund des zunehmenden Personalmangels, und die Entwicklungen bei Ersatzteilen und Gebäudetechnik. Preisdrückend wirkt der kontinuierliche Wunsch der Kunden nach Effizienzsteigerungen und einer zunehmenden Automatisierung von Verwaltungsprozessen. Darüber hinaus befindet sich der Markt in einer Phase des zunehmenden Outsourcings von bisher intern erbrachten Leistungen und des taktischen Servicemanagements.

Gedämpftes Wachstum erwartet

Für die kommenden Jahre erwartet Lünendonk ein gedämpftes weiteres Wachstum. Im Zuge des auch langfristig erwarteten Anstiegs der Büroarbeit aus dem Homeoffice oder von unterwegs reduzieren viele Unternehmen ihre Büroarbeitsflächen um 20 bis 30 Prozent. Dafür werden auch weniger Facility Services benötigt.

Lünendonk analysiert für die Marktbeobachtung jedes Jahr rund 65 Unternehmen, die etwa 30 Prozent des Marktvolumens erwirtschaften und 2020 364.744 Beschäftigte hatten. In der Stichprobe sind die führenden Unternehmen im Markt deutlich überrepräsentiert. Sie bilden jedoch einen wesentlichen Teil des Marktvolumens ab und sind damit ein hinreichend genauer Indikator für Themen und Trends für die Marktstruktur, die üblicherweise von den marktbedeutenden Kunden geprägt wird. Vergangene separate Analysen der Lünendonk & Hossenfelder GmbH haben gezeigt, dass kleine und mittelständische Auftraggeber zum Teil eine höhere Eigenleistungsquote haben, zum anderen aber deutlich stärker auf Einzelgewerkeanbieter setzen, die in der Lünendonk-Systematik nicht mit abgebildet sind. Der Trend zeigt jedoch auch bei mittelständischen Auftraggebern eine zunehmende Auftragsvergabe an breiter aufgestellte Facility-Service-Unternehmen.

Die führenden Anbieter im deutschen Markt

Wandel bei Angebot und Vergaben

Auf die Veränderung der Nachfrage wird der Markt durch ein angepasstes Angebot reagieren. Dieser kontinuierliche Wandel ist nicht neu, sondern lässt sich auch an den Lünendonk®-Listen der 25 führenden Unternehmen ablesen. Vor zehn Jahren sah das Feld der Marktführer noch deutlich anders aus. Inzwischen befindet sich der Hauptsitz von mehr als der Hälfte der zehn führenden Unternehmen im Ausland. Länderübergreifende Servicevergaben nehmen zu.

In den Jahren 2004 bis 2010 hat sich die heutige Marktstruktur der führenden Unternehmen wesentlich gebildet. Einige Unternehmen sind durch größere Outsourcings entstanden, andere vor allem organisch gewachsen. Wieder andere haben auf die veränderte Kundennachfrage durch Zukäufe reagiert. Im Zuge der Digitalisierung

Rang 2021	Unternehmen	Inlandsumsatz in Mio. Euro		Gesamtumsatz in Mio. Euro		Mitarbeiter in Deutschland	
		2020	**2019**	**2020**	**2019**	**2020**	**2019**
1	Spie Deutschland & Zentraleuropa GmbH, Ratingen [1)]	1.730,0	1.700,0	1.960,0	1.950,0	12.250	12.200
2	Apleona GmbH, Neu-Isenburg	1.696,9	1.664,9	2.263,0	2.274,0	13.050	13.584
3	Wisag Facility Service Holding GmbH, Frankfurt a.M.	1.176,9	1.167,9	1.176,9	1.167,9	31.275	32.187
4	Engie Deutschland GmbH, Köln [2)]	838,0	742,0	838,0	742,0	3.520	3.265
5	Gegenbauer Holding SE & Co. KG, Berlin	765,1	744,0	787,5	767,7	17.405	17.923
6	ISS Facility Services Holding GmbH, Düsseldorf	736,9	655,1	736,9	655,1	12.099	12.671
7	Piepenbrock Facility Management GmbH + Co. KG, Osnabrück	633,7	617,9	633,7	617,9	27.100	26.600
8	Dussmann Group, Berlin [3)]	619,0	662,0	1.698,0	1.781,0	17.565	18.120
9	Kötter Unternehmensgruppe, Essen	571,0	565,0	571,0	565,0	17.600	18.800
10	Klüh Service Management GmbH, Düsseldorf [4)]	531,5	548,0	807,1	851,8	19.707	20.136
11	Sodexo Services GmbH, Rüsselsheim [*) 5)]	510,0	570,9	580,0	631,6	8.400	9.706
12	Strabag Property and Facility Services GmbH, Frankfurt a.M. [6)]	491,0	767,0	549,0	884,0	7.100	7.900
13	Compass Group Deutschland GmbH, Eschborn	470,0	673,0	470,0	673,0	13.800	14.800
14	CBRE Gruppe, Essen [7)]	388,0	372,0	388,0	372,0	1.900	1.885
15	Stölting Service Group GmbH, Gelsenkirchen [8)]	326,0	195,0	331,0	195,0	13.600	7.700
16	Sauter FM GmbH, Augsburg [9)]	264,7	256,6	264,7	256,6	1.407	1.333
17	Götz-Management-Holding AG, Regensburg [*) 10)]	254,0	248,0	307,0	304,2	13.600	13.800
18	Vinci Energies Deutschland Building Technologies Management GmbH, Mannheim	240,8	287,1	280,5	316,8	1.423	1.362
19	Geiger FM Dienstleistungsgruppe Holding GmbH & Co. KG, Dietmannsried [11)]	201,5	205,0	317,6	326,0	7.455	7.388
20	Dr. Sasse AG, München	188,0	190,0	250,0	250,0	4.500	4.800
21	Caverion Deutschland GmbH, München [12)]	187,6	190,9	187,6	190,9	1.259	1.166
22	Dorfner Gruppe, Nürnberg [13)]	174,0	181,0	268,5	266,0	7.315	7.274
23	Hectas Facility Services Stiftung & Co. KG, Wuppertal	149,4	155,0	198,1	209,0	6.300	6.800
24	ISD Immobilien Service Deutschland GmbH & Co. KG, Lüdenscheid	139,0	129,0	139,0	129,0	7.529	6.726
25	Rud. Otto Meyer Technik GmbH & Co. KG, Stuttgart [12)]	136,2	125,1	136,2	125,1	918	885

Abb. 2: Lünendonk®-Liste 2021: Führende Facility-Service-Unternehmen in Deutschland

Quelle: Lünendonk & Hossenfelder GmbH

des Marktes und der weiter voranschreitenden Nachfrage nach Multidienstleistungen aus einer Hand befindet sich der Markt derzeit in einer weiteren Konsolidierungswelle. Marktbeobachter erwarten in den kommenden Monaten und Jahren weitere Meldungen über Zu- und Verkäufe. Es bleibt jedoch abzuwarten, welchen strukturellen Einfluss die Corona-Pandemie auf die Unternehmen und den Markt hat.

Unterschiedliche Auswirkungen der Corona-Pandemie

Generell hängen die Corona-Auswirkungen stark vom Leistungsangebot, von den Asset-Klassen der bewirtschafteten Immobilien und von der Branchenzugehörigkeit der Kunden ab. Dienstleister, die sich auf Veranstaltungs- oder Verkehrsimmobilien spezialisiert haben, sind im Durchschnitt deutlich stärker betroffen als diejenigen, die Produktionsimmobilien in der Industrie oder Büroräume bewirtschaften. Unternehmen, die in der Betriebsgastronomie eine mengenabhängige Vergütung vereinbart haben, hatten wesentlich stärkere Umsatzeinbußen gehabt als diejenigen, die Routinewartungen in der Gebäudetechnik erbringen. In vielen Fällen hatten die Dienstleister trotz vorübergehender Schließung der Betriebsstätten der Auftraggeber das vertragliche Recht auf weiterlaufende Vergütung. Viele Unternehmen haben sich kulant und kundenorientiert gezeigt – mit negativen Folgen für den Umsatz. Seit der Wiedereröffnung im zweiten

---

*) Umsatz und/oder Mitarbeiterzahlen teilweise geschätzt
**) mehrheitlich captiv (unternehmensintern) tätig

1) Inkl. der Planen und Bauen GmbH.
2) Ohne Umsätze aus Energiehandel.
3) Exklusive Kulturkaufhaus und Kursana. Gesamtumsatz der Dussmann Gruppe 2020: 2.079 Mio. Euro.
4) Inlandsumsatz inkl. Servicegesellschaften und Organschaften in 2020: 631,3 Mio. Euro.
5) Inlandsumsatz inkl. Servicegesellschaften und Organschaften in 2020: 580,0 Mio. Euro (geschätzt).
6) Umsatzentwicklung wesentlich beeinflusst durch das Auslaufen eines Großauftrages zum 30.06.2019.
7) Inkl. der CBRE GWS IFM Industrie GmbH, CBRE GWS Industrial Services GmbH und CBRE GmbH.
8) Inkl. der anteilig einbezogenen Umsatz- und Mitarbeiterzahlen der im August 2020 übernommenen Clemens Kleine Unternehmensgruppe.
9) Inkl. der Service-Umsätze aus der Sauter Gebäudeautomation.
10) Inlandsumsatz inkl. Servicegesellschaften und Organschaften in 2020: 273,0 Mio. Euro.
11) Inlandsumsatz inkl. Servicegesellschaften und Organschaften in 2020: 317,6 Mio. Euro.
12) Nur Umsätze mit Facility Services in Deutschland.
13) Inlandsumsatz inkl. Servicegesellschaften und Organschaften in 2020: 256,5 Mio. Euro.

Quartal 2020 gab es zusätzlich zwei unterschiedliche Effekte auf den Markt: Dem Ausfall von vielen Ad-hoc-Leistungen, die im Durchschnitt für rund 22 Prozent des Umsatzes stehen, standen in vielen Fällen außervertragliche Zusatzaufträge gegenüber, etwa durch zusätzliche hygienische Reinigung, Lieferdienste für Catering und Auf-/Umrüstung von Luftfilteranlagen.

Langfristig krisenresistenter Markt

Trotz dieser Effekte ist der Markt vergleichsweise langfristig orientiert und krisenresistent. Nach der Finanz- und Wirtschaftskrise 2008/2009 ging das Wachstum zwar kurzfristig zurück, aber auch der krisenbedingte BIP-Rückgang von über 5 Prozent führte nur zu einem abgeschwächten Wachstum, nicht aber zu rückläufigen durchschnittlichen Umsätzen. Eine vergleichbare Entwicklung zeigt sich auch für die Corona-Auswirkungen. Zwar ist der Umsatz aller analysierten Unternehmen mit – 2,4 Prozent erstmals seit Beginn der Lünendonk Marktbeobachtung rückläufig, liegt aber oberhalb der BIP-Veränderung (– 4,9 %) und deutlich über etwa den 25 führenden Zeitarbeitsunternehmen (– 16,4 %).

Leistungsspektrum und Kunden

Breites Leistungsspektrum gefragt

Der Facility-Service-Markt ist aufgrund seiner Definition im Leistungsspektrum und in der Kundenstruktur heterogen. Der deutsche Markt hat historische Wurzeln in der Gebäudereinigung und im infrastrukturellen Facility Management. Zahlreiche bis heute führende Unternehmen wie etwa Wisag, Gegenbauer, Dussmann, Piepenbrock und Klüh wurden als Gebäudereinigungsunternehmen gegründet und haben im Laufe der Zeit das Leistungsangebot deutlich ausgeweitet. Andere Unternehmen wie Apleona, Spie, Strabag PFS oder Engie haben ihre Wurzeln in der Instandhaltung von Gebäudetechnik. In den letzten Jahren fragen immer mehr Unternehmen, vor allem größere, ein breites Leistungsangebot bei einem oder wenigen Unternehmen nach. Die Analyse des Leistungsspektrums ermöglicht Rückschlüsse sowohl darauf, welche Leistungen welchen Anteil an den Bewirtschaftungskosten der Kunden haben, als auch darauf, welche Services eher bei Einzelgewerkeanbietern nachgefragt werden.

Rentabilität

Im Facility-Service-Markt ist eine Rentabilität von 3 bis 6 Prozent EBIT marktüblich. Bis vor vier Jahren galt dies unabhängig vom Leistungsschwerpunkt. Seitdem hat sich die Rentabilität der Unternehmen mit infrastrukturellem Leistungsschwerpunkt bei durchschnitt-

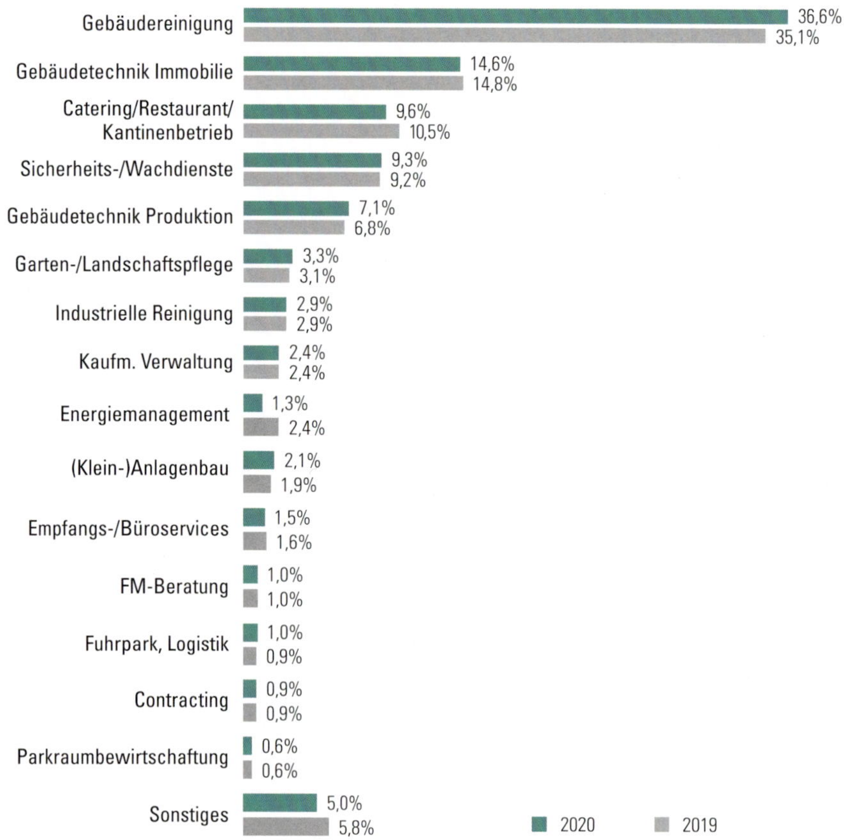

Detailliertes Leistungsspektrum; alle Unternehmen; bereinigt um Ausreißer; Mittelwerte; n = 42

Abb 3.: Leistungsspektrum der Facility-Service-Unternehmen 2020

Quelle: Lünendonk & Hossenfelder GmbH

lich 1 bis 4 Prozent und diejenige der Dienstleister mit einem hohen Anteil an technischen Leistungen bei 3 bis 6 Prozent eingependelt. Auch hier wirkt der Fachkräftemangel und damit die Verknappung des Angebots lohn- und preissteigernd. Bildet sich in Deutschland eine Marktkonzentration wie in der Schweiz vor sechs Jahren heraus, so ist mit deutlich steigenden Margen zu rechnen. Im Geschäftsjahr 2004 waren für Schweizer Facility-Service-Unternehmen 8 Prozent EBIT zu erreichen. Seitdem hat der Wettbewerb durch eine strategi-

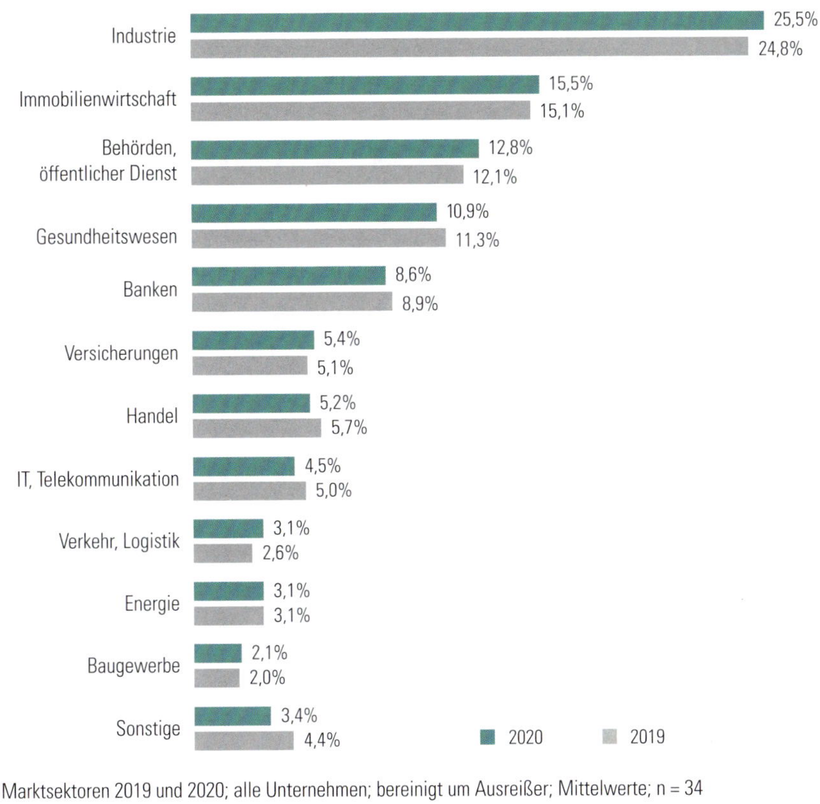

Abb. 4: Industrie bleibt wichtigste Kundengruppe, Umsätze mit IT und Telekommunikation nehmen zu *Quelle: Lünendonk & Hossenfelder GmbH*

sche Veränderung der nachfolgenden Unternehmen – inklusive zahlreicher Übernahmen – zu einer Intensivierung des Wettbewerbs und zu einer Angleichung an die deutsche Rentabilität geführt. Für die gelegentlich geäußerte These, dass eine hohe Rentabilität einem hohen Wachstum entgegensteht, finden sich in den Lünendonk-Zahlen derzeit wenig Anhaltspunkte: 2019 verzeichnete das Drittel des Studiensamples mit besonders hoher Rentabilität die zweithöchste durchschnittliche Wachstumsrate aller analysierten Unternehmen.

Konsolidierung, Nachhaltigkeit, Personalmangel und

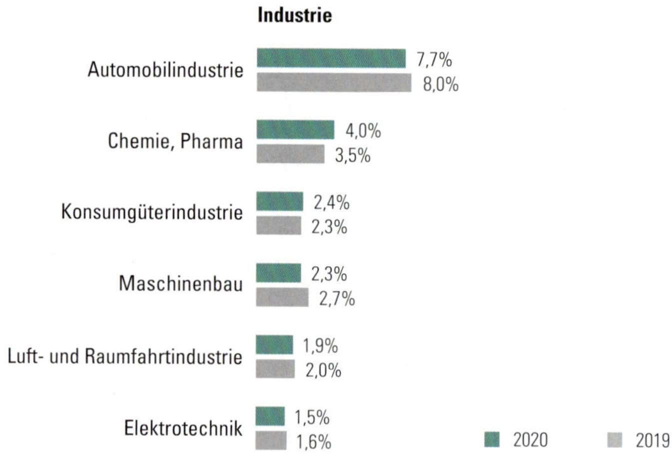

Marktsektoren 2019 und 2020; alle Unternehmen; bereinigt um Ausreißer; Mittelwerte; n = 34

Abb. 5: Im Marktsektor Industrie ging der Umsatz mit Kunden aus der Automobilindustrie zurück *Quelle: Lünendonk & Hossenfelder GmbH*

Digitalisierung verändern den Markt

Entwicklung zu Multidienstleistern

Wie wird sich der Markt weiter entwickeln? Indizien dafür lassen sich aus den Angaben der führenden Dienstleister herauslesen: Der Umsatzanteil mit Nachunternehmen steigt seit Jahren an und liegt inzwischen bei 18,4 Prozent. Noch im Jahr 2015 betrug er 12,3 Prozent. Inzwischen bieten 87 Prozent der Unternehmen integrierte Services an. Der damit erzielte durchschnittliche Umsatzanteil betrug 2020 36 Prozent. Der Umsatzanteil von Paketaufträgen, die mindestens drei Gewerke umfassen, liegt inzwischen bei 45 Prozent. Gleichzeitig ist die Erweiterung des Angebots sowohl in der Flächenabdeckung als auch im Leistungsportfolio ein wesentlicher Treiber der zu beobachtenden Zukäufe und Übernahmen. Vieles deutet darauf hin, dass der deutsche Facility-Service-Markt vor einer weiteren Konsolidierung steht, hin zu Multidienstleistern.

Digitalisierung und Automatisierung gefordert

Im Zuge der voranschreitenden Digitalisierung steigen die Anforderungen an eine Dienstleistungspartnerschaft. Das wird gerade vonseiten der Großunternehmen und Konzerne mit großvolumigen Auf-

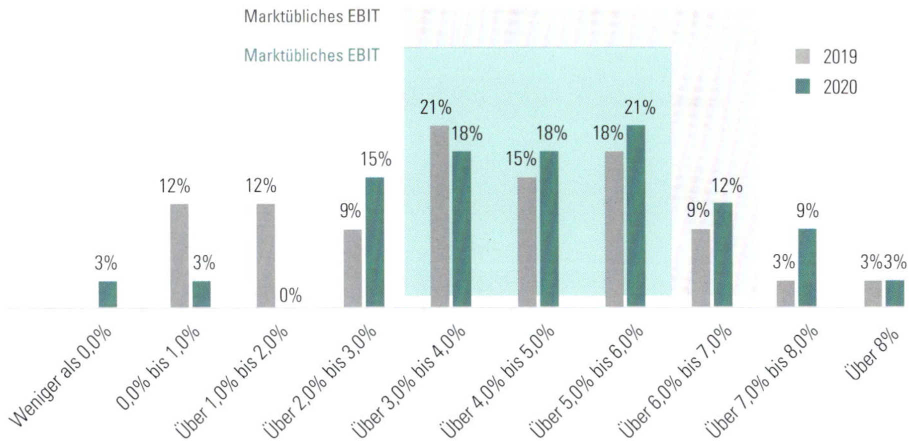

Umsatzrendite (EBIT) 2020 und 2019; diese Unternehmensangaben können durch Lünendonk nicht verifiziert werden; alle Unternehmen; n = 34

Abb. 6: Die marktübliche Rendite geht trotz Umsatzanstieg leicht zurück

Quelle: Lünendonk & Hossenfelder GmbH

trägen zu einer weiteren Hürde in der Auftragsvergabe für Dienstleister führen, die nicht über die entsprechenden Ressourcen verfügen, um die Anforderungen zu erfüllen. Gerade im so bedeutenden Mittelstand sind jedoch oft andere Faktoren bei der Dienstleisterwahl ausschlaggebend. Weitere Entwicklungen, die Lünendonk derzeit vertieft beobachtet, sind neben der Automatisierung von Services insbesondere die steigende Nachfrage nach nachhaltigen Services, die sich verändernde Arbeitswelt, der Personalbedarf und eine mögliche Veränderung im kaufmännischen Gebäudemanagement.

Die Digitalisierung beeinflusst diese vermeintlich separaten Trends wesentlich, indem sich Anforderungen an Personal, Technik, Vertrags- und Geschäftsmodelle verändern. Die große Gesellschaftsaufgabe, den Klimawandel zu begrenzen, wird nur mit Effizienzsteigerungen in den Immobilien möglich sein. Angesichts der geringen einstelligen Modernisierungs- und Neubauquote pro Jahr sind Maßnahmen im Bestand notwendig. Facility-Service-Unternehmen leisten einen wesentlichen Beitrag dazu, nicht nur auf effiziente Gebäudetechnik umzurüsten, sondern die Immobilien mit digitalisierten

Thomas Ball ist Partner der Lünendonk & Hossenfelder GmbH. Er betreut Marktforschungs- und Beratungsprojekte für die Märkte Facility Service, Industrieservice und Zeitarbeit.

Lösungen bedarfsorientiert zu steuern. Viele Serviceunternehmen agieren hier inzwischen auch beratend für ihre Kunden.

Eines ist sicher: Es bleibt spannend.

Christian Volkmann

Facility Management für kritische Infrastrukturen am Beispiel der DFS Deutsche Flugsicherung GmbH

Die DFS Deutsche Flugsicherung GmbH mit Sitz im hessischen Langen ist für die Flugverkehrskontrolle in Deutschland zuständig und gehört damit zur kritischen Infrastruktur der Bundesrepublik. Das Unternehmen befindet sich im ausschließlichen Eigentum des Bundes und ging 1993 aus der Bundesanstalt für Flugsicherung (BFS) hervor.

Auftrag und Aufwendungen der DFS

Im Auftrag des Bundes nimmt die DFS die Flugsicherungsaufgaben wahr, wie sie im Luftverkehrsgesetz aufgeführt sind. Die Aufwendungen hierfür werden fast ausschließlich über Flugsicherungsgebühren gedeckt. Dafür erhebt die DFS Strecken- sowie An- und Abfluggebühren. Die Höhe der Gebühren wird nach europäischen Vorgaben festgelegt. Da die DFS gemäß Gesellschaftsvertrag ein nicht gewinnorientiertes Unternehmen ist, müssen Überschüsse an die Luftraumnutzer zurückgezahlt werden.

Insgesamt ist die DFS bundesweit an 15 internationalen Flughäfen und vier Kontrollzentralen sowie über ihre Tochterfirma DFS Aviation Services GmbH (DAS) an neun Regionalflughäfen vertreten. Das DAS-Tochterunternehmen ANSL erbringt Flugsicherungsdienstleistungen an den britischen Flughäfen London-Gatwick und Edinburgh.

Zur Erfüllung des gesetzlichen Auftrags der DFS muss die flächendeckende und aus Sicherheitsgründen auch redundante Abdeckung des gesamten deutschen Luftraums mit Funk-, Navigations- und Radarüberwachungsdiensten jederzeit gewährleistet sein, unabhängig davon, ob die Kapazitäten im Luftraum voll ausgelastet sind oder – wie gerade in der Corona-Krise – nur zu einem geringen Teil.

Bedeutung der technischen Infrastruktur und Rahmenbedingungen zur Bewirtschaftung

Aufrechterhaltung der FM-Leistungen

Die Betriebsräume für die Flugverkehrskontrolldienste, die Flugsicherungstechnik und alle für deren Betrieb erforderlichen FM-Leistungen müssen unabhängig vom Verkehrsaufkommen stets in vollem Umfang, das heißt rund um die Uhr an sieben Tagen die Woche und inklusive der höchstverfügbaren und somit redundanten Energieversorgung, aufrechterhalten werden. Neben Kontrollzentralen und Towern betreibt die DFS 500 Gebäude mit Funk-, Navigations- und Radartechnik. Für den Großteil dieser Einrichtungen ist es maßgebliche Bedingung, dass der Standort geeignet ist, zum Teil ist die geografische Lage vorgegeben. Die Anzahl erforderlicher Anlagen und deren Lage richten sich also im Wesentlichen nach der Größe der zu überwachenden Fläche und den geografischen Gegebenheiten. Neben den zwingend an den jeweiligen Flughäfen angesiedelten Objekten, zum Beispiel für die Platzkontrolle (Tower) und die Instru-

Abb. 7: Die DFS nimmt im Auftrag des Bundes Flugsicherungsaufgaben wahr (im Bild: Tower Berlin Brandenburg) *Quelle: DFS Deutsche Flugsicherung GmbH*

mentenlandesysteme (ILS), finden sich die Anlagen und Gebäude häufig an abgelegenen Standorten wie zum Teil nur über Feldwege erreichbaren Wald- und Feldlagen, auf exponierten Mittelgebirgszügen – oder auf der Insel Helgoland. Die Vielzahl der Standorte und die zeitaufwendige Erreichbarkeit sind kaum beeinflussbare Größen, wenn man nach Effizienzgewinnen sucht. Die Lage und der Charakter als Spezialimmobilien, das heißt die Ausrichtung auf einen ganz spezifischen Zweck, machen zudem eine Veräußerung oder Umnutzung für andere Zwecke nahezu unmöglich.

Bewirtschaftungsstrategie

Auswahl hochprofessioneller FM-Dienstleister

Die DFS betreibt ihre Liegenschaften und Gebäude bereits seit vielen Jahren mit der Unterstützung externer Dienstleistungspartner und schreibt die FM-Leistungen regional und differenziert nach Services (TGM, IGM) aus. Nur durch die Auswahl hochprofessioneller Dienstleister kann angesichts der Rahmenbedingungen der bestmögliche Service zu wettbewerbsfähigen Preisen gewährleistet werden. Die Erfahrungen mit den externen Partnern haben gezeigt, dass auch die großen Marktteilnehmer mit komplettem Angebotsportfolio in Bezug auf die geforderte Qualität regional und fachlich deutliche Unterschiede aufweisen. Aus diesem Grund werden Dienstleistungen in Form von Clustern ausgeschrieben. Die Folge sind zwar höhere ad-

TÜV SÜD
Advimo
Mehr Wert.
Mehr Vertrauen.
Heben Sie die Wertschöpfung Ihrer Immobilie auf das nächste Level
Moderne Methoden. Digitale Prozesse. Aus einer Hand.
Für Sie als Immobilieneigentümer, Betreiber, Nutzer oder Entwickler sind wir Ihr zuverlässiger Partner und kompetenter Manager über den gesamten Lebenszyklus Ihres Objekts. Wir schaffen nachhaltig Wert und Sicherheit für Ihre Immobilie. Bei der Umsetzung digitaler Methoden, Werkzeuge und Strategien beraten wir Sie auf dem Weg in die Zukunft.
Auf dem neuesten Stand
▪ BIM/CAFM – Planung, Beratung & Management
▪ Nachhaltigkeitskonzepte & Auditierung (Neu- und Bestandsbauten)
▪ Simulationen (Gebäude und Anlagen)
Ein Rundum-Service
▪ Betreiberpflichtenmanagement
▪ Facility Services – Optimierung, Vergabeunterstützung & Auditierung
▪ Property Management
▪ Lift-Betriebsmanagement & Fachplanung (fördertechnische Anlagen)
Die Technik im Griff
▪ Technische Due Diligence
▪ Technisches Controlling & Monitoring
▪ MSR-Beratung/Regelungsstrategien
Von Anfang an Planungssicherheit
▪ Baubegleitendes Facility Management & Betreiberkonzepte
▪ Inbetriebnahme-Management
▪ Energiekonzepte
Sprechen Sie uns an.
TÜV SÜD Advimo GmbH www.tuvsud.com/advimo
Telefon +49 (0)89 4110968-10 advimo@tuvsud.com
TÜV®

ministrative Aufwände aufgrund der Vielzahl von Verträgen und der damit verbundenen Ausschreibungen, Vergaben und Anknüpfungspunkte zur Steuerung. Andererseits erlaubt dieses Konzept bei Bedarf schnelle und gezielte Reaktionen bei erkannten Qualitätseinbußen, bis hin zur kurzfristig veranlassten Neuausschreibung. Die Mehraufwände im administrativen Bereich lassen sich mit konzeptionellen Maßnahmen und einer zunehmend digital aufgestellten Dienstleistungssteuerung in großen Teilen kompensieren. Zu den konzeptionellen Maßnahmen zählt beispielsweise eine Instandsetzungspauschale ohne Wertgrenze.

Als Auftraggeber auf Augenhöhe

Unerlässlich für den Erfolg ist ein starker und zuverlässiger Partner. Nachdem die DFS nach ihrer Gründung Mitte der 1990er-Jahre damit begonnen hat, die Gebäudebewirtschaftung an externe Partner auszulagern, war ein Vertrauensvorschuss in deren Kompetenz und Engagement Teil des Konzepts. Es gehörte zum Lehrgeld der ersten Jahre, erkennen zu müssen, dass ein Partner erst dadurch stark und vertrauenswürdig wird, indem man ihn kontinuierlich fordert. Das wiederum funktioniert nur, wenn der Auftraggeber in der fachlichen Kompetenz zumindest annähernd auf Augenhöhe ist – und selbst mit Engagement bei der Sache! Die DFS hat daher nachgezogen und den Dienstleistern auf der Ebene des Auftragsmanagements und der Objektleitung ein adäquates Gegenüber geschaffen. Für das Tagesgeschäft hat jeder Objektleiter einen dem betreuten Gebäudebestand entsprechend fachlich qualifizierten Koordinator der DFS als Gegenüber. Im Falle der auf technischem Niveau einem Rechenzentrum entsprechenden Kontrollzentralen ist dies ein Ingenieur. Außerdem betreibt die DFS eine eigene zentrale Betriebsführung für Gebäudetechnik in Langen, die alle technischen Einrichtungen mit eigenem Personal rund um die Uhr überwacht und bei einer Störung die Dienstleister zielgerichtet disponiert.

Wie findet die DFS den beziehungsweise die starken und zuverlässigen Partner?

Ausschreibung nach gesetzlichen Vorgaben

Die DFS schreibt Dienstleistungen gemäß den Vorgaben für öffentliche Auftraggeber formstreng und im Rahmen vorgegebener Fristen aus. Der eigentlichen Angebotsaufforderung wird ein Teilnahmewettbewerb vorgeschaltet. Dies ist ratsam, da der Umfang der Aufgaben und die geforderten Qualifikationen sehr häufig unterschätzt werden, sodass eine Einschränkung des Bieterkreises auf sechs bis acht Bieter sinnvoll ist.

Abb. 8: Gemäß Luftverkehrsgesetz muss jeder Mitarbeiter eines Dienstleisters einen Zuverlässigkeitsnachweis erbringen (Bild: Tower Dresden) *Quelle: DFS Deutsche Flugsicherung GmbH*

Aufgrund der gesetzlichen Vorgaben und der Anforderungen an höchste Verfügbarkeit von Schlüsselmedien wie Strom- und Klimaversorgung sind die Ausschreibungs-, Vergabe- und Start-up-Prozesse zeitintensiv und aufwendig. Jeder Mitarbeiter eines Dienstleisters muss beispielsweise eine positiv beschiedene Zuverlässigkeitsüberprüfung gemäß Luftverkehrsgesetz vorweisen, bevor er für die DFS tätig werden darf. Mitarbeiter, die für Schalthandlungen an elektrotechnischen Anlagen vorgesehen sind, müssen nicht nur ihre fachliche Qualifikation nachweisen, sondern zudem eine DFS-interne theoretische und praktische Schulung zur Elektroqualifikation mit Prüfung absolvieren. Die Fähigkeiten sind im Turnus von zwei Jahren zu bestätigen.

Fachliche Eignung vor attraktivem Preis

Angesichts der hohen Priorisierung von Sicherheitsaspekten ist es daher zwingend, dass bei den Vergabekriterien die fachliche Eignung in der Bewertung übergewichtet wird und nicht der Preis.

Die DFS arbeitet in ihren sieben regionalen Clustern im Bereich der Technik derzeit mit drei Anbietern zusammen, die aufgrund der erforderlichen Leistungsfähigkeit alle im oberen Bereich der Lünendonk®-Liste zu finden sind.

Sofern es im Zuge einer Auftragsvergabe zu einem Dienstleisterwechsel kommt, beträgt eine Start-up-Phase je nach Region zwischen sechs und neun Monaten. Bis alle Standorte und Prozesse bekannt und vertraut sind, dauert es meist weitere zwei Jahre.

Bei den infrastrukturellen Diensten ist die Landschaft der Dienstleister noch weiter aufgefächert. Hier beziehen sich die Lose zum Teil auf einzelne Liegenschaften innerhalb einer Region (z. B. einen Flughafen). Hier sind die Start-up-Phasen deutlich geringer im Aufwand, aber auch hier gilt die Bedingung einer Zuverlässigkeitsüberprüfung für jeden Mitarbeiter.

Digitalisierung von Geschäftsprozessen zur Dienstleistungssteuerung

Standardisierung und Automatisierung

Vor etwa zehn Jahren hat die DFS den Weg der möglichst konsequenten und durchgängigen Digitalisierung eingeschlagen. Da die DFS überwiegend mit externen Partnern arbeitet, sollte dies von Anfang an nicht nur die technischen, sondern auch die administrativen, das heißt vor allem die kaufmännischen Prozesse umfassen. Hier wurden bereits große Fortschritte erzielt. Beauftragung, Rückmeldung, Abnahme und Vergütung von Leistungen sind zumindest im technischen Betrieb nahezu vollständig digitalisiert und automatisiert worden. Aufgrund der großen Zahl der Vertragspartner muss das Ziel sowohl eine Standardisierung als auch eine Automatisierung und nicht zuletzt eine Harmonisierung der Prozesse sein. Denn erfahrungsgemäß versucht der Dienstleister, dem Auftraggeber möglichst viele seiner eigenen Prozesse nahezubringen. Mit Verweis auf eine gegebene digitale Infrastruktur und die vertraglich geregelte Verpflichtung zu deren Nutzung lassen sich solche Initiativen wesentlich einfacher und auch plausibler abwenden.

Kern des Konzepts ist es daher, die Datenhoheit sowohl über die Stamm- als auch über die im Zuge der Prozessabwicklung entstehenden Daten zu erlangen. Dazu werden sowohl die Stammdaten als auch die Wartungspläne im CAFM- und im ERP-System der DFS gepflegt und alle Aufträge für Regel- und Pauschalleistungen automatisiert an die Dienstleister versendet.

Stammdatenpflege beim Auftraggeber

Die zur Auftragserteilung zwingende technische Erfordernis, dass die Stammdaten beim Auftraggeber und nicht etwa in den Systemen des Dienstleisters vollumfänglich und stets aktuell zu pflegen sind, schafft einen Anreiz, zuerst die Daten des Kunden auf Stand zu halten, da der Datenbestand im eigenen System erheblich an Bedeutung verliert. Mit der Rückmeldung, der Abnahme und der Erzeugung

Abb. 9: Die DFS arbeitet mit einer großen Zahl externer Dienstleister zusammen und strebt eine Standardisierung der Prozesse an (Bild: ILS München) *Quelle: DFS Deutsche Flugsicherung GmbH*

von Gutschriften per Workflow im selben ERP-System ist der Prozess nahezu durchgängig und ohne Medienbruch digital abgebildet.

Die DFS stellt ihren Dienstleistern eine Anwendung für mobile Endgeräte zur Bearbeitung der anlagenspezifischen Checklisten für die Regelleistungen zur Verfügung. Die fertigen Checklisten werden als Dokumente zur Nachweisführung am jeweiligen Auftrag im ERP-System der DFS hinterlegt. Neben den nachweislichen Effizienzgewinnen schafft die durchgängige Digitalisierung ein hohes Maß an Transparenz in Bezug auf den Grad der Leistungserfüllung, dessen Stand jederzeit nahezu in Echtzeit abgebildet ist.

Ausblick auf die technischen Entwicklungen und deren Auswirkungen auf den FM-Betrieb

Hohe Sicherheit und Flexibilität

Die DFS erhebt den Anspruch der Technologieführerschaft – in erster Linie in Bezug auf die permanente Erhaltung des sehr hohen Sicherheitsniveaus bei gleichzeitiger Steigerung der Kapazität des Luftraums, die durch die Wachstumsraten in der Luftfahrt bis vor Kurzem an ihre Grenzen zu stoßen drohte, darüber hinaus aber auch, um mit Effizienzsteigerungen und mehr Flexibilität auf den – auch ohne besondere Krisensituation – herrschenden Kostendruck reagieren zu können. So werden auf betrieblicher und technischer Ebene die Möglichkeiten weiterer Digitalisierungsmaßnahmen kontinuierlich ausgelotet.

Beispielhaft für den Flugsicherungsbetrieb sei die bereits mit einem Pilotvorhaben begonnene Maßnahme zur Fernüberwachung von (zunächst verkehrsarmen) Flughäfen genannt. Die DFS ist zur Bereitstellung von Flugsicherungsdiensten an allen als internationale Verkehrsflughäfen klassifizierten Plätzen verpflichtet. An vielen dieser Flughäfen lassen sich die Kosten jedoch durch die geringen Einnahmen an An- und Abfluggebühren nicht decken.

Durch RTC weniger FM-Bedarf für Kontrolltürme

Die DFS hat sich daher entschlossen, eine ambitionierte technische Lösung zu suchen, unter der Bedingung, dass das erforderliche Sicherheitsniveau aufrechterhalten wird. Das bedeutet, dass die Fluglotsen, die bisher vor Ort aus der Kanzel des Kontrollturms und mit unmittelbarer Sicht den Luftverkehr auf und um den Flughafen herum geregelt haben, jetzt mehrere Hundert Kilometer entfernt im Remote Tower Control Center (RTC) vor hochauflösenden Bildschirmen sitzen und den Verkehr von dort regeln. So wird momentan der Flughafen Saarbrücken von Leipzig aus kontrolliert. Demnächst werden von dort aus auch die Lotsen der Flughäfen Erfurt und Dresden ihren Dienst tun. Das bedeutet im Umkehrschluss, dass die Kontrolltürme mit all ihrer gebäudetechnischen Ausstattung, die nicht nur für aufwendige Technik, sondern auch für das Raumklima in den Betriebsräumen mit den Arbeitsplätzen der Fluglotsen ausgelegt war, für den FM-Betrieb wegfallen. Stattdessen verrichtet dort ein kahler Kameramast seinen Dienst, der als Kompensation für den Dienstleister kaum mehr als Strom und Klima für die Videotechnik und eine Kamerareinigungsanlage zu bieten hat.

Perspektivische Herausforderungen

Qualitätsbewusstsein und Bereitschaft für Digitalisierung

Von großer Bedeutung wird es sowohl für die Auftraggeber als auch für die Auftragnehmer sein, die Attraktivität der Aufgaben im Facility Management zu gewährleisten, um reizvolle Perspektiven für Ein- und Aufsteiger in diesem Berufsfeld zu bieten. Als technologiegetriebenes Unternehmen mit einigen Alleinstellungsmerkmalen sind die Voraussetzungen bei der DFS dafür sehr gut. Wo sonst kann man mit einer so faszinierenden Branche wie der Luftfahrt in Berührung kommen und dafür sorgen, dass außergewöhnliche Objekte wie Kontrollzentralen, Tower, Radar-, Funk- und Navigationsanlagen rund um die Uhr verfügbar sind? Dazu braucht es Verantwortungsbewusstsein, technische Kompetenz, eine sehr gute Auffassungsgabe und Managementfähigkeiten. Angesichts dieser Eigenschaften muss

Christian Volkmann, Dipl.-Ing., arbeitete als Architekt, bevor er im Jahr 2000 eine Stelle als Projektleiter im Bauprojektmanagement der DFS Deutsche Flugsicherung übernahm. 2004 wechselte er in das Gebäudemanagement und verantwortete die Themen Servicemanagement (intern), Datenmanagement (CAFM/CAD) und Securitymanagement (z. B. Ausweis- und Zutrittsberechtigungssysteme). Seit 2011 zeichnet er für die Grundsätze im Gebäudemanagement der DFS (Betreiberkonzepte, Dienstleistersteuerung und Digitalisierung) verantwortlich.

aber auch dem Auftraggeber bewusst sein, dass all das nicht zum Discountpreis zu haben ist. Die DFS trägt dem Rechnung, indem sie sich bereits im Vergabeprozess zugunsten der Qualität positioniert.

Zweifellos sind zunehmend IT-Kompetenz und -Kapazität und der Wille zur Digitalisierung auf beiden Seiten und auf allen Ebenen erforderlich. Dabei wird auf die Balance zwischen der eigentlichen Tätigkeit und der Digitalisierung zur Unterstützung zu achten sein. Im Fokus stehen dabei

- die kontinuierliche Pflege der technischen Daten gemäß einem Datenmodell, das nur Daten enthält, deren Verwendung geklärt ist, und
- eine maximale Reduzierung der Aufwände zur Abwicklung administrativer Aufgaben.

Auch die Digitalisierung der Inbetriebhaltungsprozesse, sowohl in der Flugsicherungs- als auch in der Gebäudetechnik, wird kontinuierlich weiterentwickelt. So sollen die Möglichkeiten der präventiven Instandhaltung genutzt werden, mit der Absicht, die Zahl der Ausfälle zu reduzieren und die Planungssicherheit zu erhöhen. Das Thema »Sensorik und IoT« steht derzeit weit oben auf der Agenda.

Fazit

Von der aktuellen Pandemie ist die Luftfahrt und somit auch die Flugsicherung wirtschaftlich sehr stark betroffen.

Für die engen Leitplanken, die durch gesetzliche und geografische Maßgaben gesetzt sind, wird in der DFS auch der Begriff des Infrastrukturdilemmas gewählt, um zu beschreiben, dass der Betrieb kritischer Infrastruktur nicht nur marktwirtschaftlichen Erfordernissen folgen kann. Auch die Nachfrage nach Flugbewegungen kann die DFS nicht beeinflussen. Sie kann lediglich bestrebt sein, immer für das jeweils vorhandene Verkehrsaufkommen gerüstet zu sein. Das erfordert vorausschauende Investitionen in die Flugsicherungstechnik, zukunftsfähige Konzepte und – die gute Nachricht für die FM-Welt – bis auf Weiteres eine Vielzahl baulicher Einrichtungen mit einem hohen Anspruch an deren Technik und Inbetriebhaltung. Denn die Kehrseite aller Limitierungen ist die unbestreitbare Tatsache, dass Flugsicherung und alles, was ihren reibungslosen Betrieb ermöglicht, notwendig bleibt, solange Flugzeuge fliegen.

Abb. 10: Tower Nord Frankfurt *Quelle: DFS Deutsche Flugsicherung GmbH*

Danilo Schön, Sipho Fuhr

Here's the brutal truth: Instandhaltung richtet sich immer noch nach dem Mond, nicht nach dem Bedarf

Digitalisierung im FM

Neben den immensen gesundheitlichen und gesellschaftlichen Herausforderungen, die mit der Covid-19-Pandemie einhergingen, wirkte diese Ausnahmesituation für die Digitalisierung teilweise wie ein Katalysator. Wochen und Monate von zu Hause aus zu arbeiten war, insbesondere für Beschäftigte im Corporate Real Estate und Facility Management, früher eher die Ausnahme. Nun steuern wir einen Großteil unserer Prozesse vom Sofa aus und nutzen die eingesparte Fahrzeit zum Büro für einen Afterwork Hangout, um mit Gleichgesinnten virtuell über die Zukunft des CREM und des FM zu debattieren. Aber während wir uns über Robotik und Predictive Maintenance im Clubhouse austauschen, inspiziert unser Servicetechniker die Technikzentrale der Lüftungsanlage mit Zettel und Klemmbrett – wie jeden Dienstag. Anspruch und Wirklichkeit liegen, wie so oft, leider weiter auseinander, als es wünschenswert wäre. Auch die Instandhaltung von Infrastruktur ist hier keine Ausnahme.

Umfang und Häufigkeit von Instandhaltungsleistungen im Corporate Real Estate und Facility Management basieren früher wie auch heute auf den Vorgaben und Empfehlungen der Errichter und Hersteller. Bei der Anwendung dieser »Standardinstandhaltung« werden allerdings grundlegende Faktoren, die für eine Erfolgsmaximierung entscheidend sind, nicht berücksichtigt. So sind wirtschaftliche Aspekte wie Rest- und Wiederbeschaffungswert der Infrastruktur und damit auch potenzielle instandhaltungsbedingte Verluste bei Nichtausschöpfung in der Gesamtinstandhaltungskostenbetrachtung zu berücksichtigen. Ein umfassenderer Ansatz erhöht also die Kosteneffizienz der gewählten Instandhaltungsstrategie erheblich. Darüber hinaus muss die Instandhaltungsstrategie Risiken wie finanzielle Verluste, Umwelt- und Personenschäden im Falle eines Ausfalls der Infrastruktur berücksichtigen.

Wirtschaftliche und technische Aspekte der Instandhaltungsstrategie

Auch technische Aspekte sollten innerhalb der Instandhaltungsstrategie mit möglichst verursachungsgerechten Key Performance Indicators (KPI) beachtet werden. Ein klassischer KPI ist in diesem Zusammenhang die Meantime between Failures (MTBF), die die durchschnittliche Zeit zwischen zwei Störungen an einer Infrastruktur angibt. Auch hier müssen die vom Umfeld abhängigen Aspekte der Infrastruktur wie zum Beispiel Geschäftsziele oder Öffnungs- und Betriebszeiten in die Instandhaltungsstrategie einbezogen werden. Darüber hinaus führen umweltbewusste Zielstellungen wie die Reduzierung des CO_2-Ausstoßes dazu, dass Infrastrukturen erneuert werden müssen. Um sicherzustellen, dass sie ihre energieeffizienten und klimaschützenden Eigenschaften verbessern, müssen

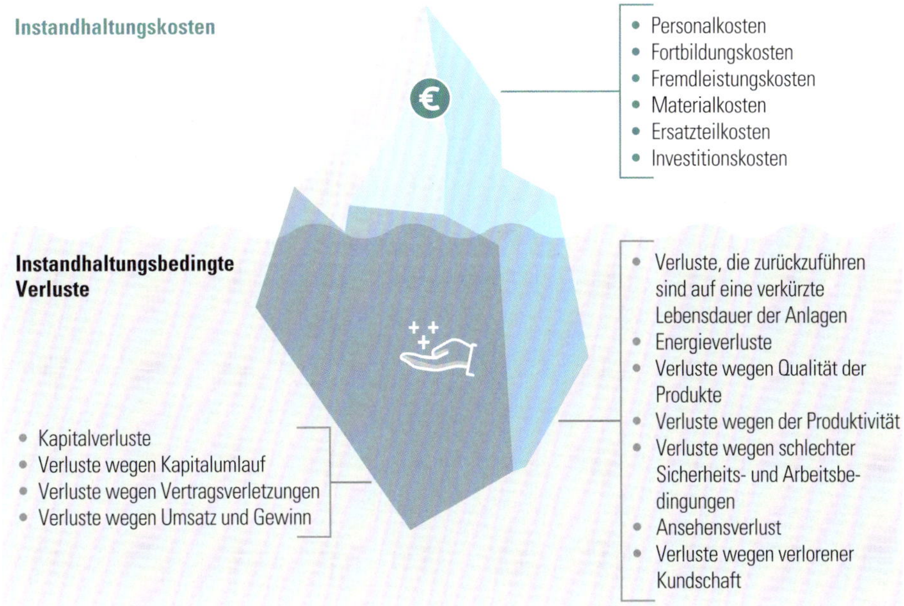

Abb. 11: Eisbergmodell der Instandhaltungskosten *Quelle: Flughafen Berlin Brandenburg GmbH*

die Instandhaltungsstrategien die Umweltbelange in ihre Konzeption einbeziehen.

Derzeit berücksichtigen die standardisierten Instandhaltungsverfahren, die bei zahlreichen Unternehmen in Anwendung sind, nicht die genannten Variablen, was sie insgesamt kostspielig macht und zugleich die Geschäftsziele der Unternehmen nicht hinreichend unterstützt. Durch die verstärkte Digitalisierung und Vernetzung der Infrastrukturen wird die Entscheidungsfindung zur optimalen Instandhaltungsstrategie immer komplexer. Der technologische Fortschritt wird ebenfalls zur Folge haben, dass die Instandhaltungsstrategie an die Gegebenheiten angepasst werden muss, um sie effektiv zu integrieren und von ihren positiven Möglichkeiten zu profitieren. Die Entwicklung in der Automatisierung und künstlichen Intelligenz hat insbesondere auf das Corporate Real Estate und das Facility Management einen starken Einfluss und die Instandhaltungsorganisation muss die sich daraus ergebenden Chancen nutzen. Predictive Maintenance – als Zukunftsvision der modernen Instandhaltung – wird allerdings das Dogma der Instandhaltungsstandards zumindest kurz- und mittelfristig nicht brechen können.

Einfluss der Digitalisierung auf die Instandhaltung

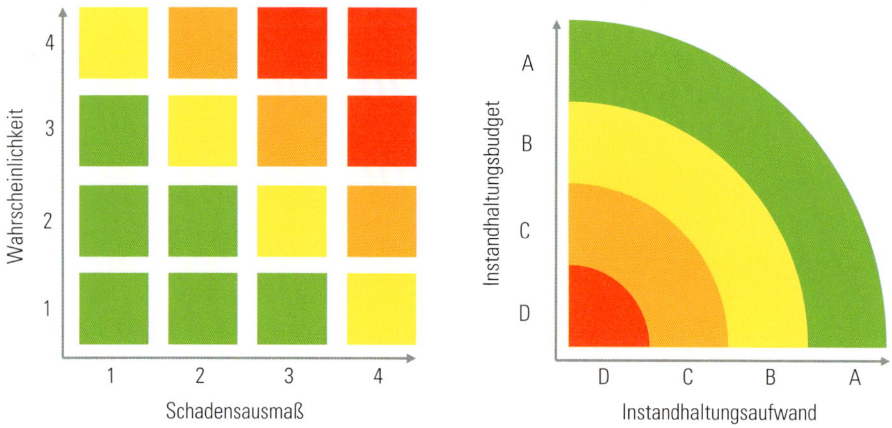

Abb. 12: Risikomatrix (links) und Wirtschaftlichkeitsgraph (rechts)

Quelle: Flughafen Berlin Brandenburg GmbH

Die Frage lautet also: Wie können schon jetzt risikobezogene, technische und betriebswirtschaftliche Aspekte wirksam in Instandhaltungsstrategien integriert werden, um diese anforderungsgerechter und wirksamer zu gestalten?

Optimale Verfügbarkeit der Infrastruktur

Es gilt, im Spannungsfeld zwischen Wirtschaftlichkeit, Werterhaltung, Verfügbarkeit und Sicherheit die am besten zu vereinbarenden Entscheidungen zu treffen, um mit möglichst minimalen Kosten eine optimale Verfügbarkeit der Infrastruktur zu erreichen. Um sicherzustellen, dass unter Berücksichtigung dieses Spannungsfeldes stets die beste (objektive) Entscheidung getroffen wird, ist ein Modell erforderlich, das die Instandhaltungsstandards ablöst und die Instandhaltungsleistungen anforderungsgerecht und wirksam darstellt.

Ein mögliches Entscheidungsmodell für Instandhaltungsstrategien muss demnach den Konflikt zweier grundsätzlicher Zielstellungen berücksichtigen. Auf der einen Seite wird die Minimierung der Instandhaltungskosten angestrebt, die möglicherweise mit einer Reduktion der Sicherheit, Verfügbarkeit und Werterhaltung einhergeht. Auf der anderen Seite wird die Maximierung ebendieser Sicherheit, Verfügbarkeit und Werterhaltung gewünscht, was mit einer Erhöhung der Kosten einhergeht. Die Gewichtung dieser Zielstellungen hängt vom Wert und von der Sicherheits-, Verfügbarkeits- oder Zuverlässigkeitsrelevanz der Infrastruktur ab, die wiederum im Rahmen einer Risikoanalyse zu bewerten ist.

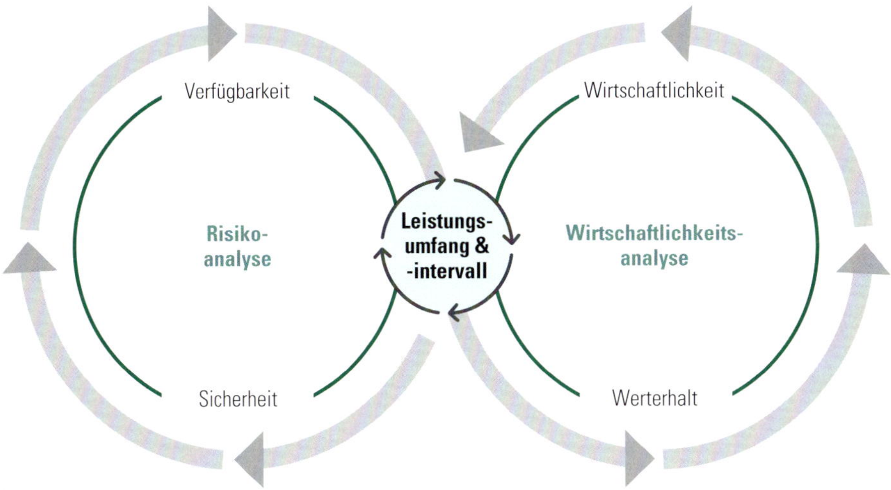

Abb. 13: Durch die Gegenüberstellung kann sichergestellt werden, dass Umfang und Häufigkeit der Instandhaltungsmaßnahmen wirtschaftlich erfolgen Quelle: Flughafen Berlin Brandenburg GmbH

Die Risikoanalyse ist eine geeignete und verbindliche Methode für die Ermittlung und Bewertung bestehender Risiken der betrachteten Infrastruktur. Die Risikoanalysemethodik muss den Anspruch haben, ein vergleichbares und transparent reproduzierbares Resultat zu liefern. Im Ergebnis der Risikoanalyse werden neben dem Schadenspotenzial und der Vorhersehbarkeit eines Ausfalls der Infrastruktur auch Umfang und Häufigkeit der Instandhaltungsleistungen im laufenden Betrieb festgesetzt und laufend überprüft. Hierbei wird auf praxisnahe Minimum- und Maximum-Erfahrungswerte zurückgegriffen.

Ergebnisse der Risikoanalyse

Mittels einer Risikomatrix kann die Vorhersehbarkeit des Auftretens eines unerwünschten Ereignisses (Risiko) gegenüber dessen Auswirkung zweidimensional ins Verhältnis gesetzt werden. Die Risikomatrix dient der systematischen Abschätzung und der weiteren Bewertung von Risiken. Außerdem ist sie ein Maß der Risikobeurteilung und zählt innerhalb des ALARP-Risikomanagements (as low as reasonably practicable) als Standardinstrument.

Objektive Risikobetrachtung

Eine objektive Risikobetrachtung ermöglicht also die Einstufung der Infrastruktur in ein Instandhaltungscluster, das durchaus von der Standardinstandhaltung abweichen kann. So empfiehlt es sich bei hoher Kritikalität (oranger bis roter Bereich in der Risikomatrix), eine Intensivierung der Instandhaltungsleistung vorzunehmen.

Die Instandhaltungsleistungen unterliegen neben den beschriebenen risikobasierten Entscheidungsparametern im Wesentlichen auch der Bewertung ihrer Wirtschaftlichkeit. Somit ist insbesondere die Ermittlung des aus wirtschaftlicher Sicht bestmöglichen Verhältnisses zwischen dem Nutzen der Infrastruktur und der Risikobereitschaft bei vertretbaren Kosten das zentrale Ziel der Instandhaltungsstrategie. Die steigenden Herstellungs- und Instandhaltungskosten infolge der zunehmenden Vernetzung und Automatisierung der Infrastruktur erfordern mehr denn je ein Entscheidungsmodell, das Bewertungskriterien für die Wirtschaftlichkeit der Instandhaltung berücksichtigt.

Mittels eines Wirtschaftlichkeitsgraphen kann das vertretbare Budget für Instandhaltungstätigkeiten dem erwarteten Aufwand für die Instandhaltung zweidimensional gegenübergestellt werden. Eine Beschreibung der ermittelten Instandhaltungsleistung und die durch die Risikoanalyse ermittelte Intensität der Leistungserbringung liefern einen validen Ansatz zur Bestimmung des Gesamtinstandhaltungsaufwands der Infrastruktur.

In einer finalen Gegenüberstellung kann dann sichergestellt werden, dass Umfang und Häufigkeit der Instandhaltungsleistungen wirtschaftlich gewählt werden.

Bedarfsorientierte Instandhaltung

In der langfristigen Betrachtung bietet sich mit der Predictive-Maintenance-Technologie eine hervorragende Möglichkeit, die Instandhaltungsleistung exakt bedarfsorientiert zu steuern. Auf dem Weg hin zu diesem Praxisalltag ermöglicht ein Entscheidungsmodell durch ein standardisiertes Verfahren eine deutlich objektivere und auf das Kerngeschäft ausgerichtete Ermittlung des notwendigen Instandhaltungsaufwands.

Mit dem Leitfaden Instandhaltung (RealFM e. V.) und dem AMEV-Verfahren gibt es bereits etablierte theoretische Ansätze, um die Instandhaltung anforderungsgerechter und wirksamer zu gestalten. Nun gilt es loszulaufen und sich von den Mondphasen zu lösen, um so den nächsten Schritt in der Professionalisierung des Corporate Real Estate und des Facility Managements zu gehen.

Danilo Schön bekleidet bei der Flughafen Berlin Brandenburg GmbH die Position des Head of Central Services. Bereits während seines FM-Studiums war er als Werkstudent beim Flughafen Berlin Brandenburg tätig. Anschließend stieg er im Jahr 2016 als Referent für Facility Management in das Unternehmen ein und schloss berufsbegleitend ein MBA-Programm erfolgreich ab. Seit 2018 übernimmt Danilo Schön zudem Aufgaben als Präsidiumsmitglied des RealFM e. V. und wurde 2020 zum 2. Vizepräsident des Verbandes gewählt.

Sipho Fuhr, Prokurist bei der Bauakademie Performance Management GmbH, arbeitete von 2014 bis 2015 als Technical Property Manager bei der WBM Wohnungsbaugesellschaft Berlin Mitte mbH, bevor er im Jahr 2016 eine Stelle als Project Manager in der Bauakademie übernahm. 2019 wurde er innerhalb der Gesellschaft zum Head of Data Analytics berufen. Seit 2018 ist Herr Fuhr zudem als Lehrbeauftragter an der Beuth Hochschule für Technik und Wirtschaft in Berlin tätig.

Cem Cakrak, Dr. Markus Haushahn,
Johanna Brückner

Digitalisierung im FM bei DATEV eG

Umstrukturierung im Zuge der digitalen Transformation

Big Data, Cloud Computing, KI (künstliche Intelligenz) oder Predictive Maintenance – das sind nur einige Bestandteile der digitalen Transformation, die den Wandel in eine neue Zeit und somit in eine neue Art des Arbeitens einläuten. Als interner Dienstleister hat sich auch das Facility Management (FM) der DATEV schon früh mit diesen Veränderungen beschäftigt und im Jahr 2014 eine Umstrukturierung in diesem Bereich eingeleitet. Ziel war es, tragfähige Lösungen für Dienstleistungen und Prozesse sowie die dazu benötigte Qualifikations- und Organisationsstruktur zu schaffen. Was aber verbirgt sich im Detail hinter diesen Themen?

- Betonung des Innovationsbestrebens durch eine abteilungsübergreifende Organisationseinheit für innovative und strategische Themenfelder

- Zusammenfassung gleichartiger Aufgaben unter einer Organisationseinheit und Vereinheitlichung von Prozessen und Dienstleistungen zur Steigerung der Flexibilität, um schneller auf interne und externe Veränderungen reagieren zu können

- Auftrag zur Automatisierung aller manuellen Geschäftsprozesse im FM im Rahmen einer Überprüfung und Neuausrichtung der CAFM-Prozesse in einem neuen CAFM-System, insbesondere auch Reduzierung der Schnittstellen und Vereinfachung des Schnittstellenmanagements

- Nutzung von Big Data und automatisierten Kennzahlen

Diese Punkte waren im Rahmen der Umstrukturierung des FM der DATEV der Beginn einer Reise, die bis heute andauert und noch nicht abgeschlossen ist.

Im Folgenden werden einige Meilensteine für die Digitalisierung vorgestellt und ein Ausblick auf weitere Etappenziele gegeben.

Modernisierung des CAFM-Systems

Ausschöpfen der digitalen Möglichkeiten

Da die seit dem Jahr 2000 eingesetzte CAFM-Software den Ansprüchen der DATEV an die digitalen Möglichkeiten nicht mehr vollumfänglich gerecht wurde, setzte sich die DATEV mit der künftigen CAFM-Strategie auseinander. Basierend auf der GEFMA-Richtlinie 440 »Ausschreibung und Vergabe von Lieferungen und Leistungen im Bereich des Computer Aided Facility Managements (CAFM)«[1] erstellte die DATEV ein Lastenheft auf der Basis folgender Ziele:

1 GEFMA 440, S. 1 (https://sharepoint.bk.datev.de/sites/WMA/Rechtliches/Rechtliche%20Dokumente%20in%20A/GEFMA440%202015-03.pdf)

- Sicherstellung der IT-Sicherheit
  Höchste Priorität war es, die IT-Sicherheit zu gewährleisten, indem stets die aktuellen vom Hersteller freigegebenen Datenbankversionen in Kombination mit DATEV-Freigaben installiert werden. Die etwa 260 Anwender-PCs sollten zentral gepatcht werden können, um die aktuellen Softwareversionen zu verteilen.
- Einfache, intuitive und mobile Nutzung
  Da sich der Anwenderkreis aus unterschiedlichen Abteilungen mit unterschiedlichen IT-Kenntnissen (z. B. Haustechnik) zusammensetzt, standen sowohl die Usability als auch die selbstständige Arbeitsweise mit verbesserten Auswertungsmöglichkeiten der Daten (Stichwort »Big Data«) im Mittelpunkt.

Ziele des modernisierten CAFM

- Stärkere Abbildung von Prozessen
  Ziel war es, die bei DATEV etablierten Prozesse abzubilden und bei Bedarf stets anpassen zu können. Daher sollte die neue Software eine hohe Flexibilität aufweisen.
- Agilere Anpassung durch die Fachabteilung
  Im Rahmen der agilen Arbeitsweise sollten die Administratoren bei DATEV in der neuen Software einfach und schnell Änderungen selbst vornehmen können. Dies betrifft auch Anpassungen für neue Module, die sich aus der Einbeziehung der Kunden ergeben.
- Höhere Akzeptanz des Serviceportals Facility Management
  Die Intranetanwendung sollte optimiert und die Nutzung durch die etwa 8.000 Mitarbeiter intensiviert werden. Damit waren auch die Digitalisierung und die Zentralisierung der Eingangskanäle verbunden.

Abb. 14: Die digitale Transformation bedeutet den Wandel in eine neue Zeit und eine neue Art des Arbeitens

Basierend auf den definierten Anforderungen blieben am Ende zwei Anbieter übrig, von denen sich wiederum nach Testinstallation und Testbetrieb bei der DATEV »Loy & Hutz« als Favorit positionierte.

Vorteile für den Bereich

Die Vorteile für den Bereich lagen vor allem im Umfang und im modularen Aufbau des Systems, zudem überzeugten die schnelle Anpassung und Entwicklung neuer Module, die Integrationsmöglichkeiten und Schnittstellen (u. a. die bidirektionale CAD-Schnittstelle), die integrierte App sowie umfassende Berichte.

Die neue CAFM-Software wurde im Rahmen eines Projekts über die Dauer von drei Jahren eingeführt. Die erste Inbetriebnahme begann bereits 2019; damals arbeiteten circa 100 Personen bei der DATEV als Power-User mit waveware.

Insgesamt wurden neben zahlreichen Systempaketen (z. B. Staff Management, Analysis, DMS und Task Management) 21 ergänzende Module der Software bei der DATEV eingeführt, zum Beispiel:

Ergänzende Module der Software

- Raum- und Flächenmanagement
- Umzugsmanagement
- Medienverwaltung
- ERP-Interface
- Energiemanagement
- Inventarisierungssoftware
- Ticketsystem/Helpdesk
- Budgetierung
- Materialwirtschaft
- CAD
- Schnittstelle zu Auto-CAD

Außerdem wird die Dokumentation der kompletten Instandhaltung in waveware vollständig digital gepflegt.

Digitalisierung von Prozessen im Facility Management

Neben der Modernisierung des CAFM-Systems etablierten sich noch weitere Projekte in Bezug auf die digitale Transformation im Alltag. Dabei stehen generell aus FM-interner Sicht Faktoren wie Sicherheit, Nachhaltigkeit, Prozessoptimierung und Wirtschaftlichkeit in den verschiedenen FM-Bereichen im Vordergrund.

Infrastrukturelles FM

So können zum Beispiel bereits seit 2017 alle DATEV-Mitarbeiter ihre Paketsendungen in einem internen **Sendungserfassungstool** erfassen und nachverfolgen. Bei der internen Zustellung unterschreibt der Empfänger digital mit seinem Mitarbeiterausweis. Dieses System wird auch für besonders sensible Dokumentensendungen angeboten (verplombte Mappen mit systemgestützten Sicherheitsprüfungen) – genauso sicher, aber schneller und transparenter als bisher.

Digitaler Versand der Hauspost

Auch **die DATEV-interne Hauspost** wird inzwischen digital zugestellt und erreicht den Empfänger automatisiert über eine Outlook-Benachrichtigung. Die Eingangs- und Umlaufpost in Papierform wird somit auf ein Minimum reduziert. Persönliche beziehungsweise vertrauliche Sendungen bleiben davon unberührt und werden weiterhin in Papierform zugestellt.

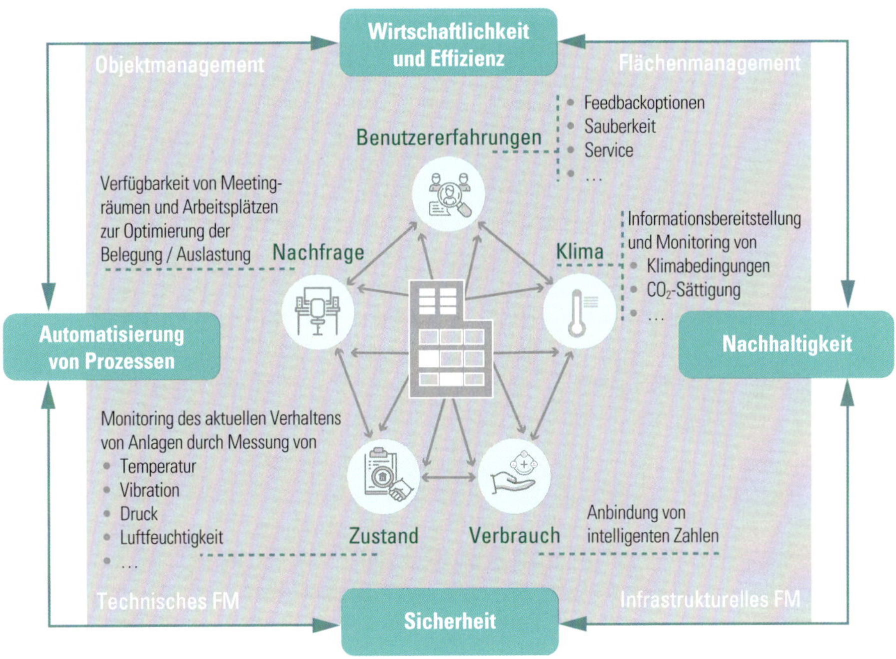

Abb. 15: Bei Projekten der digitalen Transformation stehen Sicherheit, Nachhaltigkeit, Prozessoptimierung und Wirtschaftlichkeit im Vordergrund

Quelle: Eigene Darstellung nach Lünendonk. Lünendonk®-Whitepaper 2019: Digitales Facility Management. Sensorik in Immobilie, Industrie und Infrastruktur als Basis für das digitale Facility Management

Zur Sicherstellung des Hygienestandards startete während der Corona-Pandemie ein Pilotprojekt zur **anforderungsbezogenen Reinigung**. Mithilfe von Sensoren konnte erkannt werden, ob Besprechungs- und Rückzugsräume genutzt wurden, um diese anschließend zeitnah hygienisch zu reinigen und taggleich wieder verfügbar zu machen. Damit konnte eine ressourcenschonende Steuerung der Reinigungskräfte erreicht werden. Die Pilotphase ergab, dass zum einen die verwendeten Räume häufiger genutzt wurden und zum anderen Mitarbeiter Räume bevorzugten, die eine Kommunikation und Interaktion mit Kollegen ermöglichen. Rückzugsräume zur konzentrierten Stillarbeit wurden weniger nachgefragt. Somit konnten eine Auslastungsoptimierung der Räume und Aussagen zum künftigen Flächenmanagement generiert werden.

Hygienestandards und Reinigung

Beim Thema Reinigung wird auch die Fensterreinigung von schwer zugänglichen Fassaden mittels **Reinigungsrobotern** getestet. Dies bietet sich aus wirtschaftlicher Sicht vor allem an Gebäuden an, deren Reinigung mit Aufwand zur Verkehrssicherung und mit Miete für Steiger oder anderes Gerät verbunden ist. Damit wurde im Rahmen der Digitalisierung eine ressourcenschonende und wirtschaftlichere Reinigung erzielt.

Im Bereich der Gastronomie wurde geprüft, inwieweit und in welcher Tiefe eine weitere **Digitalisierung in den DATEV-Großküchen** sinnvoll ist. Neben der klassischen Protokollierung (Temperatur/Energieverbräuche/Störungen etc.) wurde erarbeitet, welche zusätzlichen Funktionen im Rahmen einer vernetzten Großküche für die DATEV sinnvoll und effizient sind (Bedienung der Anlagen über Bildschirm/Smartphone, Predicted Maintenance etc.). Derzeit wird in einem ersten Schritt in einer der Küchen ein Monitoring-Panel installiert, auf dem bislang in der Gebäudeleittechnik vorhandene, für die Küche relevante Informationen visualisiert werden. Parallel dazu werden alternative Integrationsmöglichkeiten recherchiert und bezüglich Einsatzmöglichkeiten und Aussagekraft für die DATEV analysiert.

Arbeitssicherheit und Gefahrstoffmanagement

Im Bereich Arbeitssicherheit und Gefahrstoffmanagement setzt die DATEV seit Jahren auf die Software **Quentic**. Im Zuge der Digitalisierung wurde ein Projekt gestartet, um die Datenqualität sicherzustellen, die Nutzung auf weitere Bereiche (z. B. Arbeitsmedizin oder Büroarbeitsplätze) auszudehnen und zu intensivieren und die Nutzung in der Cloud zu prüfen.

Weiterhin intensivierte die DATEV auch die digitale Kommunikation an den Standorten durch den Einsatz eines DSS-Systems (**Digital Si-**

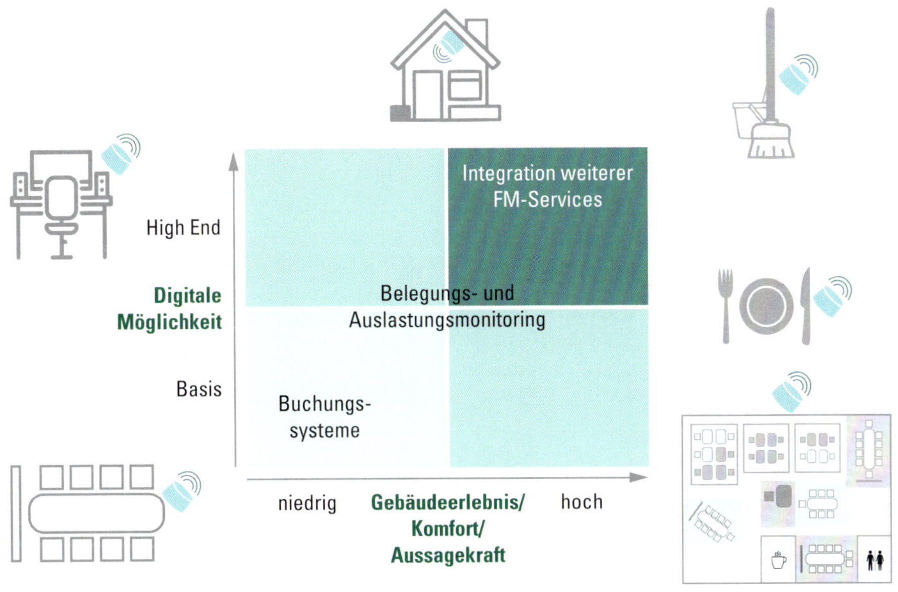

Abb. 16: Das Facility Management der Zukunft soll den Mitarbeitenden einen hohen Mehrwert durch zielgruppengerechte FM-Services bieten *Quelle: eigene Darstellung*

gnage System). Das unternehmensweit bereits vorhandene Netz wird durch FM-Informationen ergänzt. Mitarbeiter sollen künftig bereits am Kontaktpunkt digitale Informationen (Umbauten, Fahrpläne) erhalten. Ergänzt werden soll dies um die Anzeige von Managementdaten, die in der Software Tableau aufbereitet werden.

Technisches FM

Weiterentwicklung der Gebäudetechnik

Im Bereich der Elektrotechnik und der technischen Gebäudeausrüstung wird die **Gebäudeleittechnik** für eine optimale Überwachung, Visualisierung und Steuerung des Betriebs seit 2006 ständig weiterentwickelt. Durch die Erfassung aller laufenden Prozessdaten in Echtzeit wird ein nahezu störungsfreier und effizienter Betrieb ermöglicht. Abweichungen von bisherigen Trends oder Sollwerten werden erkannt und mögliche Fehlerquellen umgehend diagnostiziert. Dies ist ein wesentlicher Baustein zum energieeffizienten und ressourcenschonenden Betrieb.

Flächenmanagement

Corona-konformes Reboarding

Die bereits vorhandene **CAFM-Lösung waveware** wird als Basis für weitere FM-Prozesse genutzt. So bildet die DATEV mit dem Modul »Wiederanlaufplanung« das Reboarding im Rahmen der Corona-Hygieneregeln seit Mai 2020 ab. Über eine Anmeldung im Intranet wird die Auslastung der Standorte digital beobachtet. Zusätzlich können Mitarbeiter ein Mittagessen reservieren, um auch die Belegung der Casinos im Rahmen der gesetzlich vorgegebenen Möglichkeiten corona-konform zu gestalten. Das Küchenteam erhält zusätzlich Informationen zu Art und Anzahl der benötigten Mittagessen, was die Effizienz und Nachhaltigkeit bezüglich des Ressourceneinsatzes fördert. Unter Verwendung der Software Tableau werden dem Management Auswertungen und Visualisierungen zur Verfügung gestellt.

Objektmanagement

Die **CAD- und die CAFM-Software** sollen künftig stärker vernetzt werden. Bisher nur über CAD aufrufbare Gebäudepläne sollen über einen automatischen Batch-Import in die CAFM-Software übertragen werden. Jeder der mittlerweile 300 CAFM-Anwender kann dann die aktuellen Gebäudepläne direkt aus der Datenbankansicht heraus aufrufen. Auf dieser Basis könnten auch Simulationen künftig möglicher Veränderungen wie zum Beispiel Umbaumaßnahmen dargestellt werden. Dies unterstützt den digitalen Prozess der Gebäude- und Belegungsplanung ohne Medienbruch.

Digitale Gebäudepläne und elektronisches Management von Energiedaten

Die DATEV verfügt über ein elektronisches **Energiedatenmanagementsystem** (von der Firma KBR). Auf dieses System sind circa 600 Energiezähler aufgeschaltet, das heißt, der Energieverbrauch von Strom-, Erdgas-, Fernwärme- und Wasserzählern wird viertelstundengenau erfasst und in einer Datenbank gespeichert. Über ein Visualisierungssystem können die Daten grafisch ausgewertet werden. Mittels Excel-Add-in ist eine rechnerische Auswertung möglich.

Digitalisierung im Bereich Softwarenutzung

Im Zusammenspiel mit dem Ziel der digitalen Transformation der DATEV, Prozesse zu automatisieren sowie vor- und nachgelagerte Systeme umfassend in den Gesamtablauf zu integrieren, sollen neues Wissen und neue Erkenntnisse und durch die Nutzung von »**Business Intelligence**« eine bessere Grundlage für anstehende Entscheidungen generiert werden. Effizienzsteigerungen durch Weiterentwicklung und Optimierung der vorhandenen Datenmanagementprozesse, Hilfe und Entlastung der Mitarbeiter bei der Aufbereitung und Pflege der Daten wie auch die Weiterentwicklung bestehender und die Konzeption neuer Kennzahlen und Reports für Management und (DATEV-interne) Kunden des FM sind nur wenige Beispiele für die hier gesetzten Ziele.

Derzeit besteht die Herausforderung darin, eine hohe Datenqualität mit vertretbarem Ressourceneinsatz zu erzielen und dauerhaft zu erhalten. Auf dieser Datenqualität fußt die Erstellung belastbarer und aussagekräftiger Kennzahlen als Steuerungsimpuls sowohl für den Betrieb als auch für das Management. Mithilfe von **Tableau** können Daten zusammengefasst, visualisiert und somit neue Erkenntnisse generiert werden.

Digitalisierung der Beschaffungsprozesse

Die DATEV-Gastronomie arbeitet seit 2014 mit dem **Warenwirtschaftssystem Delegate**. Da bisher die Warenbestellungen jedoch DATEV-weit über SAP ausgeführt wurden, gab es hier einen Medienbruch, der zu erhöhtem manuellen Aufwand geführt hat. Im Zuge der fortschreitenden Digitalisierung wurde mit dem Projekt »Digitalisierung der Beschaffungsprozesse« diese Lücke geschlossen. Weitere Prozessoptimierungen betreffen beispielsweise eine mobile Lösung für den Einsatz an der Warenannahme zur Bearbeitung der Lieferscheine oder auch die Automatisierung bei der Prüfung, Verbuchung und Archivierung von Rechnungen im Rahmen der Lebensmittelanlieferungen.

Darüber hinaus konnte die Prozesseffizienz gesteigert werden. Hierbei sind insbesondere die Einsparung von Verwaltungstätigkeiten (Artikelmanagement, Systemwartung, doppelte Dateneingabe) auf zeitlicher Ebene oder auch die Datenkonsistenz zur Ableitung künftiger strategischer Prozessverbesserungen zu erwähnen. So ließen sich durch die Digitalisierung administrative und operative Prozesse optimieren, verbunden mit mehr Transparenz für Planung und Controlling. Für die Zukunft sind weitere Systemerweiterungen geplant.

Analoge Aufgaben nun im CAFM-System

In **waveware** werden derzeit weitere Prozesse digitalisiert und integriert. Bisher noch analoge Arbeitsweisen, die über unterschiedliche Kanäle an die Fachabteilung gemeldet wurden, werden nun über das CAFM-System und die zugehörige Intranetanwendung abgebildet. Dies betrifft etwa Meldungen an die Gastronomie, die IT- oder TK-Ausstattung oder den Bereich Logistik und Medien.

In Planung ist, die CAFM-Software für Umfragen zu in Anspruch genommenen FM-Services auszuweiten und die Serviceleistung digital zu bewerten. Bisher punktuell erhobenes **Feedback** soll automatisiert abgefragt werden.

Facility Management der Zukunft bei der DATEV

Bedürfnisse bei der Rückkehr in die Büros

Um den Kundenansprüchen weiterhin gerecht zu werden, beschäftigt sich die DATEV mit dem **Facility Management der Zukunft**. Aufgrund des Homeoffice-Gebots im Rahmen der Corona-Pandemie arbeiten im Durchschnitt circa 80 Prozent aller Mitarbeiterinnen und Mitarbeiter von zu Hause aus. Nun soll untersucht werden, welche FM-Services sie dabei unterstützen, »ihren Arbeitsplatz zu Hause« tageweise und tätigkeitsbezogen zu verlassen.

In direktem Austausch werden die Bedürfnisse und Anforderungen der Belegschaft erhoben. Darauf basierend können die FM-Services der Zukunft bedarfsgerecht gestaltet werden. Ziel ist es, Mitarbeitern am Standort adäquate Services zu bieten und Flächenangebote so zu gestalten, dass sie eine optimale Unterstützung bei der jeweiligen Tätigkeit bieten. Auch dezentrale Co-Working-Spaces können eine unterstützende Alternative darstellen. Essenziell ist weiterhin, die Interaktion und das soziale Leben im Flächenangebot darzustellen. Basierend auf den Bedürfnissen der Mitarbeiter können weitere FM-Services digitalisiert, optimiert und integriert werden.

Hinter der Darstellung in Abbildung 16 steht die Vision, Mitarbeitenden einen hohen Mehrwert durch zielgruppengerechte Gebäude und FM-Services zu bieten, die die Möglichkeiten der Digitalisierung nutzen, zum Beispiel Automatisierung, Prozessintegration und -automation, Big Data, künstliche Intelligenz und Internet of Things. Zugleich haben die Daten aufgrund ihrer Menge und Vielfalt eine hohe Aussagekraft, um zum Beispiel künftige Strategien, Bedarfe und Veränderungen zu untermauern, und tragen somit wesentlich zur Effizienz des Unternehmens bei. Der bestimmungsgemäße Einsatz der digitalen Möglichkeiten und die Etablierung regelkonformer Auswertungen im Schulterschluss mit den Betriebspartnern zu regeln – das alles wird die Digitalisierungsreise begleiten.

Cem Cakrak studierte Projektmanagement (Bau) an der Hochschule Biberach. Von 2013 bis 2016 unterstützte er die Projektleitung beim Neubau des IT-Campus der DATEV in Nürnberg. Anschließend führte er zusammen mit Dr. Markus Haushahn ein neues CAFM-System im Facility Management der DATEV ein, dass die meisten Digitalisierungsthemen in diesem Bereich bündelt.
Seit 2019 ist er Assistent der Bereichsleitung im Facility Management.

Dr. Markus Haushahn studierte zunächst VWL an der FAU in Erlangen/Nürnberg und promovierte anschließend ebenfalls dort am Lehrstuhl für Wirtschaftsinformatik III. Ab 2011 war er als Assistent des Bereichsleiters Facility Management tätig. Hierbei trieb er die strategische Neuausrichtung des Bereichs mit voran. Später übernahm er die Projektleitung zur Einführung eines neuen CAFM-Systems bei DATEV. Seit 2019 arbeitet er als Teamleiter im Facility Management und ist für Datenmanagement und Business Analytics zuständig.

Johanna Brückner ist seit 2015 im Facility Management der DATEV tätig und betreut mit ihrem Team FM-spezifische Software. Sie und ihr Team begleiteten den CAFM-Umstieg auf wave und sind nun schwerpunktmäßig für die Weiterentwicklung der FM-spezifischen Software im Rahmen der DATEV-Vorgaben und die Sicherheits-Policies verantwortlich. Brückner ist Diplom-Sozialwissenschaftlerin und setzt ihren Fokus auf Kundenorientierung, Komfort und Praktikabilität, um Software und FM-Services der Zukunft optimal zu gestalten.

Prof. Dr. Klaus Homann, Jacqueline Privenau,
David Martinez PhD, Jorma Säteri, Sergio Vega PhD

Skillset und Mindset als Treiber der Digitalisierung – Einblicke in eine internationale Studie

Digital core meets digital FM

Während sich Unternehmen und Organisationen auf die Digitalisierung ihrer Kerngeschäftsprozesse konzentrieren, muss das Facility Management die Digitalisierung in den Bereich der Facility-Service-Prozesse spiegeln, um für die digitalisierten Kerngeschäftsprozesse des Leistungsempfängers einen Mehrwert generieren zu können – »Digital core meets digital FM«.

Disruption verändert Gebäudebetrieb

»Digital« ist nicht mehr nur eine Beschreibung für Technologieunternehmen. Digitale – disruptive – Technologien haben auch radikal verändert, wie, wann und wo Menschen arbeiten. Sie definieren den Arbeitsplatz neu und verändern die Art und Weise, wie Gebäude und Flächen (z. B. Büros, Produktionsstätten, Lagerhäuser, Vertriebs- und Einzelhandelsflächen) betrieben und genutzt werden. Auf diese Weise verändern diese Technologien die Facility-Management-Branche auf signifikante Weise.

Das Internet der Dinge (IoT), robotergestützte Prozessautomatisierung (RPA), künstliche Intelligenz (KI), smarte Sensoren und Monitoring verändern nicht nur Kerngeschäftsprozesse in Unternehmen und Organisationen (z. B. industrielle Produktion) dramatisch, sondern auch unterstützende Dienstleistungsprozesse wie die Bereitstellung von Arbeitsplätzen und nutzerzentrierte oder gebäudebezogene Facility-Service-Prozesse.

So wird FM digital und zu einem Digital Facilities Management (DFM), das auf dem Einsatz integrierter Systeme zur Automatisierung von FM-Funktionen basiert. Folgerichtig begann DFM mit der Digitalisierung von Gebäuden und der Gebäudeautomation. Enorme Forschungsaktivitäten und das starke politische Interesse im Bereich BIM (Building Information Modeling) stellen diese aktuelle Entwicklung dar und beschreiben den Ausgangspunkt der digitalen Transformation im FM.

Digitale FS-Prozesse

Dabei geht es jedoch nicht nur um den Einsatz digitaler Technologien zur Erfüllung und Verbesserung von FM-Funktionen, sondern auch darum, Wege zu finden, um zusätzliche Dienstleistungen für Betreiber und Nutzer bereitzustellen. DFM wird zukünftig schnittstellenoptimierte Prozesse und neue Geschäftsmodelle ermöglichen, indem es Vermittler eliminiert und »Asset-light«-Betriebsmodelle einführt, die digitale Plattformen nutzen, um On-demand-Ressourcen, einschließlich Arbeitskräften, einzusetzen.

Digitalisierte Facility-Service-Prozesse liefern Unternehmen Informationen, um datengesteuerte Entscheidungen in Bezug auf die Verwaltung und Nutzung von Flächen zu treffen. Die digitale Transformation wird dem FM die Möglichkeit eröffnen, eine strategischere Rolle im Zusammenspiel mit Kerngeschäftsprozessen einzunehmen, indem es neue Technologien zur Verbesserung der Support-Services einsetzt. DFM wird somit nicht nur zu einem Treiber der Transformation im Bereich Industrie 4.0, sondern auch in anderen Anwendungsfeldern wie zum Beispiel New Work.

Fit for digital FM - Skillset and Mindset wanted!

Beschleunigung durch Corona

Die digitale Transformation hat infolge der Pandemie noch einmal eine deutliche Beschleunigung erfahren. Sie hat das Bewusstsein der Unternehmen und Organisationen erhöht, dass der Umstieg auf digitale Prozesse nicht nur sinnvoll ist, sondern gegebenenfalls existenziell sein wird. Hat die Transformation auf der einen Seite enorm an Ge-

Abb. 17: Toptechnologien europaweit

Quelle: FMgoesDIGI 2021

schwindigkeit gewonnen, verlangsamt der Mensch auf der anderen Seite den Prozess. Die Umsetzung scheitert oftmals am fehlenden Know-how der Arbeitnehmerinnen und Arbeitnehmer und an den daraus resultierenden Ängsten bezüglich der Anwendung digitaler Technologien. Der digitale Wandel macht es notwendig, Mitarbeiterinnen und Mitarbeiter in kürzester Zeit auf die Digitalisierung sämtlicher Prozesse vorzubereiten. Hier spielt die Vermittlung »digitaler« Kompetenzen eine zentrale Rolle. Dabei geht es nicht nur um die Schulung beziehungsweise Qualifizierung der vorhandenen Beschäftigten, die Digitalisierung muss vielmehr bereits in der Ausbildung zukünftiger FM-Professionals eine maßgebende Rolle spielen, um diese auf die kommenden Herausforderungen der digitalen Transformation vorzubereiten. Forschung und Lehre stehen dabei vor der Herausforderung, strategische Ansätze und Lösungen zu entwickeln und nicht nur Ausbildungsinhalte dem jeweiligen Stand der Technik anzupassen. Sie müssen frühzeitig relevante technologische Trends identifizieren und deren Integration in Ausbildung und Lehre antizipieren.

Digialisierung als Teil der Ausbildungsstrategie

Fit for digital FM – Hochschulen im Zugzwang

In diesem Zusammenhang stehen Hochschulen nicht nur vor der Frage, wie sie reaktiv FM-Professionals von morgen ausbilden, sondern auch wie sie antizipativ ihre Lehre zukünftig aufstellen können. Denn bis eine neue studentische Generation dem Arbeitsmarkt zur Verfügung steht, vergehen mindestens drei beziehungsweise vier Jahre – vor dem Hintergrund des disruptiven Charakters digitaler Technologien eine halbe Ewigkeit.

Die Hochschulen haben erkannt, dass nur gemeinsame Anstrengungen auf der Basis strategischer Partnerschaften es ermöglichen werden, die Qualifikationslücke zu schließen und die Diskrepanzen zwischen aktuellen und den in naher Zukunft benötigten Kompetenzen zu beseitigen. Es gilt, die Zusammenarbeit in der Forschung hin zu europäischen digitalen Lösungen zu intensivieren.

Welche Technologien treiben die digitale Transformaton im FM?

Vor diesem Hintergrund wurde das Erasmus+-geförderte strategische Partnerschaftsprojekt »FMgoesDIGI« initiiert, um das Wissen über und die Erfahrungen mit digitalen Themen im Facility Management interdisziplinär auszutauschen.

Strategisches Partnerschaftsprojekt FMgoesDIGI

Ziel des Projekts ist es, zukünftige Fachkräfte in die Lage zu versetzen, die Herausforderungen der digitalen Transformation im Real Estate und im Facility Management zu meistern und die europäische

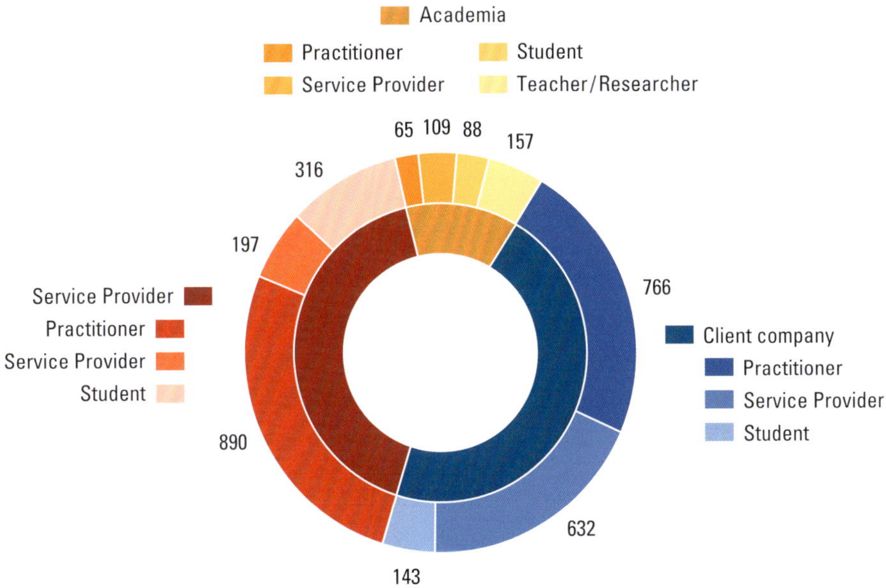

Abb. 18: Verteilung der Antworten der empirischen Studie FMgoesDIGI *Quelle: FMgoesDIGI 2021*

Wettbewerbsfähigkeit in diesem Bereich zu stärken. Hierbei ist es nicht nur notwendig zu verstehen, wie die Digitalisierung unsere Arbeit beeinflussen wird, sondern es geht auch um das Was, um digitale Technologien in Zukunft praktisch anwenden zu können. Aus dieser Fragestellung wurde eine Studie zum aktuellen Stand der Verbreitung und Reife »digitaler« Technologien im Facility Management entwickelt und Ende 2020 durchgeführt. Für die Erhebung der Daten wurde eine quantitative Onlinebefragung eingesetzt. Unterstützt wurde die Studie von den führenden nationalen und internationalen (Berufs-)Verbänden im Facility Management wie zum Beispiel EuroFM, IFMA (weltweit wie auch internationale Chapters), RICS, GEFMA, FMN, DFM, FMA und vielen anderen.

Studie zur Digitalisierung im FM

Im Kern zielte die Umfrage auf die Einschätzung und Wahrnehmung der Probanden hinsichtlich der aufstrebenden Technologien im Facility Management ab. Dabei wurden die 25 Toptechnologien (Abb. 17) im Facility Management aufgelistet. Jede Technologie sollte anhand einer Skala bewertet werden. Die Spanne der Antwortmöglichkeiten reichte von der gänzlichen Unkenntnis der Technologie über das Interesse an ihr bis hin zu deren Anwendung.

FMgoesDIGI bringt Licht ins Dunkle

Ursprünglich auf Europa fokussiert, weckte die Umfrage ein starkes internationales – fast globales – Interesse. Die Studie, die sich sowohl an Praktiker (Anwender und Dienstleister) als auch an Akademiker (Forschende, Lehrende und Studierende) richtete, sammelte mehr als 3.500 Antworten aus rund 100 Ländern weltweit.

Wie in Abbildung 18 abgebildet, sind etwa 42 Prozent der Befragten Studienteilnehmer Service-Provider, 46 Prozent End-User und die restlichen 12 Prozent der Antworten stammen aus Forschung und Lehre.

Basierend auf den gesammelten, klassifizierten und validierten Daten liefert die Studie nicht nur ein internationales Ranking der Toptechnologien, die die digitale Transformation im Facility Management vorantreiben; sie kann auch Unterschiede in der Wahrnehmung der verschiedenen Zielgruppen aufzeigen und schließlich im europäischen/internationalen Vergleich auch die unterschiedlichen Ebenen der erreichten Transformation darstellen.

Skillsets für zukünftige FM-Profis

Daraus lassen sich nicht nur die relevanten Technologien und Wissensgebiete für die Zukunft ableiten, sondern auch Inhalte der akademischen Curricula, die darauf abzielen, die notwendigen Fähigkeiten der zukünftigen FM-Profis zu entwickeln, um die digitale Transformation zu meistern.

Ergebnisse der globalen Studie

Im Folgenden werden die globalen Studienergebnisse näher betrachtet. Die Abbildungen veranschaulichen die Einschätzung und Wahrnehmung der Befragten aus der Praxis und der Wissenschaft. Hierbei repräsentieren die End-User und die Service-Provider die Praxis und die Lehrenden, Forschenden und Studierenden die Wissenschaft.

Die Deckungsgleichheit zwischen End-Usern und Service-Providern ist deutlich erkennbar. Die beiden Gruppen weisen eine ähnliche Einschätzung hinsichtlich der Bedeutung der einzelnen Technologien auf. In Forschung und Lehre ist ebenso eine einheitliche Wahrnehmung erkennbar. Im Gegenzug sehen die Studierenden ein ähnliches Potenzial hinsichtlich der aufstrebenden Technologien wie die Teilnehmer aus der Praxis.

Ausgereifte und vielversprechende Technologien

Zu den ausgereiftesten Technologien der Befragten aus der Praxis zählen Apps für mobile Geräte, Integrated Workplace Management Systems (IWMS, traditionell CAFM), BMS (Building Management

Client Company

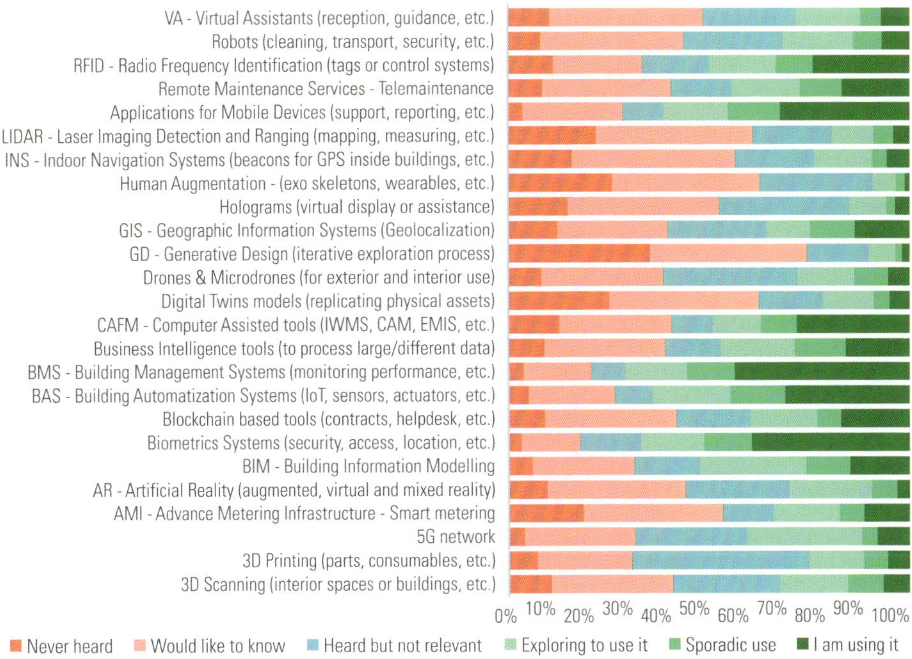

Service Provider

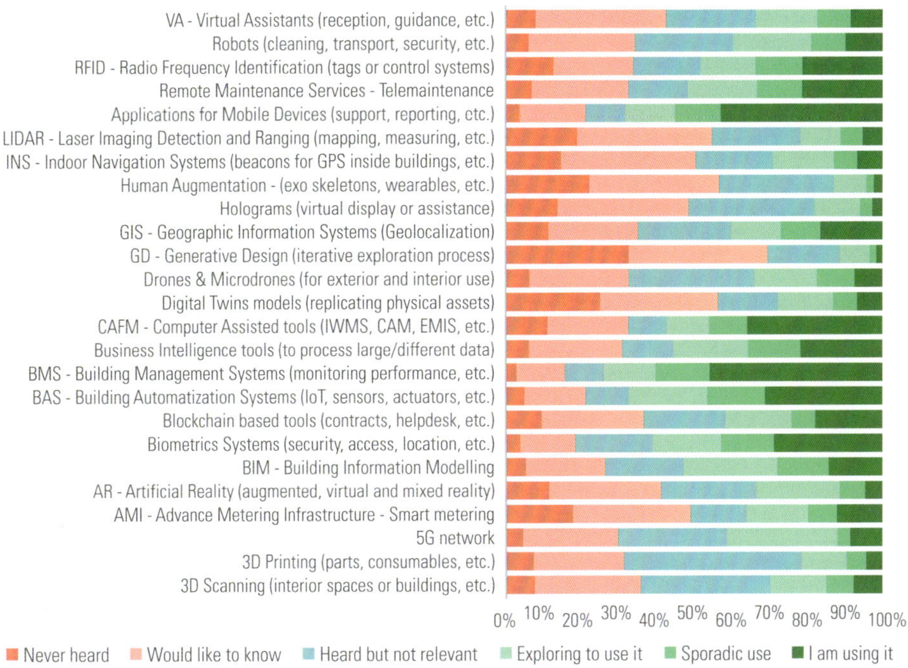

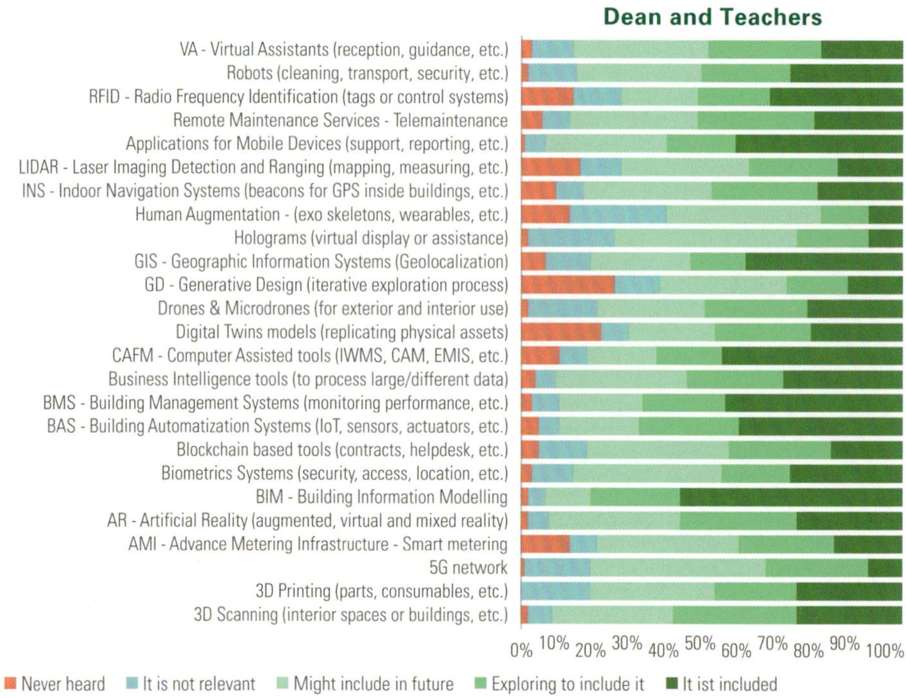
Dean and Teachers
VA - Virtual Assistants (reception, guidance, etc.)
Robots (cleaning, transport, security, etc.)
RFID - Radio Frequency Identification (tags or control systems)
Remote Maintenance Services - Telemaintenance
Applications for Mobile Devices (support, reporting, etc.)
LIDAR - Laser Imaging Detection and Ranging (mapping, measuring, etc.)
INS - Indoor Navigation Systems (beacons for GPS inside buildings, etc.)
Human Augmentation - (exo skeletons, wearables, etc.)
Holograms (virtual display or assistance)
GIS - Geographic Information Systems (Geolocalization)
GD - Generative Design (iterative exploration process)
Drones & Microdrones (for exterior and interior use)
Digital Twins models (replicating physical assets)
CAFM - Computer Assisted tools (IWMS, CAM, EMIS, etc.)
Business Intelligence tools (to process large/different data)
BMS - Building Management Systems (monitoring performance, etc.)
BAS - Building Automatization Systems (IoT, sensors, actuators, etc.)
Blockchain based tools (contracts, helpdesk, etc.)
Biometrics Systems (security, access, location, etc.)
BIM - Building Information Modelling
AR - Artificial Reality (augmented, virtual and mixed reality)
AMI - Advance Metering Infrastructure - Smart metering
5G network
3D Printing (parts, consumables, etc.)
3D Scanning (interior spaces or buildings, etc.)
0% 10% 20% 30% 40% 50% 60% 70% 80% 90% 100%
Never heard
It is not relevant
Might include in future
Exploring to include it
It ist included

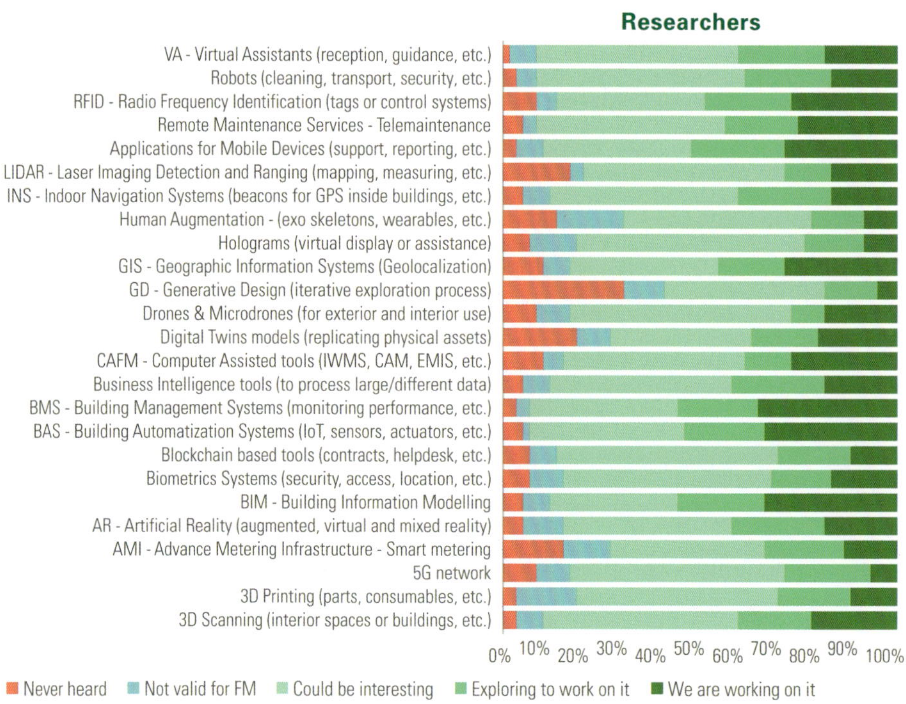
Researchers
VA - Virtual Assistants (reception, guidance, etc.)
Robots (cleaning, transport, security, etc.)
RFID - Radio Frequency Identification (tags or control systems)
Remote Maintenance Services - Telemaintenance
Applications for Mobile Devices (support, reporting, etc.)
LIDAR - Laser Imaging Detection and Ranging (mapping, measuring, etc.)
INS - Indoor Navigation Systems (beacons for GPS inside buildings, etc.)
Human Augmentation - (exo skeletons, wearables, etc.)
Holograms (virtual display or assistance)
GIS - Geographic Information Systems (Geolocalization)
GD - Generative Design (iterative exploration process)
Drones & Microdrones (for exterior and interior use)
Digital Twins models (replicating physical assets)
CAFM - Computer Assisted tools (IWMS, CAM, EMIS, etc.)
Business Intelligence tools (to process large/different data)
BMS - Building Management Systems (monitoring performance, etc.)
BAS - Building Automatization Systems (IoT, sensors, actuators, etc.)
Blockchain based tools (contracts, helpdesk, etc.)
Biometrics Systems (security, access, location, etc.)
BIM - Building Information Modelling
AR - Artificial Reality (augmented, virtual and mixed reality)
AMI - Advance Metering Infrastructure - Smart metering
5G network
3D Printing (parts, consumables, etc.)
3D Scanning (interior spaces or buildings, etc.)
0% 10% 20% 30% 40% 50% 60% 70% 80% 90% 100%
Never heard
Not valid for FM
Could be interesting
Exploring to work on it
We are working on it

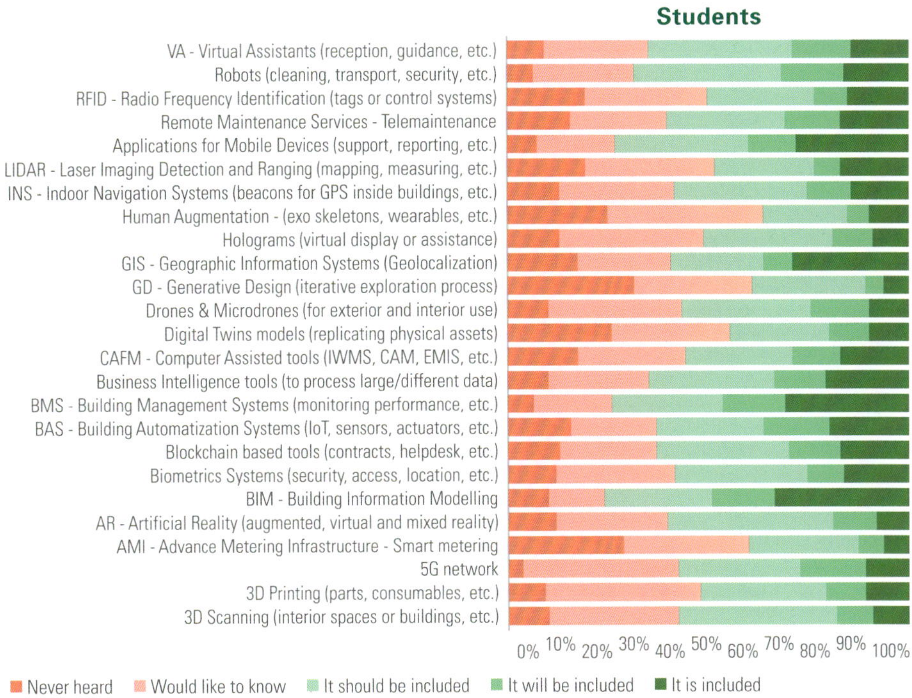

Abb. 19: Globale Studienergebnisse FMgoesDIGI *Quelle: FMgoesDIGI 2021*

Systems), BAS (Building Automation Systems), biometrische Systeme und RFID (Radio Frequency Identification). Als vielversprechendste Technologien werden zusätzlich zu den oben genannten der 3-D-Druck, 5G, GIS (Geographic Information Systems), Drohnen und Business Intelligence Tools gesehen.

Human Augmentation, GD (Generative Design), Holograms und AR (Augmented Reality) kommen in der Praxis am wenigsten häufig zur Anwendung.

In der Praxis geringe Bedeutung von AR und GD

Forschung und Lehre zeigen zum Teil ein ähnliches Bild wie die Praxis. Apps für mobile Geräte, IWMS, BMS, BAS, GIS und BIM sind die Toptechnologien für die wissenschaftlichen Befragten. Aber auch im Einsatz von 3D-Scanning, Drohnen, Business Intelligence Tools, Indoor-Navigationssystemen, Remote-Maintenance-Systemen, Robotern und virtuellen Assistenten wird ein großes Potenzial erkannt. Im Gegensatz zur Praxis scheint AR in der Wissenschaft einen deutlich höheren Stellenwert zu haben.

Prof. Dr. Klaus Homann
leitet an der DHBW Stuttgart den Studiengang Facility Management (Wirtschaftsingenieurwesen). Er engagiert sich in nationalen und internationalen Verbänden im Bereich der Aus- und Weiterbildung im Facility Management und leitet das Projekt FMgoesDIGI.

Mit am wenigsten bekannt unter den Befragten ist GD. Die Forschung scheint laut der aktuellen Studie dennoch großes Interesse daran zu haben.

Es konnte festgestellt werden, dass die Studierenden eine hohe Affinität hinsichtlich »junger« Technologien aufweisen, jedoch nur zum Teil Erfahrungen sammeln oder sich innerhalb des Lehrplans Wissen dazu aneignen können.

Die Ergebnisse veranschaulichen im Großen und Ganzen, dass junge Technologien bei den Praxisvertretern zum Teil unbekannt sind oder auf wenig Interesse stoßen, jedoch die Lehre und vor allem die Forschung enorme Potenziale in weniger verbreiteten, jungen, digitalen Technologien sieht.

Forschung und Lehre sind ein wichtiger Impulsgeber für die digitale Transformation

Dies führt zu der Erkenntnis, dass die Wissenschaft ein starker Impulsgeber für die weitere Entwicklung und somit Treiber der Digitalisierung im Facility Management ist. Forschung und Lehre haben nicht nur die Verantwortung erkannt, digitale Themen zu intensivieren; darüber hinaus besteht auch eine hohe Bereitschaft, die Themen in den Curricula der Hochschulen entsprechend anzupassen.

Die Ergebnisse verdeutlichen zunächst die globale Sichtweise. In weiteren Analyseschritten werden einzelne Länder (Deutschland, Österreich, die Schweiz, Benelux etc.) detailliert betrachtet. Damit wird ein Länder- beziehungsweise Regionenvergleich ermöglicht, der im weiteren Ablauf mit Forschung/Lehre und Praxis im Rahmen von Workshops erörtert und diskutiert werden soll. Aus den Erkenntnissen können nicht nur Empfehlungen für die Aktualisierung bestehender Curricula erarbeitet, sondern auch die Transformation der Vermittlung von Digitalisierungskompetenzen vorangetrieben werden – hin zu einem **NEW LEARNING**.

Allerdings sind nicht nur Digitalisierungskompetenzen – also das Skillset – erfolgskritisch. Unumgänglich ist auch das Vorhandensein eines digitalisierungsaffinen Mindsets. Die ersten Erkenntnisse unserer Studie deuten darauf hin, dass Studierende in FM-Programmen dieses mitbringen werden und diese Erfolgskombination zum Treiber der Digitalisierung im Facility Management wird.

Jacqueline Privenau,
B.Eng, absolvierte an der FH Münster den Studiengang Total Facility Management und ist wissenschaftliche Mitarbeiterin im Studiengang Facility Management (Wirtschaftsingenieurwesen) an der DHBW Stuttgart. Dort koordiniert sie insbesondere das Projekt FMgoesDIGI.

David Martinez, PhD,
ist CEO & Global Director des internationalen FM-Beratungs- und Schulungsunternehmens im Bereich Real Estate und Facility Management, FM-HOUSE. Er ist anerkannter Experte in den europäischen und internationalen Standardisierungsprozessen des Asset und Facility Managements.

Jorma Säteri,
M. SC., leitet an der Metropolia University of Applied Sciences in Helsinki das Department Real Estate & Construction. Er engagiert sich innerhalb nationaler Netzwerke sowohl in der Aus- und Weiterbildung als auch im Bereich der Forschung und Entwicklung im Facility Management.

Sergio Vega, PhD,
ist Professor an der Fakultät für Architektur der Universidad Politécnica de Madrid und leitet dort den Masterstudiengang »Immobilien- und Facility Management«. Als erfahrener Forscher ist er in leitender Funktion in vielen nationalen und internationalen Forschungsprojekten und -programmen tätig.

Anne Tischer

Time for Change – Warum Vielfalt für Facility-Management-Unternehmen zur Zukunftsfrage wird

Diversität als Business Case

Diversität ist eines der Themen, die in meinen Gesprächen mit Unternehmen und Führungskräften immer wieder dieselben Reaktionen hervorrufen, oft in exakt gleicher Reihenfolge. Die erste spontane Reaktion ist Zustimmung, oft begleitet von einem Kopfnicken und einer freundlich gemeinten Aussage wie »Vielfalt ist uns als Unternehmen echt wichtig« oder »Bei uns haben alle Talente dieselben Chancen«. Fragt man etwas genauer nach, zum Beispiel nach einer Strategie mit konkreten Zielen und Verantwortlichkeiten, folgt auf die Zustimmung meist Ratlosigkeit. Schnell wird klar: Wenn es um Vielfalt geht, stehen die meisten Unternehmen noch am Anfang. Das ist auch in der deutschen Facility-Management-Branche so. Nachdem Diversität und Inklusion in vielen Geschäftsführungen und Vorständen lange nicht wirklich ernst genommen wurden, beginnen Unternehmen jetzt, sich gründlicher damit auseinanderzusetzen. Zu Recht, denn Diversität ist ein Business Case und als strategisches Ziel für die Branche auch angesichts des demografischen Wandels und des Fachkräftemangels unverzichtbar. Und: Diversität sichert die Innovationskraft, Flexibilität und gesellschaftliche Akzeptanz von Unternehmen und damit ihre Zukunftsfähigkeit. Ein genauer Blick auf das Thema lohnt sich also.

Nur wenig Vielfalt an der Spitze der Facility-Management-Unternehmen

Vielfalt der Belegschaften

Laut Zahlen des Branchenverbandes GEFMA arbeitet jede:r zehnte Erwerbstätige in Deutschland im Facility Management (FM). In absoluten Zahlen sind das 4,67 Millionen Menschen, ein Anteil von 10,7 Prozent aller Erwerbstätigen.[1] Damit sind in der Branche mehr Menschen als in der Automobilindustrie beschäftigt. Die Beschäftigtenstruktur zeigt die Vielfalt der Menschen, die in der Branche arbeiten. Viele haben ihre Wurzeln in anderen Ländern, gehören unterschiedlichen Religionen und Altersgruppen an, haben einen technischen, kaufmännischen oder handwerklichen Ausbildungshintergrund, viele der Beschäftigten sind Frauen. Doch blickt man an die Spitze der 20 umsatzstärksten Unternehmen im Facility Management, ist von dieser Vielfalt wenig zu sehen.[2] Die große Mehrheit in den Chefetagen ist männlich, weiß, zwischen 50 und 60 Jahren und hat fast ausschließlich in der FM-Branche gearbeitet. Von insgesamt 78 Geschäftsführenden und Vorständen waren Anfang 2021 nur

1 https://fm-die-moeglichmacher.de

2 Lünendonk®-Liste 2020: Führende Facility-Service-Unternehmen in Deutschland: https://www.luenendonk.de/produkte/listen/luenendonk-liste-2020-fuehrende-facility-service-unternehmen-in-deutschland/

neun Frauen, ein Anteil von 11,5 Prozent. Damit liegt der Frauenanteil in den FM-Unternehmen knapp unter dem Durchschnitt von 12,6 Prozent der führenden Unternehmen anderer Segmente der Immobilienwirtschaft in den Branchen Planung, Bau und Projektentwicklung (11,4 %), Immobilieninvestition (7,6 %), Banken und Immobilienfinanzierung (13,0 %) und Property Management (18,4 %).

In 14 der 20 führenden FM-Unternehmen gab es zum Jahresbeginn 2021 keine einzige Frau im Vorstand oder in der Geschäftsführung und in nur zwei Unternehmen stehen Frauen als CEO an der Spitze, Eva Wimmers bei ISS Deutschland seit 1. März 2021 und Fabiola Fernandez Grund bei Gegenbauer seit 1. April 2021.

Mehr als nur Gender – die sieben Dimensionen von Diversität

Diversität ist mehr als Gender

Das Thema Diversität wurde in den letzten Jahren in der öffentlichen Wahrnehmung stark mit dem Aspekt Gender in Verbindung gebracht, zum Beispiel in Diskussionen um gleiche Chancen für Männer und Frauen auf dem Arbeitsmarkt, das Führungspositionengesetz (FüPoG) und den niedrigen Anteil von Frauen in den Führungsebenen der Wirtschaft. Doch Diversität ist mehr als nur Gender. Das Modell der »4 Layers of Diversity« von Lee Gardenswartz und Anita Rowe zeigt insgesamt sieben Dimensionen von Vielfalt. Dazu gehören neben dem Geschlecht auch das Alter, die soziale Herkunft, die sexuelle Orientierung, die ethnische Herkunft und Natio-

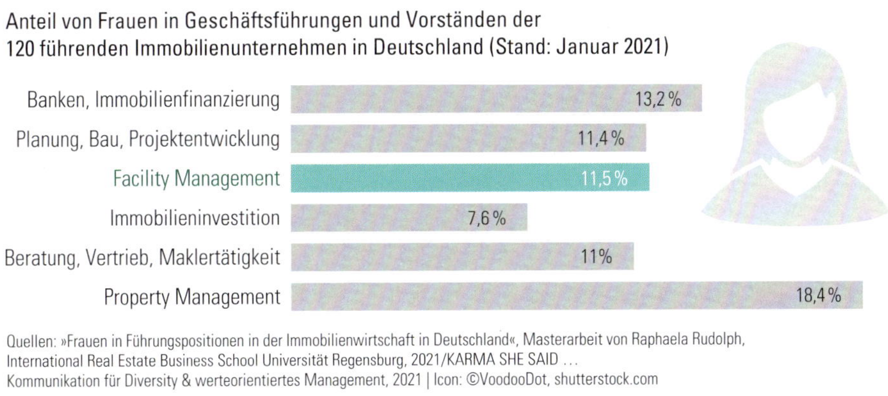

Abb. 20: Anteil von Frauen im Top-Management in Segmenten der deutschen Immobilienwirtschaft

Quellen: IREBS der Universität Regensburg und KARMA SHE SAID … Kommunikation für Diversity & werteorientiertes Management

nalität, Religion sowie körperliche und geistige Fähigkeiten. Diese Kerndimensionen sind meist unveränderbar und bestimmen die Filter und Stereotype, mit denen das Individuum in der Gesellschaft, aber auch im Unternehmen und Arbeitsumfeld wahrgenommen wird.

In der äußeren Dimension liegen veränderbare Merkmale, die das Individuum prägen, etwa Familienstand und Elternschaft, geografische Lage, Einkommen, Ausbildung und Berufserfahrung oder Freizeitverhalten. Auf der organisationalen Ebene finden sich Differenzkriterien, die die Unterschiede im Arbeitsalltag im Unternehmen ausmachen, zum Beispiel Arbeitsort, Funktion und Arbeitsfeld, Managementstatus, Arbeitsort oder Gewerkschaftszugehörigkeit.

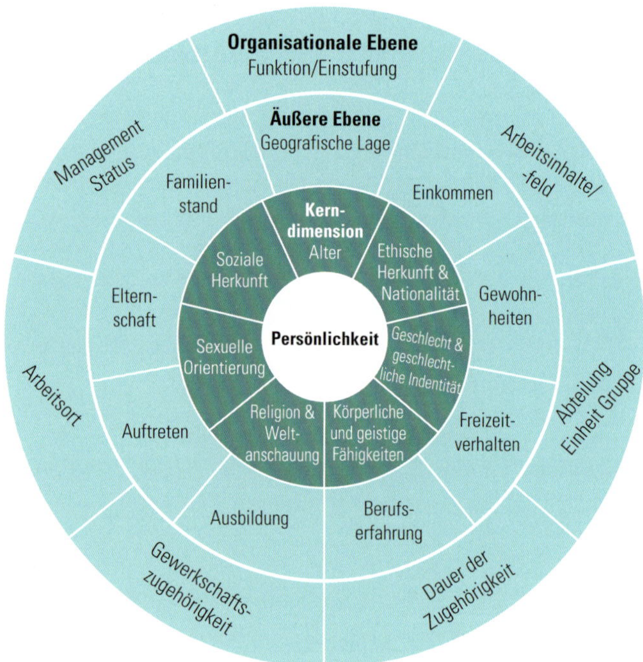

Abb. 21: Darstellung frei nach Gardenswartz und Rowe: »4 Layers of Diversity«[3]

3 Abbildung gefunden auf: https://www.charta-der-vielfalt.de/fuer-arbeitgebende/vielfaltsdimensionen/

Warum Diversität für Unternehmen zur Zukunftsfrage wird

Fachkräftemangel bedroht die Geschäftsentwicklung

Die Konjunkturumfrage des Deutschen Industrie- und Handelskammertags im Herbst 2019 ergab: Mehr als 50 Prozent der Unternehmen sehen im Fachkräftemangel die größte Gefahr für ihre Geschäftsentwicklung. Das Problem hat für die Unternehmen zugenommen – 2010 waren es noch 16 Prozent, die den Fachkräftemangel als Geschäftsrisiko einstuften.[4] Zu einer ähnlichen Einschätzung kommt die Beratung Lünendonk & Hossenfelder. Laut einer ihrer Studien ist der Personalmangel im Facility-Services-Markt in den letzten Jahren neben Digitalisierung, Nachhaltigkeit und dem Herausbilden von Multidienstleistern zu einer der Zukunftsfragen für die Branche geworden.[5] Eine weitere Studie der Berater erkennt im Personalmangel eine deutliche Wachstumsbremse für die FM-Unternehmen.[6]

Schon 2017 gaben 70 Prozent der deutschen Unternehmen an, nicht ausreichend Bewerbungen von erfahrenen Fachkräften zu erhalten, 41 Prozent erhielten nicht genug Bewerbungen von gut ausgebildetem Nachwuchs, also von Berufseinsteiger:innen und Hochschulabsolvent:innen. Obwohl Aufwand und Kosten im Recruiting gestiegen sind, brauchten Unternehmen 2019 durchschnittlich 107 Tage, um eine Stelle neu zu besetzen – fast doppelt so lange wie noch 2010.[7]

Schon 2025 gehören 75 Prozent der Erwerbsfähigen zu den Millennials

Babyboomer gehen in Rente

Verstärkt wird diese Entwicklung durch den gesellschaftlichen und demografischen Wandel. Viele erfahrene Führungskräfte aus der Babyboomer-Generation treten in den nächsten Jahren ins Rentenalter ein und verlassen die Unternehmen. Schon 2025 wird die Generation der Millennials, also der zwischen 1980 und 1995 Geborenen, 75 Prozent der erwerbsfähigen Bevölkerung stellen. Die Frage, was diese Generation will und welches Arbeitsumfeld sie bevorzugt, wird für Unternehmen entscheidend.

4 https://www.dihk.de/de/themen-und-positionen/wirtschaftspolitik/konjunktur-und-wachstum/dihk-konjunkturumfrage-herbst-2019-13970

5 https://www.luenendonk.de/produkte/studien-publikationen/luenendonk-360-grad-studie-2020-wechselwirkung-von-personal-qualitaet-und-preis-im-facility-management/

6 https://www.luenendonk.de/produkte/studien-publikationen/luenendonk-360-grad-studie-2020-wechselwirkung-von-personal-qualitaet-und-preis-im-facility-management/

7 Die demografische Lage der Nation: Wie zukunftsfähig Deutschlands Regionen sind: https://www.berlin-institut.org/fileadmin/user_upload/Die_demografische_Lage_2019/Demografische_Lage_online.pdf

Ansprüche der Millennials an ihr Unternehmen

Die Millennials lehnen den tradierten Top-down-Führungsstil und die damit verbundenen Karriereregeln in den Unternehmen ab. Sie fordern neben einem attraktiven Gehalt eine ausgewogene Work-Life-Balance, abwechslungsreiche, sinnvolle Aufgaben sowie ein berufliches Umfeld, das ihnen Freiräume lässt, sich zu entwickeln und die Arbeit mitzugestalten. Gleichzeitig steigt in dieser Generation die relative Bereitschaft, das Unternehmen zu verlassen, wenn es nicht das gewünschte Arbeitsumfeld bietet.[8] Drei Viertel der für die Deloitte-Millennial-Studie im Jahr 2018 Befragten fanden außerdem, dass ihr Unternehmen nicht ausreichend gesellschaftliche Verantwortung übernimmt und sich stärker für die Belange der Beschäftigten engagieren sollte. Die Mehrheit der Befragten wünschte sich »ihr« Unternehmen multikulturell, offen und sozial engagiert.

Weitere Studien zeigen, dass 65 Prozent der Millennials Vielfalt am Arbeitsplatz besonders wichtig ist. 69 Prozent der Bewerber:innen dieser Generation achten auf die Diversity in der Unternehmensführung, wenn sie über ein Jobangebot entscheiden, und 75 Prozent der Millennials ist es bei der Arbeitgeberwahl wichtig, dass die Werte eines Unternehmens mit den eigenen Werten übereinstimmen.[9]

Junge Talente wollen Diversity, gleiche Karrierechancen und ein wertschätzendes Arbeitsumfeld

Studie der TH Aschaffenburg

Ähnliche Ergebnisse zeigt eine Befragung der TH Aschaffenburg im Auftrag der Initiative FRAUEN !N FÜHRUNG aus dem Jahr 2020.[10] Dabei wurden 167 Studierende in immobilienwirtschaftlichen Studiengängen sowie Berufseinsteiger:innen zu insgesamt 29 Kriterien in den Bereichen Unternehmensreputation, Gender Diversity, Unternehmenskultur, Arbeitsinhalt und Aufgaben, Entwicklungsmöglichkeiten sowie materielle Aspekte befragt.

Die Ergebnisse zeigen, dass jungen Menschen drei Kriterien besonders wichtig sind: Wertschätzung, offene Kommunikation und transparente Entscheidungen sowie gleiche Karrierechancen. Letzteres erhielt bei den Frauen die dritthöchste Bewertung und ist damit ein wesentliches Entscheidungskriterium für junge Talente bei der Wahl des arbeitgebenden Unternehmens. Das ist für Immobilienunternehmen wichtig, da der Anteil von Frauen an den Hochschulen und Unis

8 Ergebnisse des 2016 Deloitte Millenial Survey

9 Studie »Diversity is good for growth« von PwC im Auftrag des ZIA: https://www.zia-deutschland.de/themen/diversity/

10 Ergebnisse der Umfrage der TH Aschaffenburg im Auftrag von FRAUEN !N FÜHRUNG im Blog, News vom 29.07.2020: https://www.frauen-in-fuehrung.info/blog/

steigt. So lag 2018/2019 der Anteil weiblicher Studierender an der Technischen Hochschule Aschaffenburg bei circa 64 Prozent, an der EBS Universität für Wirtschaft und Recht bei 42 Prozent (2020) und an der Uni Regensburg ebenfalls bei 42 Prozent (2019/2020). An der Uni Stuttgart waren 2019 im Studiengang Immobilientechnik und Immobilienwirtschaft im Jahr 2019 mit 47 Prozent knapp die Hälfte der Studierenden weiblich.

Diversität macht Unternehmen erfolgreicher

Diversität im Top-Management

Wie sehr sich Vielfalt und eine inklusive Unternehmenskultur auszahlen, haben zahlreiche Studien belegt. Ein Beispiel ist die internationale Studie von McKinsey & Company »Diversity wins: How inclusion matters« von 2020, für die 1.000 Unternehmen in 15 Ländern untersucht wurden. Die Ergebnisse zeigten, dass Unternehmen mit hoher Genderdiversität im Top-Management eine um 25 Prozent höhere Wahrscheinlichkeit haben, überdurchschnittlich profitabel zu sein. Betrachtet man den Faktor der ethnischen Diversität (Internationalität des Vorstands), lag dieser Wert sogar bei 36 Prozent.

Auch eine Studie des Peterson Institute for International Economics aus dem Jahr 2016, bei der knapp 22.000 Unternehmen in 91 Ländern untersucht wurden, ergab, dass Unternehmen mit einem Frauenanteil von mindestens 30 Prozent in der obersten Managementebene einen um 15 Prozent höheren Reingewinn erzielten als vergleichbare Unternehmen ohne Frauen im Management. Weitere Studien belegen

1) Wertschätzung	1) Wertschätzung
2) Offene Kommunikation	2) Offene Kommunikation
3) Transparente Entscheidungen	3) Gleiche Karrierechancen
4) Abwechslungsreiche Aufgaben	4) Transparente Entscheidungen
5) Verantwortung	5) Abwechslungsreiche Aufgaben

Quelle: »Erwartungen junger Talente der Immobilienbranche an ihre Arbeitgeber – eine vergleichende Betrachtung von Frauen und Männern«, Umfrage von Studierenden am Institut für Immobilienwirtschaft und -management an der TH Aschaffenburg, 2020
Icons: ©VoodooDot, shutterstock.com

Abb. 22: Erwartungen junger Talente in der Immobilienwirtschaft an ihre Arbeitgeber

Quelle: TH Aschaffenburg im Auftrag von FRAUEN !N FÜHRUNG e. V.

darüber hinaus, dass Unternehmen mit einem hohen Frauenanteil im Management eine bessere Aktienkursentwicklung (Credit Suisse Research Institute 2016) und einen höheren Gewinnanteil aus Innovationen haben (BCG und TU München 2017) und profitabler sind (McKinsey & Co 2018).[11]

Auswirkungen von Diversität und Inklusion

Für die Immobilienwirtschaft wurden die Auswirkungen von Diversität und Inklusion 2019 von PwC im Auftrag des Branchenverbandes ZIA untersucht. Auch hier waren die Ergebnisse aus der Befragung von 138 Unternehmen der Branche eindeutig: Unternehmen, die auf Vielfalt setzen, profitieren in puncto Umsatz, Kundenzufriedenheit und Innovation. Für sie ist es 6,9-mal so wahrscheinlich, Umsatzwachstum zu erzielen, 7,9-mal so wahrscheinlich, zufriedene Kund:innen zu haben, und 7,6-mal so wahrscheinlich, innovativer zu sein als der Wettbewerb.[12]

Für Unternehmen, die auf Diversität und Inklusion setzen, ist es im Vergleich zum Wettbewerb

- **6,9-mal** wahrscheinlicher, **Umsatzwachstum** zu erzielen,
- **7,6-mal** wahrscheinlicher, **zufriedene Kunden** zu haben,
- **13,8-mal** wahrscheinlicher, **innovativer als der Wettbewerb** zu sein.

Quelle: Studie »Diversity is good for growth. Wie Unternehmen durch inklusive Kulturtransformation ihre Zukunft sichern – ein Blick auf die Immobilienbranche«, PwC im Auftrag des ZIA, 2019

Abb. 23: Vorteile von Diversity für Unternehmen aus der Immobilienbranche, PwC-Studie im Auftrag des ZIA, 2019

Warum der Wandel zu mehr Diversität so schwierig ist

Wenig Vielfalt in den Vorständen

Die Argumente und Zahlen sind eindeutig: Vielfalt ist ein Business Case und macht Unternehmen profitabler, attraktiver für Talente und innovationsstärker. Trotzdem kommt Diversität nur langsam auf die Agenda der Unternehmen. Warum das so ist, hat viel damit zu tun, dass es an der Spitze der Unternehmen, in den Vorständen und

11 Einen guten Überblick über die Ergebnisse der einzelnen Studien bietet der AllBright-Bericht, September 2019, Seite 9.

12 Für die Studie von PwC und ZIA wurden 138 Unternehmen aus der Immobilienbranche befragt. Die Studie kann man hier finden: https://www.zia-deutschland.de/themen/diversity/

Geschäftsführungen, kaum Vielfalt gibt. Der aktuelle Bericht der AllBright Stiftung zeigt: Im Jahr 2020 ist das durchschnittliche Mitglied in deutschen Börsenvorständen zu 90 Prozent ein Mann, zu 77 Prozent deutsch und zu 76 Prozent Ingenieur oder Wirtschaftswissenschaftler. Insgesamt 99 Prozent der Vorstände haben ihre Ausbildung in Westdeutschland (67 %) oder im Ausland (32 %) absolviert, nur ein Prozent in Ostdeutschland. Die Verantwortlichen für die Vorstandsbesetzungen, meist Aufsichtsratsvorsitzende und Vorstände, rekrutieren – bewusst oder unbewusst – jüngere Kopien von sich selbst und schaffen so in Geschlecht, Alter, Herkunft und Ausbildung extrem homogene Vorstände.[13] Die große Ähnlichkeit zeigt auch ein Blick auf die Vornamen: So gab es 2018 in den Börsenvorständen mehr Personen namens Thomas oder Michael als Frauen.[14] Die Tatsache, dass ein Thomas oder Michael einen Klon seiner selbst rekrutiert, ist auch als »Thomas-Kreislauf« bekannt und gut auf den Punkt gebracht.

Vorstände rekrutieren Kopien von sich selbst

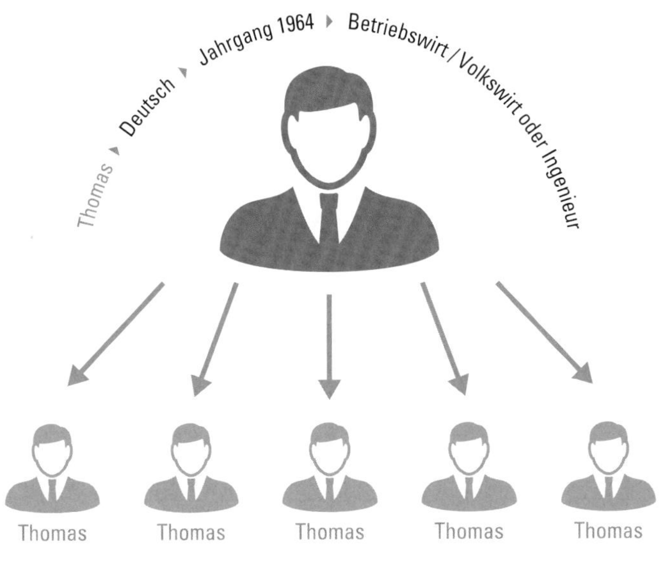

Abb. 24: Der Thomas-Kreislauf als Rekrutierungsprinzip in der deutschen Wirtschaft *Quelle: AllBright-Bericht, März 2017*

13 AllBright-Bericht, September 2020: https://www.allbright-stiftung.de/allbright-berichte
14 AllBright-Bericht, Oktober 2018: https://www.allbright-stiftung.de/allbright-berichte

Persönliche Erfahrungen fehlen

Auch in den Chefetagen der FM-Unternehmen fehlt es oft an Diversität und an persönlichen Erfahrungen mit deren Vorteilen für Entscheidungsprozesse und Kultur. Hinzu kommt: Ein inklusives Umfeld in Unternehmen zu schaffen ist langwierig und anstrengend. Diversität erzeugt Reibung und Diskussionen. Das Aufeinandertreffen unterschiedlicher Perspektiven stellt die gewohnten Entscheidungsmuster und -prozesse in den Unternehmen infrage und erfordert Geduld und Mühe. Auch gefährden gleiche Chancen auf Führungspositionen die Karriere- und Aufstiegsperspektiven derjenigen, die von den bisherigen »Spielregeln« profitiert haben.

Wie Diversität in Unternehmen gelingt – fünf Schritte für den Wandel

Der Veränderungs- und Handlungsdruck trifft in vielen Immobilienunternehmen auf eine Unsicherheit bezüglich der zu ergreifenden Maßnahmen. In der Hälfte der Unternehmen (51 %) beschäftigt man sich nur punktuell und ohne klare Verantwortlichkeit mit Diversität und Inklusion. In nur 9 Prozent der Branchenunternehmen wird regelmäßig darüber kommuniziert und in nur 11 Prozent der befragten Unternehmen ist das Thema auf Geschäftsführungsebene verankert.[15]

Was also können Unternehmen ganz konkret tun, um den Wandel zu mehr Diversität und einer inklusiven Kultur zu gestalten?

Konkrete Maßnahmen für den Wandel

1. »Tone from the Top« – Verantwortung im Vorstand

Diversität muss als strategisches Ziel behandelt werden. Es braucht eine klare Verantwortung im Vorstand und ein eigenes Budget. Eine entscheidende Rolle für den Erfolg von Diversitymaßnahmen spielt die Kommunikation des Vorstands beziehungsweise der Geschäftsführung. Um glaubwürdig zu sein, braucht es statt warmer Worte oder Absichtserklärungen eine kontinuierliche und engagierte Kommunikation der Unternehmensführung. Die Beschäftigten müssen verstehen können, warum die Führungsebene Diversität als Ziel hat, was das mit den operativen Unternehmenszielen zu tun hat und wie konkret der Veränderungsprozess aussieht.

2. Analyse – Belegschaft, Strukturen und Prozesse prüfen

Ein inklusives Arbeitsumfeld im Unternehmen erreicht man nicht nach dem Copy-&-Paste-Prinzip. Deshalb steht am Anfang jeder Diversitätsstrategie eine gründliche Analyse des Unternehmens. Wichtige Fragen sind: Wie setzt sich die Belegschaft zusammen? Wer sind

15 Studie von PwC und ZIA: https://www.zia-deutschland.de/themen/diversity/

meine Führungskräfte, was treibt sie an und für welche Werte treten sie ein? Wer ist in Führungsrollen unterrepräsentiert und welche Strukturen, Prozesse und Denkmuster könnten dafür verantwortlich sein? Wie steht es um eine inklusive Kultur?

3. Stereotype erkennen und abbauen – Führungskräfte und Beschäftigte schulen

Gerade bei der Besetzung von Führungspositionen spielen unbewusste Denkmuster und Vorurteile, auch »Unconscious Bias« genannt, eine entscheidende Rolle. Schulungen von Führungskräften und Beschäftigten helfen, sich dieser Vorurteile bewusst zu werden, sie abzubauen und so ein Arbeitsumfeld zu schaffen, in dem sich alle gleichermaßen entfalten können.

4. »You can't be what you can't see« – Vorbilder sichtbar machen

Vorbilder motivieren und ermutigen. Um Diversität im Unternehmen zu fördern, ist es wichtig, Menschen verschiedener Herkunft, Religion, Altersgruppen und Geschlechter im Unternehmen sichtbar zu machen und ihnen, nach innen wie nach außen, eine Plattform zu geben.

5. Wandel messbar machen – Ziele und KPIs definieren

Diversität und ein inklusives Arbeitsumfeld zu erreichen ist ein langwieriger Prozess. An Diversität gebundene Ziele und Fristen, zum Beispiel bei der Besetzung von Teams, Talentprogrammen und Beförderungen, sind notwendig, um im Unternehmen und bei den Führungskräften konkrete Anreize für den Wandel zu schaffen und Fortschritte auch über einen längeren Zeitraum messbar zu machen.

Anne Tischer setzt sich für mehr Frauen und mehr Vielfalt in den Führungsetagen der deutschen Wirtschaft ein. Sie ist Vorsitzende von FRAUEN !N FÜHRUNG, einer Initiative für mehr Frauen in Führungspositionen in der Immobilienwirtschaft, und berät mit KARMA SHE SAID... Unternehmen rund um Diversität und werteorientiertes Management. Anne Tischer war viele Jahre als Presse- und Marketingverantwortliche in Immobilienkonzernen, Stiftungen und in der Politik tätig.

www.karma-she-said.de
www.frauen-in-fuehrung.info

Lukas Manuel von Rotz

Der kooperative Ansatz zur Planung, zur Umsetzung und zum Betrieb von Smart Cities

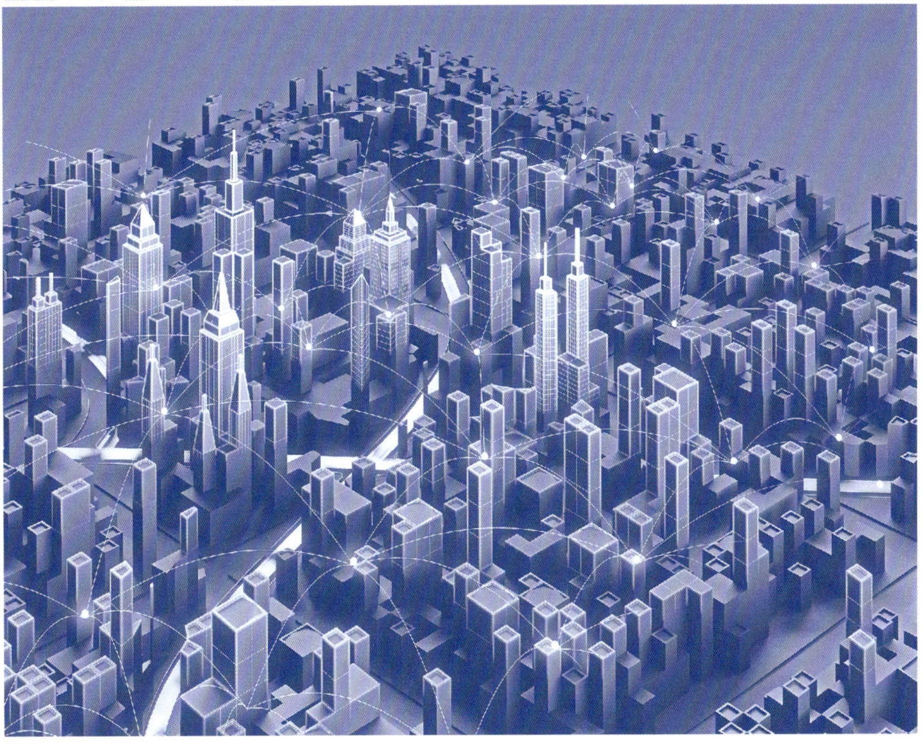

Die Konzeptionierung, die Umsetzung und der Betrieb von Smart Cities schafft keiner allein – deshalb wurde in der Schweiz ein Verein zu deren Etablierung gegründet. In diesem Verein schließen sich alle Stakeholder zusammen und entwickeln gemeinsam Lösungen für die Planung von Smart Cities. Durch den kooperativen Entwicklungsansatz verschwinden Unternehmensgrenzen und ermöglichen eine integrale Sichtweise, Verständnis und Anforderungsdefinitionen. Diese neue Art der Kollaboration ermöglicht die Entwicklung innovativer Konzepte für Städte und Gemeinden mit hoher Geschwindigkeit.

Verein zur Planung von Smart Cities

Nicht nur die Konzeption von Smart Cities ist anspruchsvoll, auch die Auswirkungen auf den Betrieb dieser komplexen Konzeptionen sind nicht zu unterschätzen. Zukünftige Betreiber müssen über entsprechende Kompetenzen hinsichtlich des Betriebs der Technologien, des Umgangs mit den Nutzern wie auch Bestands- und Neubauten verfügen.

Durch den Zusammenschluss von Start-ups, KMU, Netzwerkpartnern und Innovationsförderern wird ein breites Leistungsangebot etabliert, das die komplexen Anforderungen der Smart City abdeckt. Um die Vision der »Smart City as a Service« zu erreichen, benötigt es das Engagement kompetenter Industriepartner und Entwickler. In den folgenden Gastbeiträgen von den Mitgliedern des Vereins wird ein Praxiseinblick in die Methodik, Anwendungen und Produkte gewährt.

Smart City as a Service

Die Rolle des Facility Managements für Smart Cities – Einblick in einen integralen Beratungsansatz

Durch die zunehmende Digitalisierung in unserem Alltag gewinnen Smart Cities stetig an Popularität, was bedeutet, dass auch Smart Buildings und IoT-Technologien immer relevanter werden. Der Begriff »smart« wird jedoch sehr unterschiedlich und breit interpretiert. Bedeutet »smart« das Gleiche wie »digital«? Und welche Rolle spielt das Facility Management dabei?

Digitalisierung als Ermöglicher

Digitale Entwicklungen im FM

Im Facility Management hat die Digitalisierung Einzug gehalten und man kann von verschiedensten digitalen Entwicklungen im Rahmen der Planung und des Betriebs von Immobilien und Services profitieren. Neue Zusammenarbeitsmodelle, ein besserer Datenaustausch, der umgehend eine bessere Informationsqualität mit sich bringt, und deutlich transparentere und beschleunigte Prozesse sind Resultate der Digitalisierung.

Optimierung der Prozesse

Diese Entwicklung treibt das Facility Management an, die Nutzung und den Betrieb von Gebäuden als ein ganzes Ökosystem wahrzunehmen. Smart Buildings können die ökologischen Auswirkungen wie auch die betriebliche Effizienz steigern und das Gebäudemanagement verbessern, indem sie erlauben, Anlagen aus der Ferne zu steuern und wertvolle Daten zum Energieverbrauch und zur Wartung zu sammeln.

Die Entwicklung des Internet of Things befähigt uns, durch die Konnektivität von Prozessen und durch den Erhalt und die Verknüpfung von Informationen die effektive Nutzung und die Bedürfnisse der Nutzer zu evaluieren und so die Prozesse des Facility Managements zu optimieren. Doch neben der digitalen Komponente von Smart Cities gibt es noch weitere Dimensionen, welche die »smartness« unserer Lebensweise und der gebauten Umwelt ausmachen.

Das Facility Management als zentrales Fundament

»Smart« im Sinne von »clever und innovativ«, verbunden mit sozialer Verantwortung, entspricht dem ganzheitlichen Verständnis einer Smart City mit dem Ziel einer hohen Lebensqualität, Zweckmäßig-

Abb. 25: TAPS-Bodensensoren für das Verkehrs- und Parkmanagement

Quelle: LTS AG

keit und Nachhaltigkeit. Dies bedingt eine stärker integrale und lebenszyklusorientierte Betrachtungsweise, bei der die Technologie beziehungsweise die Digitalisierung der Ermöglicher ist. Das zentrale Fundament ist jedoch eine zukunftsorientierte, ganzheitliche FM-Strategie, um den Betrieb und die Bewirtschaftung unserer Lebensräume smart zu gestalten – dazu gehören die gebaute Umwelt wie auch die Mobilität.

Neue Anforderungen im FM

Das Facility Management, das die Schnittstellen und die Zusammenarbeit zwischen den unterschiedlichen Beteiligten wie Eigentümern, Nutzern und Betreibern regelt, gewinnt mit der Zielsetzung von Smart Cities an Bedeutung. Es umfasst alle strategischen und steuernden Funktionen für die Bereitstellung und Nutzung von Flächen und Infrastruktur. Mit der Zielsetzung von Smart Cities gilt es, neue Anforderungen zu definieren, vertraglich festzuhalten und eindeutig zu regeln. Ein gemeinsames Leitbild, die Umsetzung und Steuerung der »smartness« in allen relevanten Facility-Service-Prozessen und deren Verknüpfung mit dem integralen und ganzheitlichen Verständnis sind dafür unerlässlich.

Mehr Informationen zu dem integralen Beratungsansatz erhalten Sie unter anderem bei »Smart City Alliance«-Mitglied Rebekka Ryf, Intep, www.intep.com.

Sensorgestützte Verkehrszählung und Parkmanagement mit Bodensensoren

Mobilität als Erfolgsfaktor

Die Mobilität ist in der Smart City ein essenzieller Aspekt und wichtiger Erfolgsfaktor. Aus diesem Grund werden integrale Mobilitätskonzepte mit Sensoren ausgestattet, sodass datenbasierte Einflüsse und Auswirkungen auf den Stadtbetrieb analysiert werden können.

Im Auftrag der Stadt Aadorf und eines Liegenschaftsverwalters wurden an der Industriestraße acht TAPS-Bodensensoren für das Verkehrs- und Parkmanagement installiert (s. Abb. 25). Mit der Lösung der LTS AG sollen die Parkplätze mit den Sensoren verwaltet und der Verkehr im Industriegebiet von Aadorf analysiert werden. Auf der zweispurigen Hauptstraße wurden vier Bodensensoren für die Verkehrszählung eingebaut. Zudem wurden vier Parkplätze mit vier Bodensensoren für das Parkmanagement installiert.

Die Installation zur Park- und Verkehrserkennung fand im Herbst 2019 statt. Der Liegenschaftsverwalter der Parking-Infrastruktur hat

Abb. 26: Einsatz von TAPS-Bodensensoren *Quelle: LTS AG*

jetzt die Möglichkeit, mit der TAPS-Software Suite das Verkehrsfluss- und Parkverhalten auszuwerten und zu überwachen. Die Sensoren senden sofort eine Benachrichtigung, wenn ein Fahrzeug an einer verbotenen Stelle geparkt oder angehalten hat. Ziel ist es, möglichst viele Daten zu sammeln und davon neue Muster für den Betrieb abzuleiten, die künftig die Tür für innovative Geschäftsmodelle – wie etwa eine dynamische Preisbildung – öffnen. Des Weiteren ist es von großer Bedeutung, das Kundenverhalten besser zu verstehen und das Angebot den entsprechenden Bedürfnissen anzupassen. Einige Parkplätze können nur von bestimmten Fahrzeugen oder Gruppen (Mitarbeiter, Besucher, Logistik etc.) besetzt werden. So kann der Liegenschaftsverwalter Falschparker und Dauerparker erkennen und sie gegebenenfalls mit einem Bußgeld belegen lassen.

Innovatives Energiekonzept

Für die Nutzer von Bodensensoren ist es auch wichtig, dass ein unterbrechungsfreier Betrieb gewährleistet werden kann. Anders als bei anderen Konzepten von Bodensensoren profitieren die Nutzer hier von einem einzigartigen, innovativen Energiekonzept, das keine Batterie als Energieressource benötigt und somit das Risiko von einem Systemkurzschluss ausschließen kann.

Mit der All-in-one-Lösung steht den Nutzern eine integrale Managementlösung im Bereich Parking und Verkehrsfluss zur Verfügung, die nicht nur die Parkplatzsuche deutlich komfortabler gestaltet, sondern auch die volkswirtschaftlichen Kosten reduziert und somit einen Beitrag zur Reduzierung des CO_2-Ausstoßes leistet.

In der Smart City Alliance ist Marko Jažo, LTS AG, www.lts-ag.ch der fachliche Ansprechpartner.

Mit Fernerkundung zur smarten Gebäudeverwaltung

Einsatz von Drohnen

Die Verantwortlichen für den Gebäudeunterhalt stehen immer wieder vor Herausforderungen, den Zustand der Gebäudehülle zu beurteilen, den Unterhaltsbedarf zu bestimmen und zu planen. Solaranlagen, Begrünungen und Haustechnik auf dem Dach und an Fassaden, aber auch Zugänge und Fenster sind nicht einfach zu erfassen und zu bewerten. Das einfache, schnelle Erkennen und das Visualisieren von Problemen werden mit zunehmender Gebäudehöhe um etliches aufwendiger und somit auch teuer. Heute steht eine Vielzahl präziser Sensoren bereit, die klein und leicht genug sind, um sie mithilfe von Drohnen an jede Position des Gebäudes zu lenken. Damit können die gewünschten Messungen durchgeführt und Daten für eine spätere Analyse gesammelt werden. Mit hochauflösenden RGB-, Infrarot- und Multispektralkameras können Fragen beantwortet werden, die für einen sicheren Betrieb und ein effizientes Management der Gebäudehülle entscheidend sind.

Thermografische Aufnahmen am Gebäude

Wo früher noch Fotografen mit »schwerem Gerät« auffahren mussten, fliegen heute mit einer Thermalkamera ausgestattete Drohnen auf einer programmierten Route das gesamte Gebäude ab. Thermische Probleme an Photovoltaik- und Solarthermieanlagen, Gebäudeisolationen und weiteren technischen Installationen auf dem Dach und an Fassaden können bequem, günstig und sicher vom Boden aus festgestellt werden.

Photogrammetrische Vermessung und 3D-Rekonstruktion

RGB-Kameras und Photogrammetrie

RGB-Kameras und moderne Photogrammmetrie helfen neben einer visuellen Prüfung (im sichtbaren Bereich des elektromagnetischen Spektrums) technischer Installationen an der Gebäudehülle auch bei der Vermessung von Gebäuden und deren Umgebung. Die aufbereiteten Daten liefern 2-D- und 3-D-Modelle und sind für alle am Projekt Beteiligten immer und überall zugänglich (Webbrowser). Die Modelle können mit Flächen, Linien und Kommentaren versehen

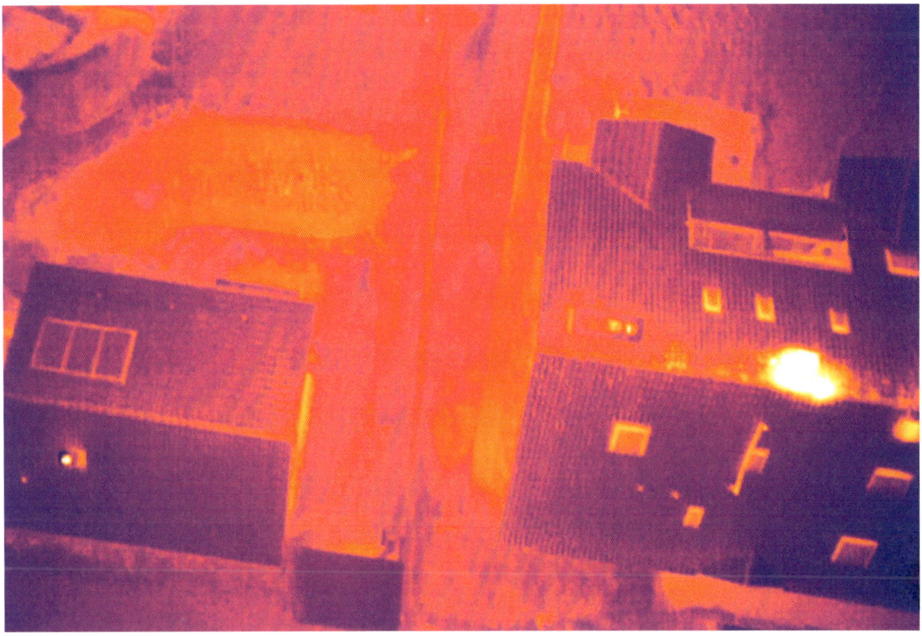

Abb. 27: Thermografische Messung in einem Quartier

Quelle: Steiner & Partner Landschaftsarchitektur GmbH

Abb. 28: 2-D- und 3-D-Modell eines Gebäudes im Webbrowser abgreif- und bearbeitbar

Quelle: Steiner & Partner Landschaftsarchitektur GmbH

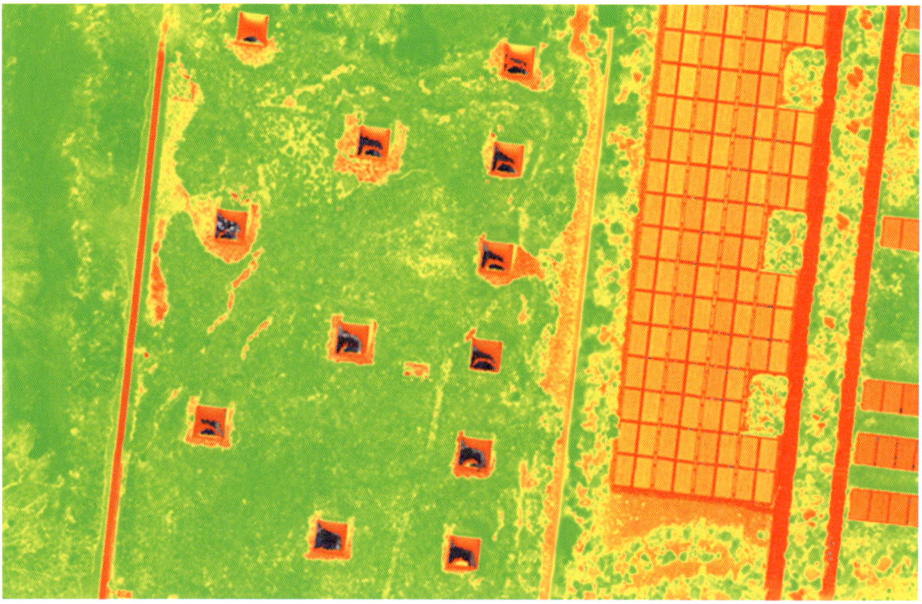

Abb. 29: Bestimmung von Vegetationsindizes und Bestockung auf einem Energie-Gründach *Quelle: Steiner & Partner Landschaftsarchitektur GmbH*

und zudem mit bereits vorhandenen Plänen überlagert werden. So kann in kürzester Zeit fachübergreifend an ein und derselben Grundlage gearbeitet werden und die Kommunikation zwischen Planer, Management, Fensterbauer, Gärtner, Isolator, Spengler und weiteren Fachspezialisten wird maßgeblich vereinfacht. Problemstellen wie zum Beispiel mangelhafte Isolationen, Schäden an Dachhaut oder Fassade oder Vitalität der Gebäudebegrünung werden erfasst und können je nach Bedarf ausgewertet werden.

Für neue Herausforderungen gewappnet

Begrünte Gebäude und Gründächer

Die Zunahme an begrünten Gebäuden mit ihren Gründächern und Vertikalvegetationen stellen das Facility Management heute vor neue Herausforderungen. Hier unterstützt der Einsatz von Drohnen die Planung von Pflegeeinsätzen durch die einfache Visualisierung und Analyse der Ist-Situation. Mit Multispektralkameras und verschiedenen Vegetationsindizes werden neben der Bestockung (Deckungsgrad) auch die Vitalität, die Nährstoff- und Wasserverfügbarkeit sowie das Auftreten unerwünschter Arten erfasst.

Für weitere Fragen stehen Ihnen Christian Desgranges, Roland Berger & Erich Steiner, Steiner & Partner Landschaftsarchitektur GmbH unter www.roofview.swiss zur Verfügung.

Smart Intercom für smarte Gebäude

Die Kommunikation in der Smart City ist ein essenzieller Bestandteil des Erfolgs. Nutzer der Smart City müssen sich jederzeit sicher fühlen.

Herzstück der Gebäudesicherheit

Einfache Sprechanlage war gestern. Heute ist Intercom ein Herzstück jeder Sicherheitslösung für Gebäude, vom kleinen Firmengebäude bis zum Unternehmenscampus und zur Smart City. Neben der Sprachkommunikation übernimmt Intercom dabei vielfältige Anzeige- und Steuerfunktionen. So wird Personal am Empfang und in der Leitwarte bei der täglichen Arbeit unterstützt, und alle Personen fühlen sich sicher.

An Zufahrten und Zugängen befinden sich vandalismusresistente Sprechstellen, teilweise mit interaktivem Touchdisplay. Ankommenden Personen werden Informationen auf dem Display präsentiert, etwa eine Willkommensbotschaft oder Verhaltensanweisungen. Wetterkapriolen wie Regen, Schnee und Eis beeindrucken den Touchscreen nicht, er reagiert nur auf menschliche Berührung. Im Gebäude machen Sprechstellen in Gängen, in Sanitärräumen und in den Aufzügen Information und Hilfe auf Knopfdruck erreichbar. Die integrierte Beschallung stellt sicher, dass alle Personen über die smarte Intercom-Lösung erreicht und informiert werden können.

Flexible Rufweiterleitung

Dank Selbstüberwachung meldet jede Sprechstelle dem Leitstand zuverlässig, wenn sie Probleme hat. An diesem Leitstand werden die Rufe übernommen: an der Rezeption oder in einer Leitwarte, vor Ort oder in einem ausgelagerten Notrufcenter. Flexible Szenarien zur Rufweiterleitung bilden alle Anwendungsfälle optimal ab. Über Symphony Cloud und eine eigene App können Rufe ebenfalls mobil übernommen werden – wenn der Empfang nicht besetzt ist oder das Personal der Leitwarte einen Kontrollgang unternimmt.

Parallel dazu werden vielfältige Informationen auf einer grafischen Bedienoberfläche dargestellt. Die Daten stammen auch aus Fremdsystemen, die dank vielfältiger Interfaces über die Intercom-Lösung gesteuert werden. Neben einer Videoanlage lassen sich die Zutrittskontrolle und weitere Sicherheitsgewerke nahtlos integrieren. Bidirektionales Video ist selbstverständlich – und Personen fühlen sich sicher und perfekt umsorgt. Wichtig für das Team von Facility Management und Werkschutz: Alle Aktivitäten werden protokolliert und auf Wunsch werden Gespräche aufgezeichnet. Als Notfall- und Gefahrenreaktionssystem (NGRS) entspricht die Intercom-Lösung der neuen EN62820. Und Cybersecurity ist für die IP-basierte Lösung selbstverständlich.

Ansprechpartner in der Smart City Alliance ist Hans-Peter Benz, Commend AG, www.commend.ch.

Automatisierte Parkingprozesse mit Kennzeichenerkennung

Einbindung von externen Apps

Automatische Kennzeichenerkennung in Verbindung mit einer Cloud-Software erlaubt Parkplatzbetreibern und Kommunen die zentrale Verwaltung und Automatisierung aller Parkprozesse sowie deren Datenanalyse. Offene Schnittstellen ermöglichen die Einbindung von Parking-Apps, Parkleitsystemen und Mobility Services, um den Grundstein für eine zukunftsweisende Mobilitätssteuerung zu legen.

Die mit leichter Hardware ausgestattete Kennzeichenerkennungstechnik benötigt keine Wartung. Es entstehen keine bis geringe Instandhaltungskosten. Kosten für einen 24/7-Notfall-Reparaturservice entfallen gänzlich. Auch in der Anschaffung ist ein barrierefreies System günstiger als klassische Beschrankungsanlagen.

Die effizientere Nutzung von Off-Street-Parkflächen ist ein wichtiger Baustein in der nachhaltigen Mobilitätswende. Am Straßenrand entfallende Parkplätze sorgen für lebenswerte Innenstädte, während effizienter genutzte Off-Street-Flächen die Aufrechterhaltung notwendiger Kapazitäten sicherstellen.

Anwohnerparken nach Ladenschluss

Ein konkretes Beispiel ist das Anwohnerparken beim Supermarkt. Parkplätze im Einzelhandel sind nach Ladenschluss oft leer und versperrt, während Anwohner nach einem Parkplatz für die Nacht suchen. Mit einem digitalen Parksystem wie dem von »Smart City Alliance«-Mitglied Peter Park können Supermarktparkplätze für Anwohner ohne den Einsatz von Schranken, Automaten oder manueller Kontrolle geöffnet werden. Anwohner erwerben ihre digitale Parkberechtigung über eine App. Die Kennzeichenerkennung kontrolliert, ob der vorgegebene Zeitraum für das Anwohnerparken eingehalten wurde. Somit wird der Bedarf an zusätzlichem Parkraum und auch der abendliche Parkplatzsuchverkehr deutlich reduziert und existierender Parkraum effizient genutzt.

Durch die einfache Anwendung und die minimierten Kosten wird die Zufriedenheit bei Parkraumbetreibern durch Peter Parks System gesteigert.

Auch Parkende sehen eine Verbesserung: 91,8 Prozent gaben an, dass das System eine Verbesserung zum klassischen analogen Parkvorgang sei (laut einer Befragung von Parkenden am Uniklinikum Leipzig im Februar 2021).

Programme wie Kickstart, in dem auch Peter Park die Chance genutzt hat, sich mit Smart-City-Unternehmen zu vernetzen und Anwendungsfälle in der Schweiz zu erkunden, sind wichtige Treiber für Smart-City-Entwicklungen. Unterstützt von der Expertise von Kickstart erhalten Start-ups so Zugang zum Schweizer Markt, der dank seiner vier Amtssprachen ein wirtschaftliches Ökosystem für Start-ups mit internationalen Wachstumsambitionen bietet.

Kickstart setzt sich dafür ein, Brücken zu bauen und unterschiedliche Organisationen zusammenzubringen. Seit der Gründung im Jahr 2015 hat Kickstart über 170 Kooperationen in verschiedenen Innovationsbereichen initiiert und ist damit zu einer der größten europäischen Innovationsplattformen avanciert.

Ansprechpartner in der Smart City Alliance ist Kaya Brandt, Peter Park, www.peter-park.de.

… denn keiner baut die Smart City allein

Durch diesen kooperativen Einsatz zur modulartigen Einbeziehung von Unternehmen, Beratern und Technologiepartnern ist es möglich, internationale, maßgeschneiderte Lösungen für Gemeinden und Städte zu entwickeln. Durch die fokussierte Einbeziehung individueller Spezialisten, die sich in einem »Smart City Alliance«-Netzwerk zusammenschließen, werden Lösungen in kurzer Zeit erarbeitet und implementiert.

Mehr Informationen zum kooperativen Netzwerk der Smart City Alliance erhalten Sie bei Lukas Manuel von Rotz, MRICS, Geschäftsführer der Smart City Alliance und Partner der Alpha IC Schweiz AG, www.smartcityalliance.org & www.alpha-ic.ch.

Lukas Manuel von Rotz, MRICS, studierte an der Zürcher Hochschule für angewandte Wissenschaften Facility Management (BSc) und an der Hochschule Luzern Real Estate (MSc). Seit 2020 ist er als Partner und Mitinhaber der Alpha IC Schweiz AG im Bereich Facility Management & Digitalisierung tätig und übernahm zeitlich die Geschäftsführung der Smart City Alliance. Er verfügt über diverse Unterrichtsmandate an Schweizer Hochschulen.

Peter Lübkert

Strategien für eine zukunftsorientierte und nachhaltige Entwicklung bei Management und Nutzung von Büroflächen

Wachsende Bedeutung von Nachhaltigkeit

Im Bereich Facility Management (FM) kam Themen wie Umweltverträglichkeit und Nachhaltigkeit in den letzten zehn Jahren eine hohe Bedeutung zu. Dieser Artikel versucht zu illustrieren, wie eine auf generelle Richtlinien gestützte nachhaltige Gebäudeverwaltung beziehungsweise -steuerung praktisch umgesetzt werden kann, ohne dass dies notwendigerweise durch spezielle Bestimmungen oder Auflagen vorgeschrieben wird. Er stützt sich dabei auf Erfahrungen, die in der Abteilung Facility Management der in Paris ansässigen Organisation für wirtschaftliche Zusammenarbeit und Entwicklung (OECD) gesammelt wurden. Wie kann verantwortliches Gebäudemanagement mit globalen Standards und Orientierungen wie zum Beispiel den Zielen für nachhaltige Entwicklung der Vereinten Nationen (UN-SDEs) in Einklang gebracht werden? Hier geht es in erster Linie um die Anwendbarkeit von Umweltorientierungen oder besser um deren Übersetzung in konkrete Maßnahmen im täglichen Erbringen von Betriebs- und Dienstleistungen.

Weiterhin soll versucht werden, eine wichtige »neue« und mit der Umweltleistung verknüpfte Tendenz aufzuzeichnen, die den Facility Manager vor eine Vielfalt von Herausforderungen stellen wird – es geht um die Art und Weise, wie Büroflächen in Zukunft genutzt werden. Selbst wenn wir uns schon vor der gegenwärtigen Pandemie mit neuen Konzepten zur Nutzung unserer Büros oder auch der Frage des Homeoffice auseinandergesetzt haben, so hat das letzte Jahr einiges verändert, besonders in Bezug auf die allgemeine Bereitschaft, neue Wege zu gehen. Hier gibt es dann auch neue Möglichkeiten für umweltgerechtes und nachhaltiges Handeln, die aber oft eine tiefer greifende Veränderung von Verhaltensweisen erfordern.

FM und Umweltverträglichkeit

Globale Standards der OECD

»Gemeinsam für eine bessere Politik für ein besseres Leben« – das ist das Motto der OECD. Es geht um Politiken zur Gestaltung einer Gesellschaft der Gerechtigkeit, Chancengleichheit und Lebensqualität für alle. So entwickelt die Organisation globale Standards, um sich aktuellen und sich abzeichnenden gesellschaftlichen, wirtschaftlichen oder auch ökologischen Herausforderungen in den verschiedensten Bereichen besser stellen zu können. In diesem Zusammenhang beschloss die Abteilung Property und Facility Management der OECD, derartige Zielsetzungen zu »übersetzen« und zur Unterstützung der täglichen Arbeit der Organisation einzusetzen.

Bei der Bereitstellung von FM-Dienstleistungen gilt es, bewährte Verfahren und politische Leitlinien zu respektieren und voranzutreiben,

Bei der Zertifizierung von Gebäuden geht es auch um Abfallvermeidung, -reduzierung und -recycling

die von der Organisation in Bereichen wie Betriebsführung, nachhaltiges Wachstum oder öffentliches Beschaffungswesen entwickelt wurden. Diese Leitlinien beziehen sich auch auf verschiedene der UN Sustainable Development Goals (SDGs), die die OECD durch ihre Arbeit unterstützt.

Umweltfreundliche Gebäudenutzung

In der konkreten Umsetzung derartiger Ziele sind mittlerweile etablierte Instrumente wie zum Beispiel das GHG Protocol oder das französische Gebäudezertifizierungsverfahren HQE™ (Certivéa – Haute Qualité Environnementale) essenziell, nicht nur um die Wirksamkeit einzelner Maßnahmen zu messen, sondern auch um stetige Verbesserungen in der Nachhaltigkeit und Qualität von Dienstleistungen zu erzielen.

Der HQE™-Standard erlaubt es, eine ordnungsgemäße Überwachung, Berichterstattung und kontinuierliche Verbesserung bei der Nutzung von Gebäuden zu gewährleisten. Neben einem soliden umweltverträglichen Management der Gebäudeinfrastruktur sowie deren Integration in den städtischen Kontext und einer effizienten Nutzung von Energie, Wasser und anderen Materialien versucht dieser Standard, die eigentlichen Nutzer von Büroflächen einzubeziehen und Mitverantwortung tragen zu lassen.

Zertifizierung von Gebäudeinfrastruktur

Abfallvermeidung, -reduzierung und -recycling sind ebenso Teil der Zertifizierung von Gebäudeinfrastruktur wie Energiemanagement oder Qualität von Luft und Wasser. Die Umsetzung von Maßnahmen für eine nachhaltige Gebäudeverwaltung trägt weiterhin oft dazu bei, die Wirtschaftlichkeit und Qualität angebotener Dienstleistungen zu erhöhen. Im Beispiel des Facility Managements der OECD wird die Arbeit an Nachhaltigkeit mit anderen Initiativen, insbesondere der Entwicklung einer digitalen Strategie und der Anwendung von V4M-Prinzipien (Value for Money), in Einklang gebracht. Gemeinsam bilden sie die Grundlage für die Festlegung von Prioritäten zur verantwortungsvollen Bereitstellung von Serviceleistungen. Weitere wichtige Bausteine findet man im Bereich nachhaltigkeitsorientierte Beschaffungspraktiken und Richtlinien im Rahmen von Ausschreibungsverfahren.

Zur Umsetzung derartiger Prinzipien ist es wichtig, einen angemessenen Aktionsplan mit erreichbaren Zielen zu vereinbaren. Von zentraler Bedeutung ist dann eine Reihe von soliden Basisdaten, um die Ergebnisse verschiedener Initiativen im Laufe der Zeit messen zu können. In Bereichen wie der Verbesserung der Energieeffizienz ist es natürlich wichtig, geeignete Zähler einzusetzen, nicht nur um den Verbrauch im Vergleich zu gesetzten Reduktionszielen zu messen, sondern auch um eventuelle Dienstleister über Wartungsverträge mit zu engagieren.

Abbau von Umweltbelastungen

Die Definition einer Reihe zentraler Umweltleistungsindikatoren ist ein wichtiger Bestandteil eines Umweltaktionsplans. So sollte es zum Beispiel eine detaillierte jährliche Bestandsaufnahme von Treibhausgasemissionen geben. Diese und alle anderen gesammelten Umweltinformationen werden dann regelmäßig mithilfe eines Umweltmanagementsystems (Environmental Management System – EMS) aktualisiert und für die Berichterstattung verwendet. Das EMS ist Teil des Gesamtmanagementsystems, in dem Prozesse und Praktiken festgelegt werden, die zum Abbau von Umweltbelastungen beitragen und dadurch helfen, eine längerfristige »Umweltvision« umzusetzen. Der wohl am häufigsten genutzte Rahmen für ein EMS ist die Norm ISO 14001. Sie erlaubt es der Unternehmensleitung, den Mitarbeitern wie auch externen Betreibern dabei zu helfen, ihre »Umweltleistung« kontinuierlich zu verbessern. Eine enge Einbeziehung des Personals und eine entsprechende Kommunikation sind unerlässlich, um sicherzustellen, dass bei einer möglichst breiten Mitarbeitergruppe ein gewisses Umweltbewusstsein geschaffen wird. Eine breit gefächerte Reflexionsgruppe, bestehend aus Beschäftigten verschiedenster Ar-

Eine Zertifizierung der nachhaltigen Bewirtschaftung von Immobilien bringt signifikante Erfolge für den Klimaschutz

beitsbereiche, kann hier sehr hilfreich sein, um andere Mitarbeiter zu engagieren und so Teil der Lösung werden zu lassen.

Viele Freiwillige im »Greening Network«

Mit einer Strategie zur Zertifizierung der nachhaltigen Bewirtschaftung von Immobilien können nennenswerte Erfolge verzeichnet werden. So sanken in unserem Beispiel zwischen 2010 und 2018 die Treibhausgasemissionen pro Mitarbeiter um 16 Prozent, der Energieverbrauch pro Quadratmeter um 28 Prozent und der Papierverbrauch je Mitarbeiter um 70 Prozent. Andere Initiativen und Investitionen ermöglichten es, die Nutzung von Telekonferenzen seit 2014 um 63 Prozent zu erhöhen. Weiterhin spielen heute ökologische und soziale Kriterien bei Ausschreibungen und der Auftragsvergabe eine wichtige Rolle. In Bezug auf das Engagement der Mitarbeiter zeigt die steigende Zahl von Freiwilligen im »Greening Network«, dass sich Mitarbeiter für dieses Thema interessieren. Dennoch ist eine kontinuierliche und diversifizierte Kommunikationsstrategie notwendig, auch um neue Mitarbeiter zu erreichen.

»Das Büro von morgen«

Auch wenn sich die oben genannten Ergebnisse sehen lassen können, gibt es Bereiche, in denen wesentlich weniger Fortschritte in Bezug auf die Umweltperformance gemacht wurden. Reisedienste und das tägliche Pendeln zwischen Wohnort und Arbeitsplatz in meist überfüllten Ballungszentren stehen hier im Vordergrund. Diskussionen im Rahmen von Maßnahmen zur Reduzierung von Emissionen durch Homeoffice oder die Optimierung von Dienstreisen mithilfe von Technologien waren noch vor einem Jahr oft schwierig zu führen. Wie wird es nun weitergehen? Die Covid-19-Pandemie hat gezeigt, dass es auch anders geht, was nicht heißen soll, dass man in »normalen Zeiten« alles im Homeoffice erledigen kann. Der persönliche Kontakt, das spontane Gespräch in der Cafeteria oder auch die Teilnahme an einer Konferenz bleiben essenzielle Bestandteile des Arbeitsalltags, selbst in einer neuen, »hybriden Arbeitswelt«.

Reduzierung von Emissionen

Es gibt also neue Herausforderungen, die allerdings nicht nur in der Umwelt- und Nachhaltigkeitsdebatte eine große Rolle spielen, sondern auch Auswirkungen auf die Arbeitsplatzphilosophie haben. Neuartige Ansätze zur Nutzung von Büros in einer wohl doch etwas veränderten Post-Covid-Realität bieten Möglichkeiten zur Reduzierung von Umweltbelastungen. Gleiches gilt für Geschäftsreisedienste. In beiden Fällen ist eine Reihe wichtiger Parameter einzubeziehen. Vor allem sollte vermieden werden, zu überstürzten Schlussfolgerungen zu kommen.

Konzentrieren wir uns auf das tägliche Pendeln und die Nutzung von Büroflachen (die ja häufig zumindest statistisch suboptimal ist). Die Notwendigkeit des Zusammenkommens von Kolleginnen und Kollegen im Büro soll hier nicht angezweifelt werden. Man kann und sollte sich aber die Frage stellen, wie zeitgemäß eine tägliche Büropräsenz in Anbetracht moderner Technologie und sich abzeichnender Trends im Bereich des Arbeitsumfeldes überhaupt ist. Schlagworte wie »Work-Life-Balance« oder »Well-Being« und »Agilität« sind in vieler Munde und werden sicherlich in der Zukunft eine immer größere Rolle spielen. Das Arbeiten im »Homeoffice« stellt in vielen Fällen eine Alternative dar. Die Pandemie hat uns gezeigt, dass es funktioniert, wenngleich Antworten auf vielfältige Fragen organisatorischer, regulatorischer, versicherungstechnischer oder auch ergonomischer Natur noch beantwortet werden müssen.

Nutzung von Büroflächen

Bei näherem Hinsehen wird weiterhin schnell klar, dass es in erster Linie um die Frage nach einem holistischen Ansatz zur Definition eines neuen, zukunftsorientierten Arbeitsumfeldes geht – eine neue Herausforderung, bei der neben einer ganzen Reihe von Dimensionen der Mitarbeiter im Mittelpunkt steht. Schon bei Fragen der Nachhaltigkeit ist es wichtig, den Nutzer von Büroflächen in die Debatte einzubeziehen, allein um ein »Buy-in« für etwaige Auswirkungen auf Komfort oder Gewohnheiten zu sichern. Bei einer Veränderung

Das Büro der Zukunft trägt zur Reduzierung von Emissionen bei

des Arbeitsumfeldes oder besser der Arbeitsweise wird die Einbindung der Belegschaft auf allen Ebenen noch wesentlich wichtiger. In letzter Konsequenz werden wohl Personalpolitikfragen, Organisations- und Change Management die eigentlichen Herausforderungen sein. Neben dem Büroarbeitsplatz spielt hier auch die Technologie eine wichtige Rolle, wie ja auch schon im Rahmen des nachhaltigen Managements von Gebäuden. Wie kann das ortsunabhängige Arbeiten organisatorisch und technisch unterstützt werden und welche Auswirkungen werden derartige neue Formen der Gestaltung des Arbeitsumfeldes dann auf Büroflächen und Dienstleistungen haben? Es gilt beispielsweise, hybride Webkonferenzen zu unterstützen – also Konferenzen mit einem Mix aus physischer Präsenz im dafür eingerichteten Besprechungsraum und Teilnehmern, die sich von außerhalb zuschalten. Hierzu müssen Technologie, Raumdämmung, Licht und so weiter stimmen, damit es zu einem positiven Nutzererlebnis kommt.

Unterstützung von ortsunabhängigem Arbeiten

Die Vielfalt von Umfeldern zur Ausrichtung unterschiedlicher Arbeitsvorgänge und Aktivitäten wird ausschlaggebend für derartige Ansätze sein. Es gilt, attraktive Bürolandschaften zu schaffen, die dem Mitarbeiter ein ortsunabhängiges Arbeiten ermöglichen, um einen nicht unerheblichen Beitrag zur Reduzierung nicht nur von Emissionen, sondern auch von täglichem Stress beim Pendeln zu leisten. Hinzu kommt eine optimierte Nutzung von Flächen, die dann auch eine schnelle Investitionsrentabilität ermöglicht.

Peter Lübkert ist Senior Management Professional mit 30 Jahren Berufserfahrung im internationalen Kontext. Er hat zahlreiche Großprojekte in verschieden Servicebereichen geführt und leitet heute die für Gebäude, Logistik und Dienstleistungen zuständige Abteilung in der OECD, Paris. Er war federführend bei der Gründung einer Umweltvision für das Management der OECD Liegenschaften und befasst sich derzeit besonders mit Raummanagementkonzepten zur Unterstützung neuer Arbeitsplatzphilosophien. Peter studierte Informatik an der Universität Hamburg.

Schlussbemerkungen

Die Verbesserung der CO_2-Bilanz eines Unternehmens kann durch den FM-Bereich angeschoben werden. Allein werden diese Anstrengungen aber wohl nicht für ein zügiges Vorankommen auf diesem Gebiet ausreichen. Es werden andere Ansätze benötigt, die mehr und mehr die Nutzer von Gebäudediensten miteinbeziehen müssen. Die Anwendung eines strukturierten Rahmens für nachhaltiges und umweltbewusstes Gebäudemanagement erlaubt es zwar, messbare Ergebnisse zu erzielen, aber eben nur in Grenzen.

Die Verschmelzung dieser Arbeit mit anderen Initiativen, gerade im Bereich des Arbeitsplatzmanagements, kann einen erheblichen Beitrag zu einer soliden, auf Nachhaltigkeit ausgerichteten Steuerung von Dienstleistungen für die Nutzer und Gebäude leisten. Weitere Auswirkungen neuer Tendenzen findet man auch bei der Bereitstellung von Serviceangeboten zur Unterstützung einer von mehr und mehr Mitarbeitern geforderten »Lebensqualität im Arbeitsleben«. Es gilt, Richtlinien zu finden oder zu entwickeln, die ein Fundament für eine flexible Umsetzung neuer Tendenzen im Arbeitsalltag schaffen. Die Einbeziehung von Generationenvielfalt, Verhaltensänderungen, neuen Technologien und Umweltbewusstsein sind hierbei von großer Bedeutung.

Die Rolle des Facility Managers selbst erhält dabei eine neue, wichtige Dimension: die eines »Impulsgebers« zur Entwicklung neuer Konzepte, die als solide Basis zur Anpassung an sich schnell verschiebende Eckdaten im Bereich der Arbeitswelt notwendig sind.

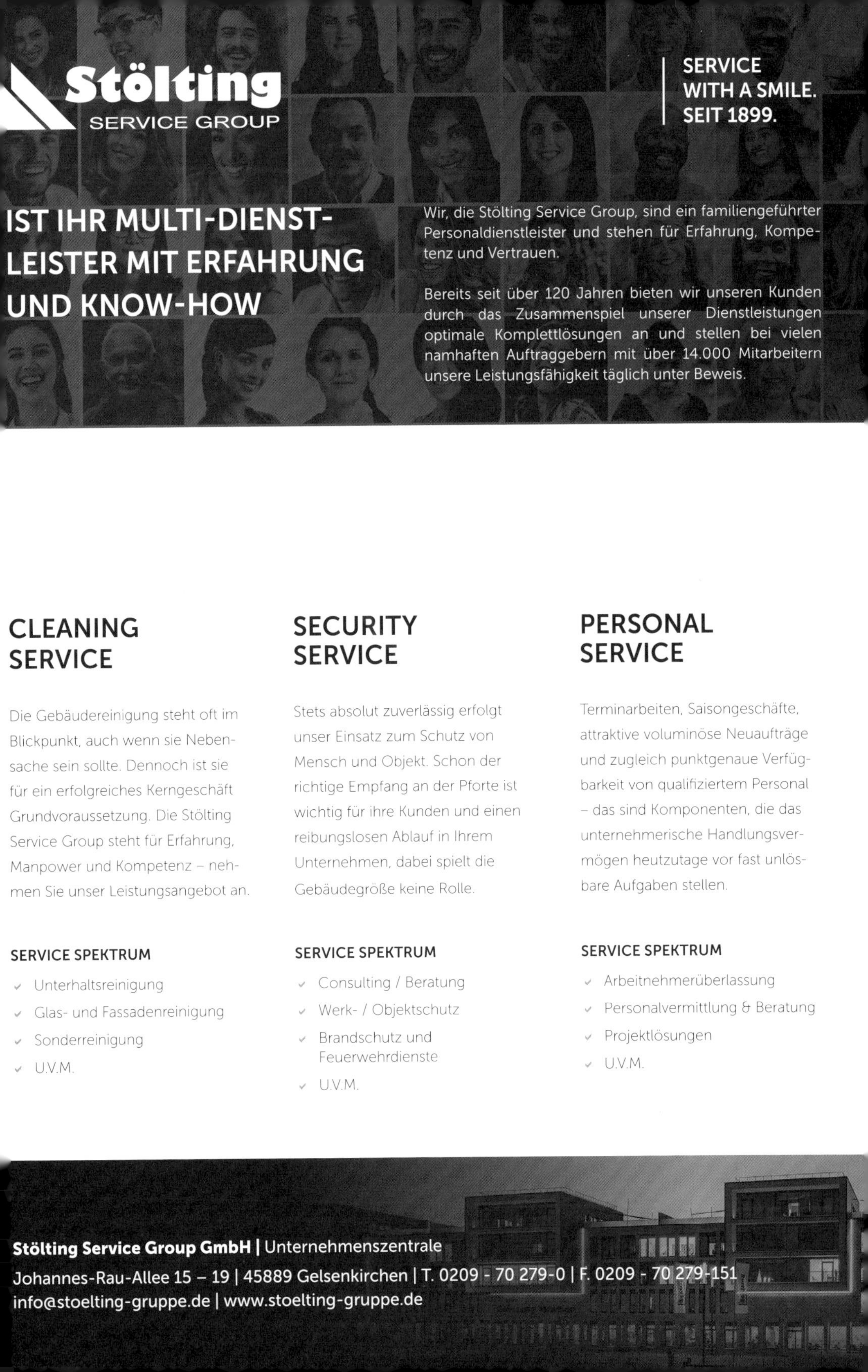

Stölting
SERVICE GROUP
SERVICE WITH A SMILE. SEIT 1899.
IST IHR MULTI-DIENST-LEISTER MIT ERFAHRUNG UND KNOW-HOW
Wir, die Stölting Service Group, sind ein familiengeführter Personaldienstleister und stehen für Erfahrung, Kompetenz und Vertrauen.
Bereits seit über 120 Jahren bieten wir unseren Kunden durch das Zusammenspiel unserer Dienstleistungen optimale Komplettlösungen an und stellen bei vielen namhaften Auftraggebern mit über 14.000 Mitarbeitern unsere Leistungsfähigkeit täglich unter Beweis.
CLEANING SERVICE
Die Gebäudereinigung steht oft im Blickpunkt, auch wenn sie Nebensache sein sollte. Dennoch ist sie für ein erfolgreiches Kerngeschäft Grundvoraussetzung. Die Stölting Service Group steht für Erfahrung, Manpower und Kompetenz – nehmen Sie unser Leistungsangebot an.
SERVICE SPEKTRUM
Unterhaltsreinigung
Glas- und Fassadenreinigung
Sonderreinigung
U.V.M.
SECURITY SERVICE
Stets absolut zuverlässig erfolgt unser Einsatz zum Schutz von Mensch und Objekt. Schon der richtige Empfang an der Pforte ist wichtig für ihre Kunden und einen reibungslosen Ablauf in Ihrem Unternehmen, dabei spielt die Gebäudegröße keine Rolle.
SERVICE SPEKTRUM
Consulting / Beratung
Werk- / Objektschutz
Brandschutz und Feuerwehrdienste
U.V.M.
PERSONAL SERVICE
Terminarbeiten, Saisongeschäfte, attraktive voluminöse Neuaufträge und zugleich punktgenaue Verfügbarkeit von qualifiziertem Personal – das sind Komponenten, die das unternehmerische Handlungsvermögen heutzutage vor fast unlösbare Aufgaben stellen.
SERVICE SPEKTRUM
Arbeitnehmerüberlassung
Personalvermittlung & Beratung
Projektlösungen
U.V.M.
Stölting Service Group GmbH | Unternehmenszentrale
Johannes-Rau-Allee 15 – 19 | 45889 Gelsenkirchen | T. 0209 - 70 279-0 | F. 0209 - 70 279-151
info@stoelting-gruppe.de | www.stoelting-gruppe.de

SITZT. PASST. WACKELT.
UND GIBT IHNEN LUFT.
Das Facility Management von Infraserv Höchst. Ihr Erfolgsmodell für perfekt geplante und betriebene Gebäude, Anlagen und alles, was darin ist. Einfach kann bekanntlich jeder. Sich aber auch um komplexe Technik kümmern, das können wir. Wir machen einen guten Job. Damit Sie mehr Freiraum in Ihrem haben.
Mehr unter: www.infraserv.com
infraserv
höchst
Element Ihres Erfolgs.

Lena Krumm

Kerngeschäft Rekrutierung – was das Facility Management von Personaldienstleistern lernen kann

Optimierung des Recruitings nötig

Facility Management ist ein »people business«. Sowohl bei internen Facility-Management-Einheiten als auch bei Dienstleistern für Facility Services ist der strukturell hohe Personalbedarf spürbar. Deshalb ist es wichtig, bei der Arbeitskräftegewinnung einen Vorsprung gegenüber dem Wettbewerb zu haben. Um das zu erreichen, müssen sich Facility-Management-Abteilungen Gedanken über die Optimierung ihres Recruitings machen. Grund genug, einmal über den sprichwörtlichen Tellerrand hinauszublicken und von Unternehmen zu lernen, deren Kerngeschäft die Rekrutierung von Kandidaten ist: Personaldienstleistern.

Der Personalmangel im Facility Management erfordert höhere Rekrutierungsaufwände

Jedes Jahr steigt die Zahl der Beschäftigten in den Facility Services. Laut Statistischem Bundesamt waren im Jahr 2018 mehr als 1,5 Millionen Erwerbstätige allein in der Gebäudebetreuung und im Garten- und Landschaftsbau tätig.

Fachkräfte und Entscheider sind gefragt

Besonders gefragt sind Fachkräfte und Entscheider mit Branchenerfahrung, die eine Fachausbildung vorweisen können. Lünendonk & Hossenfelder veröffentlichte im Jahr 2020 eine Studie zum Personalmangel im Facility Management. Demzufolge schätzen 83 Prozent der Auftraggeber den Mangel an Facharbeitern und Technikern als hoch ein. Die Corona-Pandemie hat an der Situation nichts verändert: Sie hat vielmehr gezeigt, dass das Facility Management systemrelevant und das Fachpersonal zum Betrieb unter Pandemiebedingungen besonders wichtig ist.

Um offene Stellen besetzen zu können, steigt der Rekrutierungsaufwand für Facility-Management-Einheiten der Auftraggeber und deren HR-Verantwortliche. Neben verstärkten Ansprachen an Schulen, Fachhochschulen und Universitäten und der Qualifizierung des Personals beauftragen rund 15 Prozent der Auftraggeber bereits Personaldienstleister, um kurzfristige Engpässe zu kompensieren oder leichter Personal zu rekrutieren. Denn es ist das Kerngeschäft von Personaldienstleistern, im Auftrag Dritter Personal zu rekrutieren. Doch wie bewältigen sie die erfolgreiche Rekrutierung in Zeiten des Personal- und Fachkräftemangels?

Lünendonk beobachtet den Markt für Zeitarbeit und Personaldienstleistungen seit 1999. Die folgenden Zahlen, Daten und Fakten stammen aus der aktuellen 21. Marktbeobachtung, die als Lünendonk®-Studie 2020 »Zeitarbeitsunternehmen in Deutschland« veröffentlicht ist.

Personaldienstleister sind auf die kurzfristige Gewinnung von Personal spezialisiert, das zu den Anforderungen des Auftraggebers passt. Dazu bedienen sie sich unterschiedlicher Werkzeuge, die größtenteils auch anderen Branchen – wie dem Facility Management – zur Verfügung stehen.

Online-Jobbörsen sind effizientester Rekrutierungskanal

Online-Jobbörsen sind Standard

Online-Jobbörsen wie zum Beispiel Indeed und StepStone sind inzwischen Standard bei der Personalsuche. Auch Businessnetzwerke wie Xing und LinkedIn zählen zu den effizientesten Kanälen. Deren Beliebtheit hat zur Folge, dass das Gros der Unternehmen über diese Kanäle auf Personalsuche ist und damit alle »im gleichen Teich fischen«. Personaldienstleister verfügen deshalb in der Regel über ein darüber hinausgehendes Netzwerk und erhalten Informationen über passende Kandidaten häufig kurzfristig und auf anderen, informelleren Kanälen. Die großen Anbieter auf der Lünendonk®-Liste profitieren zudem von ihrer Bekanntheit als kurzfristiger Arbeitgeber und sind daher oftmals erster Ansprechpartner für Arbeitsuchende.

Die meisten Zeitarbeitsunternehmen haben sich spezialisiert: Anbieter mit mehrheitlich ausgebildetem Personal rekrutieren erfolgreich über Kontakte zu Agenturen für Arbeit und über die eigene Website. Außerdem sind Empfehlungen, etwa durch Mitarbeiter, üblich.

Obwohl Personaldienstleister Printanzeigen von Jahr zu Jahr weniger nutzen, bleiben gedruckte Stellenanzeigen ein wichtiger Bestandteil im Recruiting-Mix. Bei einer im Jahr 2019 durchgeführten Studie

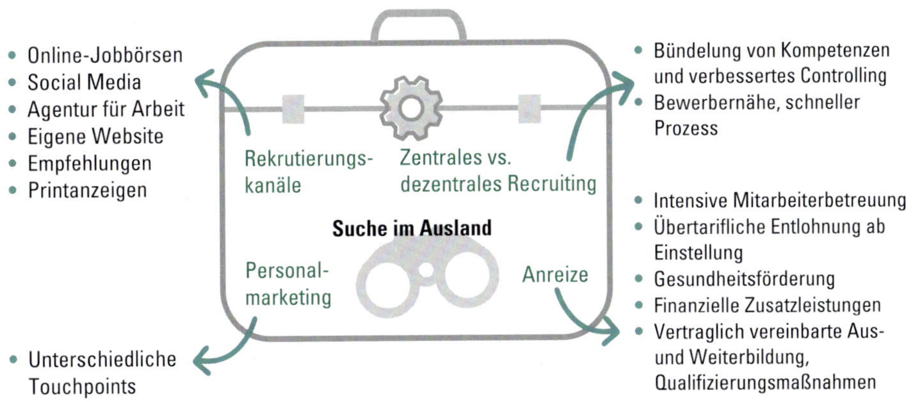

Abb. 30: Toolbox der Personaldienstleister zur Rekrutierung *Quelle: Lünendonk & Hossenfelder GmbH*

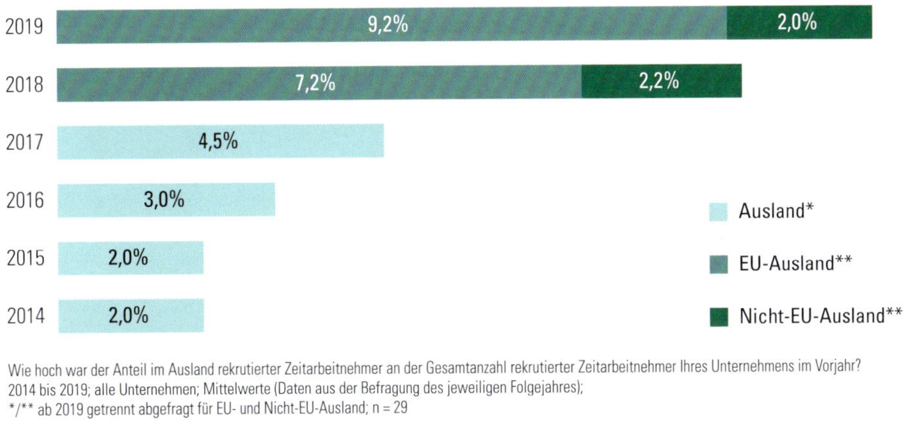

Abb. 31: Auslandsrekrutierung nimmt deutlich zu *Quelle: Lünendonk & Hossenfelder GmbH*

Stellen-anzeigen nach wie vor sinnvoll

der index Gruppe haben über 56 Prozent der ausschreibenden Personaler angegeben, dass ihre Printanzeige zu einer Einstellung geführt habe oder dies voraussichtlich tun werde. Gerade die weitverbreitete Annahme, potenzielle Bewerber und Nachwuchskräfte seien nur noch online unterwegs, führt dazu, dass viele Unternehmen klassische Printanzeigen unterschätzen. Das bietet Chancen: Es werden weniger Stellenanzeigen abgedruckt, sodass diese automatisch mehr Aufmerksamkeit erhalten. Spezifische Branchen wie das Facility Management sollten Wochenblätter, Tageszeitungen und Fachmagazine als ergänzende Kanäle nutzen. Unter der Leserschaft der Zeitschriften werden unter anderem potenzielle Bewerber erreicht, die nicht aktiv auf Jobsuche sind und deshalb auch keine Jobportale durchsuchen.

Ausweitung der Suche ins Ausland

Im intensiven Wettbewerb um technische Fachkräfte lohnt sich die Ausweitung der Personalsuche ins Ausland. Personaldienstleister haben das frühzeitig erkannt: Während 2014 und 2015 nur 2 Prozent der Kandidaten im Ausland rekrutiert wurden, steigt der Anteil an im Ausland gewonnenen Spezialisten stetig. 2019 waren es bereits über 11 Prozent.

Rekrutierung im Ausland nicht üblich

Internationale Zuwanderung ist ein wichtiger Baustein für die Fachkräftesicherung. Dennoch sind deutsche Unternehmen noch zurückhaltend, was die Rekrutierung im Ausland anbelangt. Es fehlt häufig an Erfahrung mit länderübergreifenden Suchprozessen und

der strukturierten Identifikation potenzieller Mitarbeiter. Niederlassungen oder Geschäftskontakte im Ausland wirken hier unterstützend. Aber auch dann gibt es zahlreiche Hürden, überhaupt erst mit der Suche im Ausland zu beginnen: Bürokratie, Arbeitserlaubnis, Anerkennung von im Ausland erworbenen Qualifikationen und Sprachhürden sind einige Beispiele. Das sind Gründe, die die Kontaktaufnahme zu ausländischen Fachkräften und deren Beschäftigung aufwendig gestalten. Die Identifikation und Gewinnung von passenden Mitarbeitern oder Spezialisten in einigen Branchen verursacht inzwischen aber auch in Deutschland einen nicht zu unterschätzenden Aufwand.

Zentrales Recruiting als Chance

Dezentrale Rekrutierungsorganisation

Die führenden Personaldienstleister verfügen über bis zu 300 Niederlassungen in Deutschland. Eine dezentrale Vertriebs- und Rekrutierungsorganisation geht mit einer hohen räumlichen Nähe zu Kunden, aber insbesondere Bewerbern einher. Die Vorteile liegen auf der Hand: Recruiter kennen regionale Netzwerke und Medien und Bewerber werden persönlicher betreut, warten nicht mehr wochenlang auf Rückmeldung und freuen sich über kurze Wege zu Bewerbungsgesprächen. Ein zu langwieriger Bewerbungsprozess wirkt sich negativ auf die Candidate Experience aus und birgt die Gefahr, dass Wettbewerber dem eigenen Unternehmen zuvorkommen. Dennoch sieht die Mehrheit der Personaldienstleister (62 %) eine zentrale Rekrutierung zunehmend als Chance, um Bewerber und Bedarf niederlassungsübergreifend verbinden zu können. Im Vergleich zu mehreren einzelnen Personalabteilungen vor Ort, bei denen viele Fehlerquellen und Schnittstellen zwischen den Abteilungen zu Ineffizienzen führen, werden beim zentralen Recruiting Kompetenzen effizient gebündelt. Dies ermöglicht auch ein verbessertes Controlling.

Anzahl der Touchpoints im Recruiting steigern

Der Personal- und Fachkräftemangel verlagert die Entscheidungsmacht im Bewerbungsprozess häufig auf die Nachfrageseite – insbesondere bei der Besetzung hoch qualifizierter Stellen. Die Folge: Ganze Branchen befinden sich in einem Arbeitgeber-Attraktivitätswettbewerb und Personaler werden zu Verkäufern. Personalmarketing wird folglich wichtiger und der Abstand zum klassischen Produkt- und Dienstleistungsmarketing schrumpft stetig. Die Werbung für vakante Stellen hält Einzug in nahezu alle Mediengattungen wie Print, Fernsehen, Radio, Messen und Social Media – stets mit dem Leitgedanken, die Zielgruppe intelligent und wiederholt zu erreichen.

Druck, Bewerber zu finden, steigt

Bereits 2016 lag der Schwerpunkt des Marketingbudgets der Personaldienstleister in der Bewerbergewinnung (59 %). Der Druck, Bewerber zu finden, hat sich seitdem deutlich erhöht. Sukzessive ist der Anteil des Budgets, das für Bewerbermarketing ausgegeben wird, auf 73 Prozent im Jahr 2019 angestiegen. Das Budget wird für die Bespielung unterschiedlicher Touchpoints verwendet. Es gibt viele solcher Berührungspunkte, auf die Bewerber und Stellensuchende während ihrer Recherche stoßen und die ihr Bild des Arbeitgebers formen und beeinflussen. Einige Beispiele hierfür sind verschiedene Jobbörsen, Xing, LinkedIN, Facebook, YouTube, Jobmessen und Karrierenetzwerke. Um als Arbeitgeber wahrgenommen zu werden, braucht es eine Reihe dieser Touchpoints auf unterschiedlichen Kanälen. Es lohnt sich, den Fokus auf mehr als ein oder zwei Rekrutierungskanäle zu legen.

Neue Anreize schaffen Personalbindung

Qualifiziertes Personal zu finden ist die eine Herausforderung, es langfristig an das Unternehmen zu binden eine andere. Auch das zählt zu den Hauptaufgaben der Zeitarbeitsunternehmen und hat auch eine Relevanz für die Facility-Management-Einheit der Auftraggeber und Facility-Dienstleister. Mithilfe von Zusatzleistungen steigt die Mitarbeiterzufriedenheit, was zu einer geringeren Fluktuationsrate führt – und das spart Rekrutierungsaufwand.

Übertarifliche Bezahlung ist Standard

Kaum ein Unternehmen kann es sich inzwischen noch leisten, flächendeckend den Tarifmindestlohn zu zahlen. Das mag in Anbetracht des schlechten Branchenimages überraschend sein, aber die meisten Zeitarbeitsunternehmen bezahlen ihre externen Mitarbeiter ab Einstellung übertariflich. Sie bieten ihrem Personal auch weitere freiwillige Zusatzleistungen, die in jüngster Zeit sogar verstärkt angeboten wurden. Übertariflich mehr Urlaub, unbefristete Arbeitsverträge, vertraglich vereinbarte Aus- und Weiterbildungen, finanzielle Zusatzleistungen und auch Incentives wie ein Fitnessstudio sind nur einige Beispiele hierfür. Diese Aspekte werden in Zukunft noch wichtiger. Mitarbeiter – auch im Facility Management – fordern im »War for Talents« eine flexible Arbeitswelt, die sie zur Entfaltung ihrer kreativen Potenziale und für ihre Work-Life-Balance benötigen. Diese neue Kultur muss auch in der Rekrutierung Beachtung finden.

Zusammenfassung und Ausblick

Den akuten und strukturellen Personalmangel zu verringern ist für das Facility Management eine essenzielle Herausforderung, um leistungsfähig zu bleiben. Ohne professionelles Facility Management gerät das Kerngeschäft in Gefahr. Die Corona-Pandemie hat eindrücklich die hohe Relevanz von Reinigung und Hygiene verdeutlicht. Für die kommenden Jahre stehen die Unternehmen vor ähnlich großen Herausforderungen: Die ambitionierten Nachhaltigkeitsziele sind wirtschaftlich ohne eine bedarfsabhängige Steuerung von Immobilien kaum möglich. Nur wenn dafür das notwendige Fachpersonal verfügbar ist, kann das Facility Management seinen Beitrag leisten. Der Wettbewerb mit anderen Branchen erfordert eine hohe Effizienz im Recruiting. Das ist das Kerngeschäft von Personaldienstleistern, die nicht nur über geprüfte Prozesse, sondern auch über eine gute regionale Verwurzelung und eine hohe Reputation als Arbeitgeber verfügen, die Brücken zu dauerhaften und den Bewerbern bisher unbekannten Tätigkeiten und Arbeitgebern wie das Facility Management bauen.

Lena Krumm ist Junior Consultant der Lünendonk & Hossenfelder GmbH und in den Märkten Zeitarbeit, IT-Staffing und Facility Service tätig.

Die Facility-Service-Branche hat gezeigt, dass ihre Leistungen systemrelevant sind. Um auch zukünftig leistungsfähig zu sein und den Gebäudebetrieb sicherzustellen, muss das Dauerthema Personalmangel ein Ende finden. Das Problem an sich wird vorerst bleiben, aber das Facility Management kann ihm durch einen effizienten und Erfolg versprechenden Rekrutierungsprozess oder eine Zusammenarbeit mit Personaldienstleistern den Wind aus den Segeln nehmen.

Personaldienstleister haben ihre Organisation auf die Rekrutierung ausgerichtet und langjährige Erfahrung mit Personalsuche und Stellenbesetzung. Eine Zusammenarbeit mit externen Personaldienstleistern kann zudem einerseits eine sinnvolle Alternative und andererseits eine Ergänzung zum eigenen Recruiting sein.

A (2x)
B-B (3x)
C-C (2x)

Teil II –
Facility Services für die Praxis

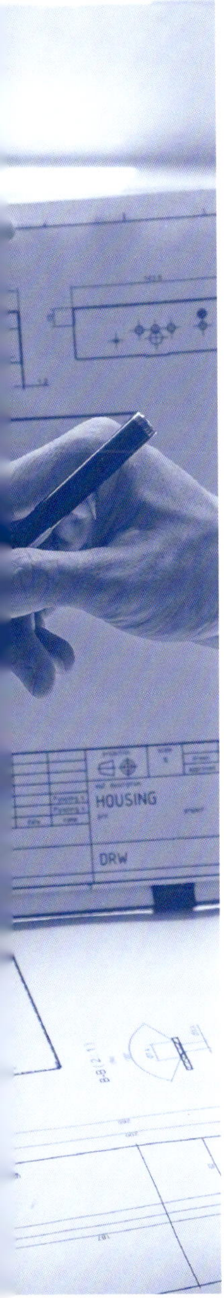

Susann Bollmann, Holger Winkelsträter

Nachhaltige Wertschöpfung im Gebäudesektor

Im Spannungsfeld von Politik, Finanzsektor und veränderten Kundenanforderungen

Wir befinden uns in einer Zeitenwende. Das ist spätestens seit der Vorstellung des European Green Deal deutlich, den Ursula von der Leyen anlässlich ihres Amtsantritts als EU-Kommissionspräsidentin am 11. Dezember 2019 präsentierte. Ein Fahrplan für eine nachhaltige EU-Wirtschaft, der inzwischen Eingang in nationale Gesetzgebungen gefunden hat. Das Ziel: die Europäische Union bis 2050 klimaneutral zu gestalten. Der Weg: Förderung und zunehmend Regulierung – mit Folgen für den Gebäudesektor.

Als am 16. März 2021 das Umweltbundesamt die Klimabilanzdaten für 2020 vorstellte, zeigte sich, dass die deutschen Klimaschutzziele für 2020 erreicht wurden, der Gebäudesektor allerdings vom Klimaschutzpfad abweicht. Zwar konnten die Emissionen der CO_2-Äquivalente (CO_2e) um drei Millionen Tonnen auf 120 Millionen Tonnen reduziert werden; dennoch wird das Ziel für 2020 um zwei Millionen Tonnen verfehlt. Mehr noch, da ein Teil der Reduktion den von der Pandemie besonders betroffenen Subsektoren Gewerbe, Handel und Dienstleistungen (– 4 Mio. Tonnen CO_2e) zurückzuführen ist. Zudem hat das Bundesverfassungsgericht am 29. April erklärt, das Klimaschutzgesetz greife zu kurz. Der Gesetzgeber muss nachbessern. Maßnahmen dazu werden im Juli 2021 erwartet.

Regulative Maßnahmen erhöhen den Druck

Es steht außer Frage: Der Preis für den Klimawandel steigt. Das gilt auch für die Wirtschaft. Neben physischen Risiken wie etwa Schäden durch extreme Witterungsereignisse sollten Unternehmen auch die sogenannten Transformationsrisiken berücksichtigen. Darunter sind Risiken zu verstehen, die etwa durch zukünftige Regulierungen, Veränderungen in der Nachfrage nach Mietflächen oder auch durch Veränderungen von Baustoffpreisen infolge einer ernst gemeinten Klimaschutzpolitik entstehen. Um diesen Risiken zu begegnen, sind alle Gebäudeeigentümer aufgerufen, Klimaschutzaktivitäten aufzubauen, etwa zur Erfassung und Reduktion von Treibhausgasemissionen.

Will die Politik an ihren Klimaschutzzielen für den Gebäudebestand festhalten, muss an der Verknüpfung »Primärenergieverbrauch um 50 Prozent senken, Restbedarf durch Erneuerbare decken« mehr denn je gearbeitet werden. Wie diese Ziele zu erreichen sind, obliegt auch der Kreati-

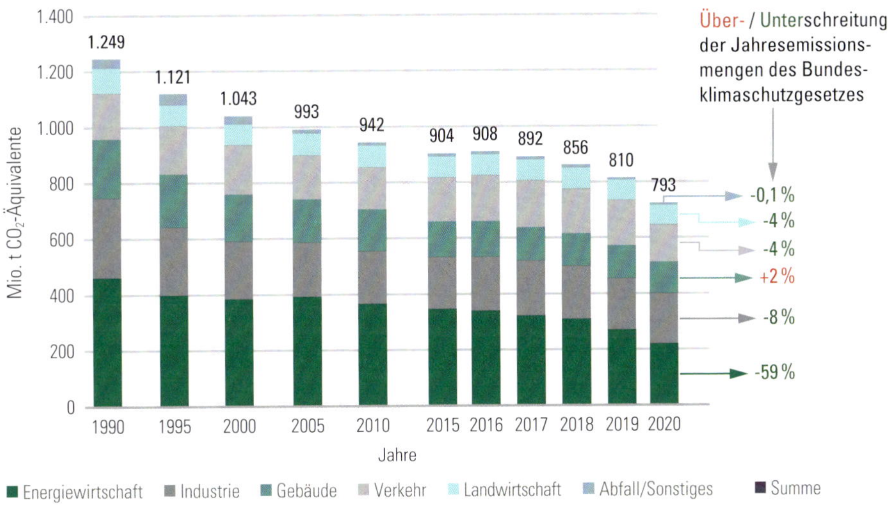

Abb. 32: Das Umweltbundesministerium rechnet vor: Die Treibhausgasemissionen in Deutschland sinken (Emissionsentwicklung 1990–2020)

vität der Legislative. Verschiedene Studien zeigen jedoch, dass sich die Zeit von »Fördern First« allmählich erschöpft. Trotz üppiger Fördermittel für energetische Sanierungen stagnieren die Sanierungsraten und auch der Anfang 2021 eingeführte Preis für emittierte Tonnen CO_2 bei der Wärmeerzeugung wird ob seiner Ausgestaltung und Höhe voraussichtlich nur eine geringe Lenkungswirkung haben.

Derzeit prüft die Bundesregierung wirksame Instrumente, um zielorientiert nachzuhelfen, etwa mit einer Ausdehnung der Mindeststandards auf weitere energieverbrauchende Produkte wie zum Beispiel Zentralheizungen, Feuerungsanlagen und Öfen, Werkzeugmaschinen, Dampfkessel oder Server. Einen Schritt weiter gehen europäische Nachbarländer. Frankreich und Großbritannien etwa verpflichten Hausbesitzer zur Erfüllung von Mindestenergiestandards, die Niederlande legen ab 2023 energetische Mindeststandards für große Bürogebäude fest.

So hat die niederländische Regierung im Jahr 2018 im Energy Agreement die sukzessive Einführung von Mindeststandards (zunächst) für Bürogebäude angekündigt. Demnach darf kein Bürogebäude ab 2023 schlechter als Energieeffizienzklasse C sein – sonst droht Eigentümern ein Vermietungsverbot. Schon vor Inkrafttreten der Mindeststandards haben sich viele Eigentümer an die Reduktion der Verbräuche gemacht, unter anderem getrieben durch die vermehrten Nachfragen der Banken und Investmentfonds, die in den Immobilien investiert sind oder als Kreditgeber fungieren.

Klimaschutz als ökonomischer Leistungsindikator im Finanzsektor

»Klimarisiken werden zu Investitionsrisiken« – diese viel zitierte Aussage stammt von Philipp Hildebrand, Vizepräsident von BlackRock, der mit annähernd 7,5 Billionen Dollar Bilanzsumme größten Vermögensverwaltung weltweit. Im Umkehrschluss bedeutet dies, dass der Finanzsektor als Konsequenz der politischen Vorgaben künftig stärker Investitionen auch unter ihrer Klimaschutzwirkung betrachten wird. Unter dem Schlagwort »Sustainable Finance« lässt sich eine Reihe von politischen Rahmenwerken und Regularien zusammenfassen. Diese haben das Ziel, den Finanzmarkt vor den steigenden Risiken des Klimawandels zu »schützen« – und im Umkehrschluss durch das Risikobewusstsein mehr Investitionen in nachhaltige Aktivitäten zu leiten. Dazu zählen unter anderem Nachhaltigkeitskriterien: Die EU-Kommission hat dafür 2018 ein Klassifizierungssystem in Auftrag gegeben, die sogenannte EU-Taxonomie. Sie wird ab Ende 2021 in Kraft treten und die Nachhaltigkeit von Unternehmenstätigkeiten messbar machen.

Neben dem Energieverbrauch gerät der CO_2-Fußabdruck in das Blickfeld der Politik. Dazu werden Emissionen zählen, die in der Betriebs- und zukünftig wohl auch in der Errichtungsphase der Gebäude entstehen. Auf nationaler Ebene rät der Sustainable-Finance-Beirat der Bundesregierung, dem 38 Experten aus Wissenschaft und Wirtschaft angehören, Finanzinstitute ab einem definierten Schwellenwert zur Offenlegung von Nachhaltigkeitsrisiken in der Kreditvergabe zu verpflichten und die Gebäudeenergiequalität bei der finanziellen Bewertung von Immobilien zu berücksichtigen.

Neben Vorgaben der Politik und einem steigenden Risikobewusstsein des Finanzmarktes zeichnet sich derzeit ein drittes Transformationsrisiko für Besitzer von Gewerbeimmobilien ab: die sich verändernde Nachfrage seitens gewerblicher Mieter. Zunehmend fordern Mieter Nachweise für klimaschutzkonforme Gebäude und Nutzflächen – oftmals getrieben durch die stärkere Gewichtung von Nachhaltigkeitsaspekten in der eigenen Wertschöpfung, sei es nun aus regulatorischen Gründen, aus Gründen der Markenwahrnehmung oder solchen der Mitarbeitergewinnung. Nachhaltigkeitskriterien entwickeln sich somit zu erfolgskritischen Hygienefaktoren und verschaffen denjenigen, die darauf vorbereitet sind, zunehmend Wettbewerbsvorteile. All dies zusammen führt zu einem steigenden Handlungsdruck bei Investoren und Immobilieneigentümern – und im Zuge dessen zu neuen Handlungsfeldern und Chancen für Gebäudedienstleister.

Perspektiven für Gebäudedienstleister

Der Betrieb von rund 2,7 Millionen gewerblich genutzten Gebäude in Deutschland verursacht laut dena-Gebäudereport mehr als 15 Prozent des gesamten CO_2-Ausstoßes. Dies verdeutlicht, wie ressourcenintensiv die Bewirtschaftung von Gewerbeflächen hierzulande ist – und unterstreicht die Bedeutung des Facility Managements, kurz FM, zur Erreichung der Klimaschutzziele. Doch was können Eigentümer und Investoren tun und welchen Beitrag kann FM leisten? Drei Thesen:

FM ermöglicht Transparenz: Alles beginnt mit der Datenerfassung. Schon im Rahmen der seit März 2021 gesetzlich geforderten Offenlegungsverordnung für Finanzdienstleister werden technische Gebäudedienstleister beim Erfassen und Aufbereiten geforderter Gebäudedaten

Abb. 33: Mit den aktuellen Entwicklungen in der europäischen und der deutschen Klimaschutzpolitik gerät der Gebäudesektor zunehmend unter Druck

systemrelevant. Die Verordnung gilt übrigens auch für die Gebäudedienstleister selbst, die im Rahmen der Berücksichtigung der vor- und nachgelagerten Geschäftsaktivitäten eines jeden Unternehmens selbst ihren Teil zur CO_2-Bilanz der Auftraggeber beitragen (siehe dazu auch GEFMA-Richtlinie 162-1). Einen formalen Beitrag leisten sogenannte Green-Lease-Vereinbarungen zur möglichst nachhaltigen Nutzung und Bewirtschaftung von Nutzflächen, etwa bei Abfallvermeidung, zu Erhaltungs- und Modernisierungsmaßnahmen nach ökologischen Gesichtspunkten sowie zur Ressourcen- und Energieeffizienz.

FM ermöglicht Energieeffizienz: Welche Effizienzpotenziale in der Betriebsoptimierung liegen, zeigt beispielhaft ein Blick in das Operational Center, das Caverion Deutschland in München betreibt. Hier sind Energieingenieure in der Lage, Verbräuche aus der Ferne zu steuern und zu optimieren. Auf der Basis der gesammelten Gebäudedaten können Muster identifiziert werden, die sich an Zustand wie auch an Nutzungszeit und -bedarf orientieren und helfen, Energieverbrauch und CO_2-Emissionen zu reduzieren – um bis zu 30 Prozent. Mehr noch: Störungs- und Wartungseinsätze vor Ort können deutlich reduziert werden.

FM ermöglicht Wertsteigerung: Vorgaben aus der Politik und dem Finanzsektor werden die Aufmerksamkeit der Gebäudeeigentümer künftig allerdings nicht nur auf Ressourcen- und Energieeffizienz lenken. Schon heute zeigt sich, dass nachhaltig betriebene Gebäude wirtschaftlicher sind und durchschnittlich einen höheren Wert erzielen. Dies ergab etwa eine Untersuchung der Universität Maastricht zusammen mit dem Finanzinstitut ING Groep. Gebäude, die ausgewählten Nachhaltigkeitskriterien entsprachen, erzielten demnach um 17 Prozent höhere Bruttomieteinnahmen, eine um 9 Prozent höhere Belegungsquote und auch der Transaktionspreis lag im Durchschnitt 11 Prozent über demjenigen der Gebäude, die diese Kriterien nicht erfüllten. Gefragt sind also strategische Ansätze, »Klimasünder« im Gebäudeportfolio zu identifizieren und entsprechend zu modernisieren. Ein Excel-Tool der Deutschen Unternehmensinitiative Energieeffizienz hat beispielsweise gezeigt, dass Gebäuden bis zu 40 Prozent Wertverlust drohen, wenn sie den regulatorischen Anforderungen nicht mehr genügen.

Doch sind diese Innovationsfelder im FM auch mit Bedingungen verknüpft. So bedarf es eines tiefen Verständnisses für die sich verändernden Kundenanforderungen vor dem Hintergrund veränderter Einflüsse durch Politik, Finanzsektor und Mieter. Es bedarf ferner der Flexibilität, die eigenen Handlungsfelder frühzeitig und konsequent auszubauen. Und es bedarf eines engeren Schulterschlusses mit strategischen Partnern innerhalb und außerhalb des FM, den zahlreiche Unternehmen bereits praktizieren.

FAZIT

In Zeiten, in denen der Ruf der Mieter nach messbarem Klimaschutz lauter wird, der Finanzmarkt noch zaghaft, aber bereits bestimmt Kapital mit Nachhaltigkeitskriterien verknüpft und Brüssel wie auch Berlin verfehlte CO_2-Ziele mit Strafen oder verschärfter Regulierung quittieren, werden Investoren und Eigentümer von Gewerbeimmobilien ihr Nachhaltigkeitsmanagement neu ausrichten und zum Kernprozess machen müssen. Das gilt auch für Gebäudedienstleister. Auftraggeber werden künftig stärker auf vor- und nachgelagerte Unternehmensaktivitäten blicken, das heißt, die gesamte Lieferkette beziehungsweise alle Dienstleistungen und damit auch die CO_2-Bilanz der Gebäudeserviceunternehmen beziehungsweise die der erbrachten Leistungen betrachten.

Das Gute: Neben einem erweiterten Pflichtenheft überwiegen die Chancen, die sich für Gebäudedienstleister ergeben. Der Werterhalt einer Immobilie ist schließlich die allumfassende Bedeutungsklammer des FM, die mit dem Klimaschutz eine zusätzliche Dimension erhält. Energiedienstleistungen und -beratung, Bewirtschaftungskonzepte zur Müllvermeidung oder Elektromobilität sind nur einige Beispiele, die ihren Weg in Ausschreibungsverfahren beziehungsweise Leistungsverzeichnisse finden werden. Maßnahmen zur Reduzierung der CO_2-Bilanz eines Gebäudes werden folgen und an Bedeutung gewinnen. Es gilt, das Verständnis für die skizzierten Einflussfaktoren auf künftige Kundenanforderungen zu schärfen. Es gilt, die vorhandenen digitalen Ansätze konsequent weiterzuentwickeln. Und es gilt, die eigene Rolle kritisch zu hinterfragen und das Leistungsportfolio entsprechend anzupassen und sich dabei auch für neue, grenzüberschreitende Wege zu öffnen.

Susann Bollmann ist Mitglied der Geschäftsleitung und Leiterin Projekte bei der DENEFF. Sie beschäftigt sich als Bankkauffrau und Kommunikationswirtin intensiv mit dem Zusammenspiel von Real- und Finanzwirtschaft zum Erreichen der Klimaschutzziele.

Holger Winkelsträter ist Leiter Marketing und Kommunikation Deutschland beim Spezialisten für Technische Gebäudeausrüstung Caverion. Er macht sich stark für mehr Energieeffizienz und Nachhaltigkeit im Bereich Nichtwohngebäude in Deutschland.

FAKTENCHECK

- Philipp Hildebrand, ARD-Interview vom 21.01.20: bit.ly/3w8wAEd
- Klimabilanzdaten 2020: bit.ly/3cvTE7U
- Bericht im Auftrag des BMWi, Februar 2021: bit.ly/3waN26I
- Energiezertifikate Bürogebäude in den Niederlanden: bit.ly/3m1ro09
- Dena Gebäudereport 2019: bit.ly/3sz0IM2
- GEFMA Richtlinie 162-1: https://www.gefma.de/shop/
- GEFMA Studie 982: https://www.gefma.de/shop/
- EU-Taxonomie, konsolidierte Fassung vom 20.06.2020: bit.ly/3lZrMw6

Stefan Schwan

Wie Unternehmen Klimaziele zuverlässig erreichen

Klimaneutral in fünf Schritten

Deutschland hat sein Klimaziel für 2020 doch noch geschafft! Diese Nachricht ging im März 2021 durch die Medien. Und ja, sie ist korrekt – doch liegt dies an den Auswirkungen der Covid-19-Pandemie, insbesondere am reduzierten Verkehr auf den Straßen und einer verringerten Produktion in den Betrieben. Klar ist: Damit die Europäische Union das Ziel der CO_2-Neutralität bis 2050 erreicht, muss deutlich mehr passieren. Allen voran muss der Gebäudesektor ins Handeln kommen, weisen doch Gebäude den höchsten Energieverbrauch auf – weit mehr als die Bereiche Verkehr und Elektrizität. Rund 35 Prozent des Energieverbrauchs und 30 Prozent der CO_2-Emissionen entfallen in Deutschland auf Gebäude. Die Sanierungsquote hingegen liegt derzeit bei nur einem Prozent – und das, obwohl viele Gebäude vor 2001 errichtet wurden und folglich einen hohen Renovierungs- und Modernisierungsbedarf aufweisen.

Politischer Druck steigt

Sowohl das neue Gebäudeenergiegesetz der Bundesregierung als auch der europäische Green Deal verschärfen jetzt den Druck. Vor allem der Green Deal stellt hohe Anforderungen, wie Firmengebäude aller Art und jeder Größe energieeffizienter und letztendlich CO_2-neutral werden müssen. Keine einfache Aufgabe für Unternehmen – und doch eine, die sich inzwischen viele auf die Fahne geschrieben haben, oftmals mit klangvoll formulierten Klimazielen. Entscheidend ist jedoch der Weg zur Erfüllung dieses Versprechens. Denn Klimaneutralität ist mehr als das Kompensieren der eigenen Emissionen über Zertifikate und Herkunftsnachweise. Im Fokus muss der Weg zur echten, physischen Verringerung des CO_2-Ausstoßes stehen. Mess- und nachweisbare Anstrengungen sind erforderlich, um »Real Zero« – also die »echte Null« – in puncto

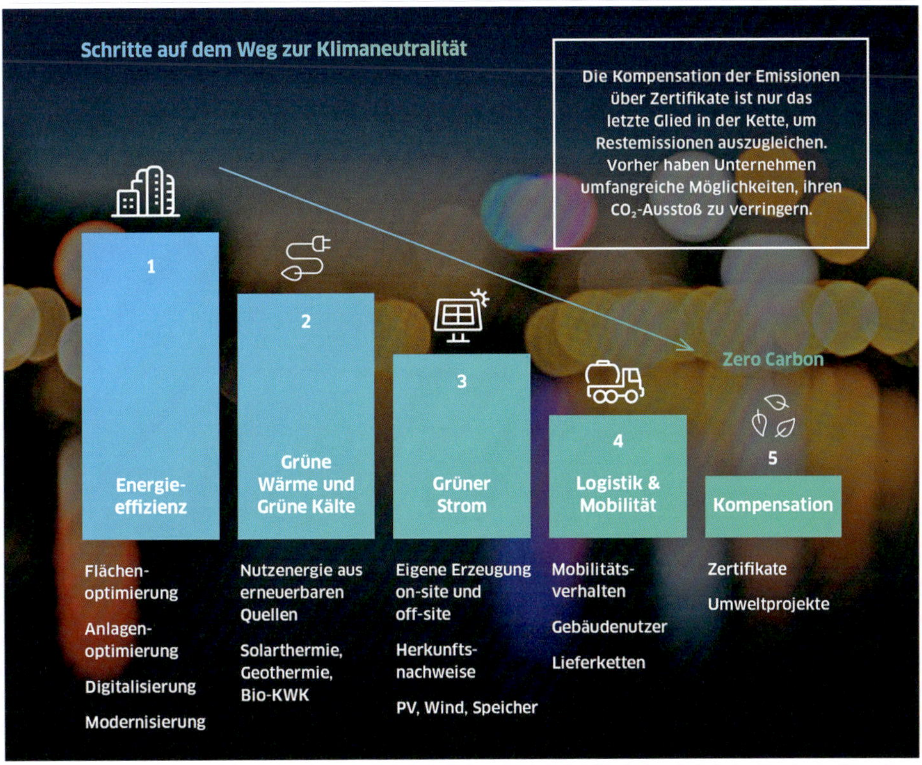

Abb. 34: In fünf Schritten zur Klimaneutralität: Mit dem »Real Zero«-Plan können Unternehmen ihre Klimaziele zuverlässig erreichen *Quelle: ENGIE Deutschland GmbH*

Emissionen zu erreichen. Dieser Weg ist für viele Unternehmen nicht wirklich klar. Oftmals fehlt es unternehmensintern an der Erfahrung, um das Thema Klimaneutralität auf allen Ebenen zu berücksichtigen. Dennoch braucht es eine ganzheitliche, umsetzbare und glaubwürdige Strategie. Dienstleister wie ENGIE Deutschland verfügen über die Expertise, die Transformation zur Klimaneutralität prozessual zu begleiten. Der große Vorteil einer solchen Partnerschaft: Das jeweilige Unternehmen kann sich auf sein Kerngeschäft konzentrieren – und sich gleichzeitig klimaneutral ausrichten, da der Dienstleister als Partner umfangreiches Know-how mitbringt und auf Wunsch den kompletten Prozess von der Beratung über die Umsetzung bis hin zur Dokumentation übernehmen kann.

Versteckte Emissionen aufdecken

An erster Stelle steht dabei eine umfangreiche Analyse: Die Experten ermitteln sämtliche Emissionen, die das Unternehmen derzeit ausstößt. Dabei werden gemäß Bilanzierungsstandard des weltweit anerkannten Greenhouse Gas Protocol (ghgprotocol.org) drei Betrachtungsebenen unterschieden: Bei »Scope 1« geht es um die direkten Emissionen – vom eigenen Fuhrpark bis hin zu den eigenen Wärme-, Kälte- und Stromerzeugungsanlagen. »Scope 2« berücksichtigt auch die indirekten Emissionen wie den Strom- und Wärmebezug externer Lieferanten. Am vollständigsten schließlich verfährt »Scope 3«: Hierbei stehen zusätzlich die gesamte Lieferkette und das in den Vorprodukten eingebettete CO_2 im Fokus. Auch die Emissionen für Dienstreisen und Arbeitswege werden betrachtet; insbesondere diese »versteckten« Emissionen können großes Potenzial für den Weg zur Klimaneutralität bergen. So sorgt diese umfassende Analyse für ein detailliertes Verständnis, wie der derzeitige CO_2-Fußabdruck aussieht und wo die unternehmensbezogenen Emissionsquellen liegen. Das Dienstleistungsunternehmen deckt davon ausgehend Optimierungspotenziale auf, die die Basis für eine erfolgreiche Real-Zero-Strategie bilden.

Maßgeschneidert statt Standardlösung

Auf die Analyse folgt die Planung – ebenfalls in enger Absprache mit dem Kunden. Denn: Es gibt keine Standardlösung für Klimaneutralität. Jedes Unternehmen, jedes Gebäude ist anders und somit muss auch jede Planung anders aussehen. Zudem unterscheiden sich die Präferenzen hinsichtlich Investitionen und Ressourceneinsatz von Unternehmen zu Unternehmen. All dies berücksichtigen die Spezialisten von ENGIE Deutschland und entwickeln vor Ort eine maßgeschneiderte Strategie. Grundsätzlich gehen sie dabei in fünf Schritten vor:

1. Energieeffizienz
2. Grüne Wärme und grüne Kälte
3. Grüner Strom
4. Logistik und Mobilität
5. Kompensation

Punkt fünf, die Kompensation der Emissionen über Zertifikate, ist dabei nur das letzte Glied in der Kette, um noch verbleibende Emissionen auszugleichen. Da-

Abb. 35: Mehr Energieeffizienz: ENGIE Deutschland reduzierte den Energieverbrauch des Produktionsgebäudes von Ritter Sport in Waldenbuch um mehr als 50 Prozent Quelle: Ritter Sport

vor bestehen für Unternehmen vielfältige Möglichkeiten, ihren CO_2-Ausstoß zu senken. Diese werden in den folgenden Abschnitten kurz skizziert.

Mehr Effizienz, mehr Nachhaltigkeit

Der erste Schritt betrifft die Energieeffizienz. Dabei geht es um Flächen- und Anlagenoptimierung, Digitalisierung und Modernisierung – und somit um den größten Hebel zur Senkung der CO_2-Emissionen. Energiemanagement, Monitoring und smarte Steuerung helfen, die Stellschrauben zu identifizieren, anhand derer sich der Energieverbrauch reduzieren lässt. Bestehende energieintensive Anlagen werden dann durch energieeffiziente, emissionsarme Modelle ersetzt. Im zweiten Schritt stehen erneuerbare Energien im Fokus. Ob Wärme, Kälte oder Druckluft: In die erneuerbare Erzeugung von Nutzenergien zu investieren ist ein wichtiger Anknüpfungspunkt, um CO_2 zu vermeiden. Unternehmen, die Verfahren wie Solar- und Geothermie sowie Wärmerückgewinnung nutzen, werden unabhängig von zentralen Versorgungsstrukturen und können ihren eigenen grünen Kreislauf aufbauen. Die

Abb. 36: Grüne Kälte einsetzen: Hocheffiziente Kältemaschinen – wie der QUANTUM AIR von ENGIE Refrigeration mit optionaler Wärmerückgewinnung – leisten einen wichtigen Beitrag zur Klimaneutralität *Quelle: ENGIE Refrigeration*

Kombination von erneuerbaren Energien und Speichertechnologien sichert klimaneutrales Wirtschaften.

Viel erreichen mit Grünstrom und E-Mobilität

Die Erzeugung von Strom on- oder off-site bietet ebenfalls einen Ansatz, um den CO_2-Fußabdruck zu reduzieren und wird im dritten Schritt berücksichtigt. Photovoltaik, Wind- und Solarenergie gehören zu den gängigsten Technologien, um grünen Strom für den eigenen Bezug zu produzieren. Kann dieser nicht oder nur unwirtschaftlich vor Ort erzeugt werden, stellen Stromabnahmeverträge (Power Purchase Agreements, kurz PPA) eine Alternative dar: Sie garantieren die direkte Versorgung aus einer dedizierten erneuerbaren Energiequelle, meist einem Wind- oder Solarpark. Der vierte Schritt konzentriert sich auf Mobilität und Logistik. Dazu zählen die Umstellung der eigenen Flotte auf Elektrofahrzeuge sowie die Förderung von E-Bikes und weiteren nachhaltigen Mobilitätsformen für die Beschäftigten – denn der Arbeitsweg ist eine häufig unterschätzte Quelle von Emissionen, die umgekehrt einen wichtigen Beitrag zum Umweltschutz leisten kann. Zu erwähnen sind in diesem Zusammenhang weiterhin Möglichkeiten, die nicht oder nur selten genannt werden, so der Einsatz von nachhaltig produzierten biogenen Ersatztreibstoffen. Erst im letzten und fünften Schritt steht die Kompensation auf der Agenda: Die noch verbleibenden CO_2-Emissionen können durch Zertifikate aus verifizierten Klimaschutzprojekten kompensiert werden. Sinnvoll ist dies beispielsweise, um vorgelagerte Lieferketten, spezielle Produktionsprozesse und den Fuhrpark klimaneutral zu stellen, bis eine tatsächliche physische Reduktion möglich ist.

Stefan Schwan ist Mitglied der Geschäftsleitung bei der ENGIE Deutschland GmbH. Er leitet den kombinierten Vertrieb von Energy & Facility Solutions, der mit gebündelten Kompetenzen Lösungen für den Übergang zur Klimaneutralität für B2B-Kunden in Industrie und Gewerbe entwickelt. Stefan Schwan ist spezialisiert auf die Verbindung von Facility Management und Energiemanagement und beschäftigt sich seit vielen Jahren mit Trends und Innovationen in diesen Bereichen.

»Real Zero« – mehr als eine Rechengröße

Zwar gehen mit echter Klimaneutralität eine hohe Komplexität und relativ lange Betrachtungszeiträume einher. Der Fünf-Schritte-Plan zeigt jedoch: Es gibt eine Vielzahl innovativer und zukunftsorientierter Lösungen, um CO_2-Emissionen zu verringern. Für Unternehmen lohnt es sich bereits, Teilprojekte in Angriff zu nehmen. Werden diese erfolgreich umgesetzt, stellen sie die beste Möglichkeit dar, um unternehmensintern den Rückhalt für die Gesamtstrategie zu stärken. Damit wiederum gehen dann nicht nur deutliche Einsparungen bei den Energiekosten einher, sondern auch positive Imageeffekte. Dabei profitieren Unternehmen in mehrfacher Hinsicht von der Zusammenarbeit mit einem Partner wie ENGIE Deutschland: Die Dienstleister geben umfangreiche Garantien und übernehmen mit Contracting-Lösungen die Finanzierung der notwendigen Investitionen und deren Betrieb für viele Jahre. Das bietet Planungssicherheit – und den Unternehmen die Gewissheit, ihre Klimaziele und letztendlich »Real Zero« zuverlässig zu erreichen.

Frank Katzemich, Robin Petersen

Intelligente und digitale Energieoptimierung im Gebäudebestand

Mit Start der »Bundesförderung für effiziente Gebäude« (BEG) Anfang 2021 wurde ein weiterer Meilenstein in Sachen Klimaschutz auf den Weg gebracht. Fast sechs Milliarden Euro stellt der Bund zur Finanzierung für Haus- und Heizungsmodernisierungen über die BEG zur Verfügung. Tatsächlich sollen so bis 2030 im Gebäudesektor förderbedingt 14 Millionen Tonnen CO_2 eingespart werden.

Das ist auch notwendig, wenn Deutschland sein Ziel, bis 2050 einen nahezu klimaneutralen Gebäudebestand zu haben, erreichen will. Offen ist, ob dies überhaupt möglich ist. Die Autoren meinen, ja. Denn die CO_2-Bepreisung und das Gebäudeenergiegesetz (GEG) vom August 2020 tun ihr Übriges, um die dringend benötigte Energiewende im Gebäudesektor mit einem Turbo zu versehen.

Fakt ist: 40 Prozent des weltweiten Energieverbrauchs sind auf Gebäude zurückzuführen. Mit dem Gesetz zur Digitalisierung der Energiewende hat der Bund bereits den Grundstein gelegt, dass Smart Grid, Smart Meter und Smart Home künftig ein unschlagbares Triple in Sachen Einsparpotenziale bilden können.

Energieeinsparung durch smarte Gebäude und intelligenten Betrieb

Die ambitionierten Energie- und CO_2-Einsparziele können nur dann in die Praxis umgesetzt werden, wenn die Digitalisierung der Immobilienwirtschaft stetig und konsequent mit höchster Priorität behandelt wird.

Dazu gehören smarte Gebäude: Zukünftig wird es wichtiger denn je, den exakten energetischen Fingerabdruck eines Gebäudes zu kennen. In Deutschland entfällt nahezu ein Drittel der gesamten verbrauchten Energie auf den Betrieb von Gebäuden. Das ist vollkommen unnötig, denn hier sind hohe Einsparpotenziale leicht umzusetzen. Dabei ist zu beachten, dass diese Einsparungen nicht nur über technische Maßnahmen zur Optimierung erzielt werden können, sondern auch über die Beeinflussung des jeweiligen individuellen Nutzerverhaltens. Durch die intuitive und verständliche Funktionsweise und die gute Verfügbarkeit eines webbasierten Analysesystems lässt sich beispielsweise dieses Nutzerverhalten gezielt beeinflussen. Der Nutzer erhält direktes Feedback und kann so sein eigenes Agieren kontrollieren.

Nach heutigem Stand ist der tatsächliche Energie- und Medienverbrauch im Gebäudebetrieb viel zu wenig transparent. Hier liegt verschenktes Potenzial. Anders als bei einem Auto haben Gebäudenutzer keinen greifbaren Anhaltspunkt für den aktuellen Verbrauch pro Nutzer oder pro Flächeneinheit.

Energiemanagementsysteme wie Enerlutec von Apleona schaffen hier Abhilfe.

Energiemanagement muss smart, vernetzt und integrativ sein

Moderne Gebäude und moderne Immobiliendienstleistungen sollen in erster Linie Kosten einsparen, einen nachhaltigen Betrieb gewährleisten und interne Prozesse optimieren. Aus Kundensicht sind insbesondere die ständige Überwachung der technischen Subsysteme und die Verwaltung von Echtzeit-Gebäudedaten mit intelligenten Sensoren gewünscht.

Transparente, überschaubare und effiziente Datenerfassung und die Verarbeitung der gesammelten Daten nach den Bedürfnissen des Benutzers und des Betreibers sollen dabei automatisiert werden. Hier braucht es offene Standards wie auch ein intelligentes Nutzungsmanagement in Verbindung mit intelligenter Integration von Energie, Raum- und Gebäudemanagement-Informationen. Erst dadurch ist ein wirklich smarter, wirtschaftlicher und effizienter Anlagenbetrieb möglich.

Die größte Hürde bei der Realisierung eines effizienten, intelligenten Betriebs von Gebäuden liegt sicherlich in der Vielzahl der Systeme und deren technischer Komplexität. Oft sind die Systeme parallel und unabhängig voneinander aufgebaut und selten systemisch integriert. Insellösungen sind die Folge.

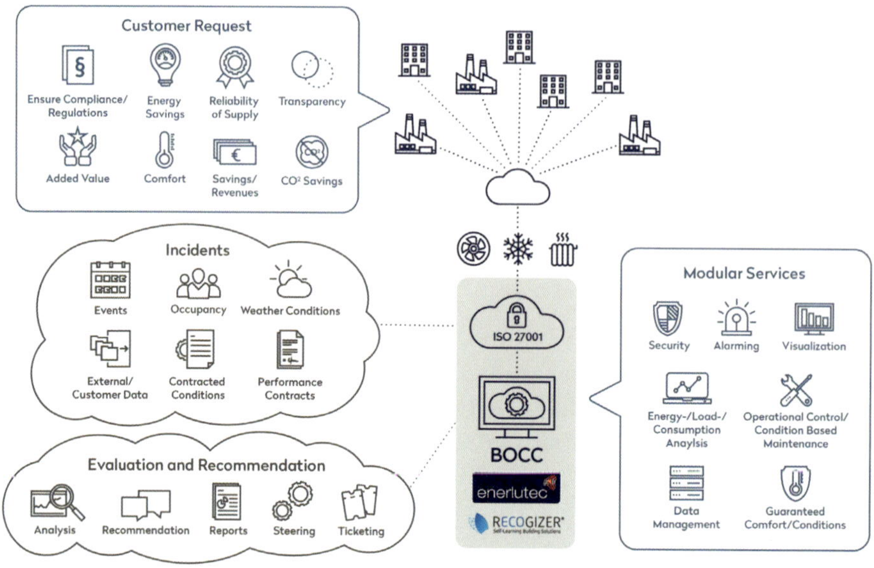

Abb. 37: Smartes Energiemanagement mit Enerlutec ermöglicht die gezielte Optimierung der Gebäudetechnik und des Nutzerverhaltens *Quelle: APLEONA*

Nicht selten ist installierte Mess- und Zähltechnik nicht mehr funktionstüchtig oder vorhandene Zähler sind nicht umfänglich digitalisiert: Die Erfassung der Zähler endet auf dem Leitrechner, falls überhaupt vorhanden, und die Übertragung in eine Auswertungssoftware erfolgt dann manuell.

Das systematische und zunehmend automatisierte Erheben, Sammeln und Auswerten immobilienwirtschaftlicher und nutzerspezifischer Daten muss also die Basis für moderne Serviceangebote sein: Enerlutec führt zum Beispiel herstellerunabhängig die Informationen der Gebäudeautomation mit Komponenten der Energiemessung in einem Data Center zusammen und stellt die Informationen in einem systemischen Zusammenhang dar.

So können auch signifikante Einsparungen bei Energie- und Medienverbräuchen für jede Art von Gebäude identifiziert werden. Erst durch diese Analyse und Visualisierung von Verbrauchsdaten lassen sich der Energiehaushalt und der Gebäudebetrieb nachhaltig energetisch optimieren.

Tatsächlich sind Lastspitzen, Grundlasten, unentdeckte Störungen und unsinnige Betriebszustände (Heizen und Kühlen gleichzeitig, unnötiger Energieverbrauch trotz Abwesenheit von Gebäudenutzern etc.) derzeit im Gebäudebetrieb noch häufig an der Tagesordnung – und das, obwohl Optimierungsansätze hier realistische Einsparungen im Bereich von 10 bis 30 Prozent des Gesamtverbrauchs ermöglichen würden.

Apleonas smarte Lösung fürs Energiemanagement: Enerlutec

Enerlutec besteht aus einem weltweit verfügbaren Webportal, einer intelligenten Datenbank und Hardwarekomponenten zur Erfassung der Messwerte, die in den jeweils zu analysierenden Gebäuden installiert werden. Die Hardwarekomponenten bestehen aus am Markt gängigen Mess- und Zählersystemen, die netzwerkfähig sind und die erfassten Daten über einen Datenlogger in Echtzeit oder nach vorgegebenem Zeitraster in die zentrale Datenbank senden.

Enerlutec lässt sich zudem intuitiv bedienen und liefert aussagekräftige Visualisierungen sämtlicher Energie- und Medienverbräuche eines Gebäudes – und bietet auch eine Vergleichsmöglichkeit verschiedener Gebäude untereinander (Benchmarking). Ausgefeilte Tools für die Energieanalyse und ein automatisiertes Reporting ermöglichen die gezielte Optimierung der Gebäudetechnik und des Nutzerverhaltens. Enerlutec bietet dabei unterschiedliche Darstellungsweisen und Auswertungen (Energie, Umwelt, Kosten, Alarme) für unterschiedliche Zielgruppen (Management, Ingenieure, Techniker, Gebäudebetreiber) und Gebäudetypen.

Anhand detaillierter Analyse- und Reportingfunktionen macht Enerlutec den energetischen Fingerabdruck eines Gebäudes – ganz gleich ob Krankenhaus, Schule oder Verwaltungsgebäude – sicht- und vor allem greifbar.

Das System selbst hat einen sehr geringen Eigenbedarf an Energie, der in der Gesamtenergiebilanz zu vernachlässigen ist. Die eingesetzten Komponenten entsprechen hinsichtlich Funktionalität, Langlebigkeit und Energieeffizienz dem neuesten Stand der digitalen Technik. Zudem ermöglicht das System deutliche Energie- und Medieneinsparungen ohne Komforteinbußen im jeweiligen Gebäude.

Recogizer: Auf künstlicher Intelligenz (KI) basierende selbstlernende Technologie spart Energie und CO_2

Zur intelligenten Energieeinsparung gehört auch der Einsatz künstlicher Intelligenz (KI), bei dem selbstlernende Lösungen autark auf das individuelle Nutzungsverhalten in den Immobilien samt äußerer Einflüsse reagieren und zukünftig entscheiden. Dabei kommt es darauf an, vorhandene Bestandsdaten mit denen der Predictive Analytics intelligent zu verknüpfen.

Insbesondere die voll automatisierte und vorausschauende Steuerung (Predictive Control) von Wärme-, Klima- und Lüftungstechnik unter Berücksichtigung von Wetter und Nutzungssituationen ist ein signifikantes Puzzleteil auf dem Weg zum klimaneutralen Gebäudebestand. Durch ihren Einsatz sind Energieeinsparungen von 15 bis 30 Prozent sowie nennenswerte CO_2-Reduzierungen realistisch.

Innovative GreenTech-Unternehmen wie Recogizer, Pionier für smarte, grüne Gebäude, an dem Apleona als Gesellschafter beteiligt ist, ermöglichen eine Ver-

Gefördert durch:

Bundesministerium
für Wirtschaft
und Energie

aufgrund eines Beschlusses
des Deutschen Bundestages

Das Energiemanagement-Projekt wird vom BMWi gefördert

schmelzung von innovativer KI und Ingenieurwissenschaften. Mit der künstlichen Intelligenz von Recogizer wird das grüne Potential in Gewerbeimmobilien freigesetzt: Dabei schafft ein digitaler Zwilling des Gebäudes und der technischen Anlagen die Grundlage für die selbstlernende Regelung. Im Ergebnis wird durch die KI die bestehende Klimatechnik optimiert und auf jedes Gebäude individuell zugeschnitten und so der Energieverbrauch gesenkt und CO_2-Emissionen vermieden. Mit dieser vorausschauenden Smart-Data-Lösung werden Gebäude wirklich nachhaltig betrieben.

Die Vorteile gegenüber einer energetischen Gebäudesanierung liegen auf der Hand:

- Senkung des Energieverbrauchs um 15 bis 30 Prozent
- nennenswerte Reduktion der CO_2-Emissionen (CO_2-Steuer kommt)
- deutlich besseres Raumklima, unabhängig von Witterung und Nutzung
- Amortisation der Investitionen innerhalb eines Betriebsjahres
- einfache, schnelle und vergleichsweise günstige Lösung für Bestandsgebäude, Umsetzung im Betrieb
- idealer Baustein jeder Nachhaltigkeitsstrategie
- Echtzeitkontrolle der Einsparungen über Dashboard

Digitalisierung als Treiber und Chance für mehr Klimaschutz

Die Digitalisierung der Energiewende setzt den Turbo für weitere Entwicklungen und die notwendige gesellschaftliche Transformation. So wird zum einen ein Massenmarkt für innovative Klimaschutzlösungen geschaffen, der die deutsche GreenTech-Branche befeuert. Diese kann so bis 2025 zusätzlich 50 Millionen Tonnen CO_2 einsparen, davon allein elf Millionen durch digitale Energieeffizienzlösungen.

Zudem werden hohe CO_2-Einsparpotenziale in den Bereichen Daten (z. B. Bereitstellung von Verbrauchs- und Einspardaten, KI), Vernetzung (z. B. Sektorenkopplung, digitale Sensorik), Automatisierung (z. B. Predictive Maintenance, intelligentes Lastenmanagement) und digitale Nutzerschnittstellen (z. B. Plattformen) freigesetzt.

Ein weiterer wichtiger Aspekt ist die Akzeptanz in der breiten Bevölkerung. Je alltäglicher der Einsatz solch innovativer Lösungen ist, desto spürbarer werden die Vorteile. Sie müssen dazu allerdings beim Verbraucher ankommen – und dafür braucht es den Digitalturbo!

Intelligente Energieeinsparung im Gebäudebestand ist ein Trendthema im Zuge der weltweiten Digitalisierung. Deshalb bewarb sich Apleona um Mittel aus einem Projekt des deutschen Bundesministeriums *für Wirtschaft und Energie* (BMWi) und durfte sich hier über positives Feedback freuen.

Das Projekt zielt darauf ab, innovative Einsparprojekte für Endkunden zu schaffen, die sich auf eine Reduzierung des Strom-, Gas-, Wärme- und Kälteverbrauchs konzentrieren.

Der Fokus liegt darauf, Betriebsoptimierungen und Energiesparmaßnahmen in Gebäuden möglichst intelligent und automatisiert zu identifizieren, zu bewerten und umzusetzen. Die daraus resultierenden Einsparungen sollen plausibel und kosteneffizient nachgewiesen werden. Die Zielsysteme für die zu erzielenden Einsparungen sind HLK-Anlagen (Heizung, Lüftung, Klimatechnik), dezentrale Kraft-Wärme-Kopplung und Kälteanlagen.

Das Projekt wird gefördert durch das Bundesministerium für Wirtschaft und Energie (BMWi) und kommt bei Apleona-Kunden zur intelligenten Energieeinsparung im Gebäudebestand zum Einsatz.

Frank Katzemich studierte Versorgungs-, Kommunal- und Umwelttechnik an der FH Köln. Als Beauftragter für Energie- und Umweltmanagement leitete er die FM Operation Südost/Ost Europa eines internationale Key Accounts und übernahm später die Funktion des Program Managers Energy & Sustainability für große Key Accounts. Als Head of Solution Development war er für das Lösungsgeschäft Energy Efficiency der E.ON. verantwortlich. Heute ist Frank Katzemich als Geschäftsbereichsleiter Energy Efficiency sowie als Leiter des Kompetenzcenters Energy & Sustainability und als Geschäftsführer der savemaxx contracting GmbH von Apleona tätig.

Robin Petersen ist Diplom-Kaufmann und war nach seinem Studium in Deutschland, Frankreich und in den USA als Unternehmensberater bei der Boston Consulting Group tätig. Danach folgte ab 2003 eine Karriere in verschiedenen Unternehmensbereichen des Siemens-Konzerns mit mehreren Auslandsstationen, unter anderem in den USA und China. Von 2014 bis 2019 war Robin Petersen CEO der Servicesparte für das Kraftwerkgeschäft von Siemens für Europa, Russland und Afrika. Seit 2019 ist er COO bei Apleona und verantwortet dort das Facility und Real Estate Management in der DACH-Region.

Michael Moritz, Francisco J. Bähr

Logistikimmobilien mit Greta-Effekt

Als nachhaltige Vorzeigeobjekte gelten sie bislang nicht. Doch beflügelt durch E-Commerce, Corona und den Greta-Effekt rückt das ESG-Potenzial von Logistikimmobilien immer mehr ins Blickfeld. Wie diese Chancen genutzt werden können, welcher Mehrwert damit verbunden ist und warum Kooperationen entscheidend sind, erläutern Francisco Bähr, geschäftsführender Gesellschafter beim Projektentwickler Four Parx, und Michael Moritz, Geschäftsführer des Immobiliendienstleisters WISAG Facility Service, im Gespräch.

Herr Bähr, Herr Moritz, als Entscheider in der Immobilienbranche kommt man kaum noch an den ESG-Kriterien (*Environmental, Social, Governance*) vorbei. Wo fängt man sinnvollerweise an?

Michael Moritz: Das hängt ganz von der Perspektive ab. Investoren, Betreiber, Property Manager oder Asset Manager haben unterschiedliche Interessen. Aus rein wirtschaftlicher und auch ökologischer Sicht bieten sich nach wie vor die großen Hebel beim Energiemanagement an, dort lassen sich die größten Effekte erzielen. Allerdings empfehlen wir häufig, mit kleinen, überschaubaren Schritten zu beginnen. Solche Überlegungen stellen wir unseren Kunden vor und sprechen mit ihnen darüber. Denn wenn wir einen Weg mit erkennbarem Nutzen aufzeigen können, erleichtert dies vielen die Entscheidung für einen Einstieg in die nachhaltige Immobilienbewirtschaftung.

Francisco Bähr: Kommunikation ist ein gutes Stichwort! Es wird in der Branche bislang nicht ernsthaft und transparent genug über Nachhaltigkeit gesprochen, über das, was geht und was sinnvoll ist. Eine Dachbegrünung ist nett, nach meinem Empfinden aber Greenwashing, wenn es bei dieser Einzelmaßnahme bleibt und dahinter kein ganzheitliches ESG-Konzept steht. Ein solcher Weg lässt sich in aller Regel nicht alleine beschreiten, dafür braucht man Partner, die eine Immobilie in ihrer Gesamtheit betrachten. Und es müssen alle Beteiligten – der FM-Dienstleister, der Investor, der Mieter und auch die Kommune – an einen Tisch und miteinander sprechen. Know-how und Innovation entwickeln sich schneller, wenn man die Köpfe zusammensteckt. Wie wesentlich das ist, merken wir bei der Entwicklung unserer nachhaltigen Logistikprojekte.

Abb. 38: Über sich hinauswachsen: Mehrgeschossige Logistikimmobilien reduzieren den Flächenverbrauch *Quelle: Wisag*

… von denen Sie sagen, sie bekämen durch das enorme Wachstum des E-Commerce eine zunehmende Bedeutung. Wieso das?

F. Bähr: Der Einzelhandel wird immer weiter digitalisiert, dazu kommen die Folgewirkungen von Corona. Der E-Commerce boomt. Dadurch sind 2020 in Deutschland fast 7 Millionen Quadratmeter Logistikfläche neu entwickelt worden. Immer mehr Flächen, auch stadtnahe für die letzte Meile, bedeuten jedoch mehr Verkehr, mehr Lkw, mehr Staus. Das wollen viele Menschen nicht, gleichzeitig bestellen sie immer mehr online. Und dann knirscht es. Unsere Aufgabe als Logistikunternehmen und Projektentwickler ist es also, durch nachhaltige Lösungen Akzeptanz zu schaffen und so den Zielkonflikt zu entschärfen. Wir erarbeiten deshalb ganzheitliche Konzepte; dazu gehören zum Beispiel lärmreduzierende und emissionsmindernde Maßnahmen, die Mehrfachnutzung von Immobilien oder auch moderne Arbeits- und Infrastrukturen für Mitarbeitende und Lkw-Fahrer.

Sie schauen auf neue oder zukünftige Objekte. Was aber ist mit der großen Mehrzahl der Bestandsimmobilien?

M. Moritz: Es braucht starke, innovative Konzepte wie die gerade genannten, weil sie die Richtung vorgeben und auch Impulse für bestehende Objekte geben können. Gleichzeitig müssen wir anerkennen, dass für Bestandsgebäude vor allem die kleineren Maßnahmen wirtschaftlich und manchmal sogar ökologisch am sinnvollsten sind. Nachträglich eine Topdämmung zu installieren, ist nicht nur teuer, sondern bedeutet auch bei der Herstellung einen großen CO_2-Fußabdruck. Hingegen lohnt es sich, die Betriebsparameter der technischen Anlagen schrittweise zu optimieren und damit deren Energieverbrauch, den CO_2-Ausstoß und nicht zuletzt die Kosten spürbar zu reduzieren. Wer sich dafür entscheidet, tut nicht nur etwas für die Umwelt, sondern auch für seine eigene Haltung. Und eine klare Haltung verbunden mit einem deutlichen Willen zur Nachhaltigkeit ist Voraussetzung für die dann folgenden größeren Schritte. Auch die Nutzung von E-Fahrzeugen oder der Einsatz von E-Werkzeugen, beispielsweise in der Grünpflege, sind ohne größere Investitionen umsetzbar.

F. Bähr: Four Parx arbeitet schon seit vielen Jahren nach ESG-Kriterien. Dafür brauchen wir FM-Dienstleister, die über nachhaltiges Know-how verfügen und unsere Ziele unterstützen. Wir arbeiten eng mit der WISAG zusammen, weil man dort weiß, an welchen Schrauben für mehr Nachhaltigkeit man bei der Immobilie drehen kann. Die Analyse der Bestandsimmobilie ist der erste Schritt, dann kommen Verbesserungsempfehlungen und schließlich eine Kosten-Nutzen-Bewertung. Wie viel Aufwand bedeutet das? Was bringt es, auf ökologische Reinigungsmittel umzustellen? Wie wirkt sich das langfristig auch auf die Haltbarkeit von Materialien aus? Wie viel CO_2 spare ich mit optimierten Energie- oder Lichtkonzepten? Darauf kann nur Antworten geben, wer eine Immobilie gesamtheitlich betrachtet und betreuen kann.

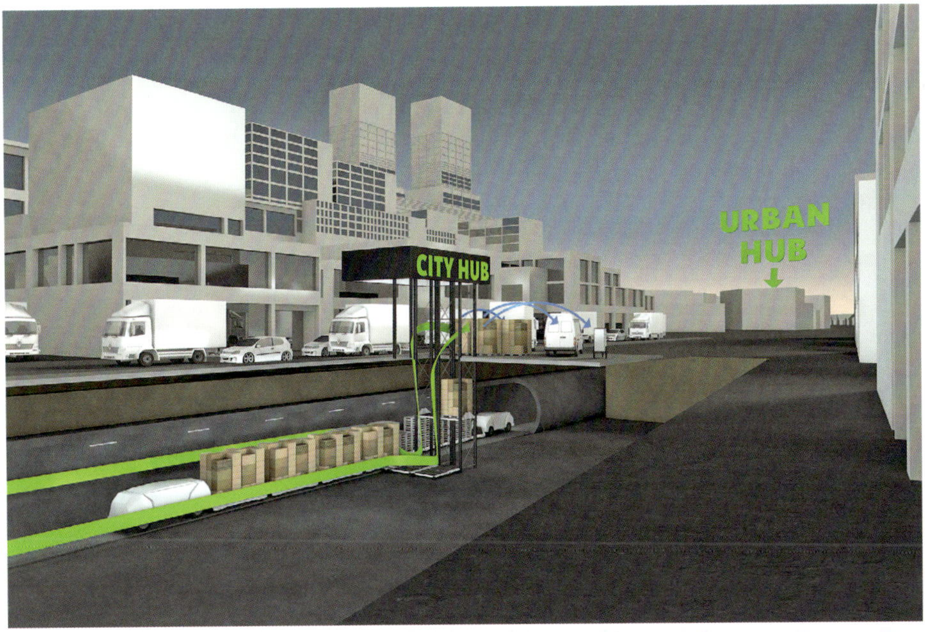

Abb. 39: Neue Wege erschließen: Die letzte Meile geht in den Untergrund *Quelle: Wisag*

Innovative Ideen sind gut, doch auch der Investor muss mitspielen.

F. Bähr: Investoren haben sich lange nicht um Nachhaltigkeit gekümmert. Auch deshalb muss viel offensiver und transparenter gesprochen werden – zumal die ESG-Kriterien aus dem Finanzmarkt kommen. Wenn der FM-Dienstleister nur mit dem Asset Manager spricht – und das ist die Regel –, dann reicht das nicht. Nachhaltigkeit ist nur möglich, wenn alle Beteiligten in die Kommunikation integriert sind. Eine nachhaltige Bewirtschaftung ist auch für den Mieter und dessen Mitarbeitende relevant. Und wenn auch deren Interessen umgesetzt werden, zum Beispiel mit einem lösungsmittelfreien, recyclingfähigen Teppichboden, steigt das Interesse an der Immobilie, weil hier sowohl an die Umwelt als auch an die Gesundheit der Mitarbeitenden gedacht wird. Veränderung beginnt im Kopf – und mit Kommunikation.

M. Moritz: Ich stimme zu, doch noch sieht die Realität häufig anders aus, noch müssen wir dicke Bretter bohren. Einem Kunden hatten wir für eine Tiefgarage ein energetisch sinnvolles Beleuchtungskonzept mit einem Return on Investment nach weniger als einem Jahr empfohlen. Wir haben ganze fünf Jahre benötigt, bis sich der Kunde dazu entschieden hatte. Denn die Kosten entstanden beim Investor, den unmittelbaren Nutzen hat der

Mieter. Erfreulicherweise verstehen Investoren aber immer häufiger, dass nachhaltiges Engagement nicht nur unter dem kurzfristigen Kostenaspekt gesehen werden darf, sondern erheblich zur Aufwertung ihrer eigenen Performance am Markt beiträgt.

F. Bähr: Richtig! Und hier hat Greta Thunberg etwas verändert. Der Greta-Effekt hat dazu geführt, dass Investoren vor gut einem Jahr angefangen haben, mehr und mehr im Sinne von ESG zu denken. Sie merken, dass die Mieter ein Interesse haben, dass das Gebäude Akzeptanz bei ihren Mitarbeitenden findet, weil diese dann gerne dort arbeiten und somit auch länger bei dem Unternehmen tätig bleiben wollen. Nachhaltigkeit ist ein Teil der neuen Arbeitswelt. Und wer nachhaltig wirtschaften will, muss langfristig denken. Darin erkennen auch die Investoren zunehmend einen Nutzen.

M. Moritz: Als wir vor elf Jahren das Nachhaltigkeitsradar, unsere jährliche Marktstudie, ins Leben gerufen haben, ging es im Wesentlichen um Energieeinsparungen mit der bereits genannten Kosten-Nutzen-Verteilung. Aus unseren Marktstudien der letzten Jahre und nicht zuletzt aus unseren eigenen Erfahrungen erkennen wir, dass es inzwischen weniger um singuläre Maßnahmen wie Stromeinsparungen geht, sondern um das ganzheitliche Bild einer zukunftsfähigen Immobilie. Dazu gehört auch, wie wohl sich die Mitarbeitenden in den Räumlichkeiten fühlen. Gerade junge Menschen erweitern ihre individuellen Anforderungen auch auf das Arbeitsumfeld und auf eine Work-Life-Balance und stellen damit die Arbeitgeber vor Herausforderungen. Als Toparbeitgeber wird heute nur noch gesehen, wer auch eine klare Nachhaltigkeitsstrategie fährt. Wenn ein FM-Dienstleister diese vielfältigen Chancen im Blick hat und seine Kunden aktiv – durchaus auch offensiver als bisher – über diese Möglichkeiten informiert, dann wird er zum Nachhaltigkeitsdienstleister.

Was heißt das für die Logistikimmobilie der Zukunft?

F. Bähr: Gebäude in Deutschland verursachen rund ein Drittel der CO_2-Emissionen. Wir haben also eine gewaltige Aufgabe vor uns. Vor allem Logistikimmobilien bekleckern sich bislang nicht mit Nachhaltigkeitsruhm. Bei unseren Logistikzentren sind Energieeffizienz, CO_2-Neutralität und Dachbegrünung Standard. Auch der Cradle-to-Cradle-Ansatz, also die Wiederverwertung demontierbarer Verbindungen, ist für uns eine Selbstverständlichkeit. Wir sprechen hier von Gebäuden mit mindestens 100.000 Quadratmetern Fläche, von Objekten, die Ballungsräumen immer näher kommen, und dort sind die Grundstücke knapp und entsprechend teuer. Wir können nicht mehr beliebig in die Breite gehen, deshalb bauen wir in die Höhe, wie bei Four Parx Hamburg, der ersten doppelstöckigen Logistikimmobilie in Deutschland. Dort fahren auch 45-Tonner auf die obere Ebene. Und dann konzipieren wir auch Objekte mit Mehrfachnutzung. Auf diese Weise können wir viele Bedürfnisse der Innenstädte erfüllen: mit der Logistik im Untergeschoss, dem Handel im Erdgeschoss und in den oberen Stockwerken Büros, Hotels oder Wohnungen. Noch ermöglicht das Baurecht eine solche Nutzung nicht, doch die Zukunft muss jetzt geplant werden.

Und was heißt es für den FM-Dienstleister der Zukunft?

M. Moritz: Dass er an solchen Konzepten mitarbeitet, so wie wir das bei innovativen Projekten von Four Parx tun. Die Einbeziehung des FM-Dienstleisters bereits in der Planungsphase – und nicht erst wenn das Objekt steht – ist für die Nachhaltigkeit der Immobilie entscheidend. Die größten Hebel werden nun mal bei der Planung identifiziert. Und hier sind wir wieder bei der Kommunikation. Wenn auch der Dienstleister mit dem Investor über ESG spricht, wenn er ein aktiver, gestaltender Partner bei der Konzeption ist und hierdurch Immobilien- und Nachhaltigkeitserfahrung gebündelt einfließen, dann erweisen alle Beteiligten der Nachhaltigkeit und ihrer eigenen Zukunftsfähigkeit den größten Dienst.

Michael Moritz ist Geschäftsführer der WISAG Facility Service Holding GmbH, einem der führenden Immobiliendienstleister in Deutschland. Der Diplom-Ingenieur startete 1994 – nach sieben Jahren im Dienste der Deutschen Luftwaffe – als Projektleiter seine Laufbahn bei der WISAG. Zwei Jahre später wurde er in die Geschäftsführung einer Regionalgesellschaft berufen, danach führte er über viele Jahre die Geschäfte der WISAG Facility Management Holding. Seit 2001 zeichnet er für die WISAG Facility Service Holding verantwortlich.

Francisco J. Bähr ist innerhalb der Four Parx Gruppe für Strategie, Neuentwicklung, Investment und die Projekte Smart City Loop, City, Urban und qprem verantwortlich. Seit rund 26 Jahren arbeitet der Diplom-Betriebswirt und Logistikexperte im Markt für Gewerbe- und Logistikimmobilien. Während seiner Karriere leitete er verschiedene Immobilienbereiche von Unternehmen (u. a. TNT Express) und verantwortete das Corporate Real Estate Management. Francisco J. Bähr ist langjähriges Mitglied im Club of Logistics sowie Gründer und Geschäftsführer der Initiative Logistikimmobilie (LOGIX).

Dr. Christoph Jaschinski

Industrialisierung von Facility Management in der Fabrik

Chancen durch Digitalisierung und Prozessautomatisierung

Smart Manufacturing und Industrie 4.0 haben auch bei Betreibern von Industrieimmobilien einen Innovationsschub erzeugt: Wie lassen sich Prozessdigitalisierung und Automatisierung im industriellen Facility Management (FM) vorantreiben? Und welchen Beitrag können spezialisierte Partner leisten? Diese Fragen treten vermehrt dort auf, wo sich Fabrikbetreiber auf Steuerungsaufgaben beschränken und das operative Facility Management auf externe Partner übertragen.

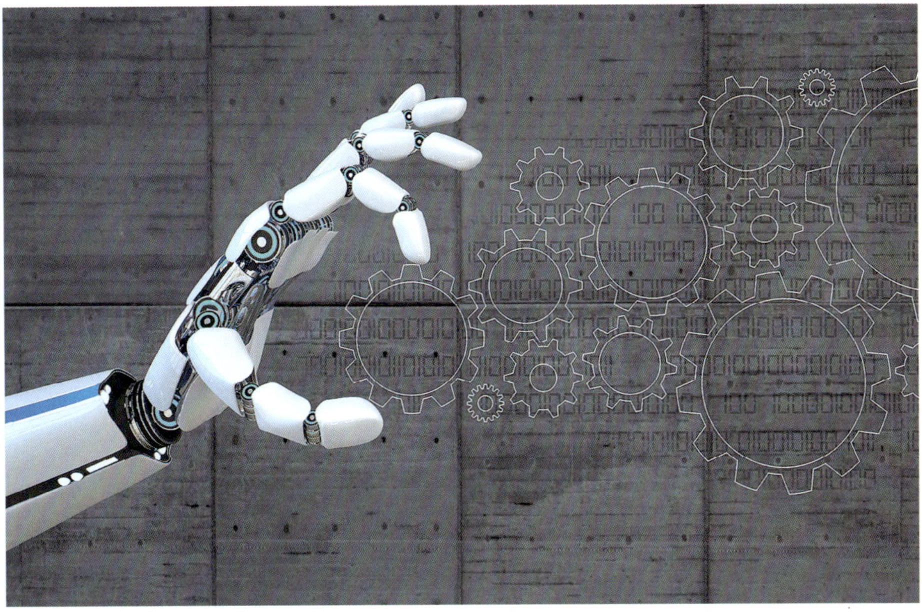

Bei der Digitalisierung und Automatisierung im industriellen Facility Management ist ein modulares Vorgehen sinnvoll

Industrialisierung von Dienstleistungen – Widerspruch oder Zukunft?

Infrastrukturelle und technische FM-Dienstleistungen für den Fabrikbetrieb waren über viele Jahrzehnte sehr handwerklich geprägt. Doch der demografische Wandel und die Digitalisierung aller Arbeitsprozesse bewirken ein Umdenken im Facility Management: In der betrieblichen Ersatzteilversorgung sind Serviceroboter im Einsatz, in der Gebäudereinigung werden Industrieroboter längst nicht mehr nur auf Flughäfen und in Bürobereichen eingesetzt, sondern inzwischen auch zur Reinigung von Produktionsfahrwegen, betrieblichen Werkstätten und Logistikflächen. Routineinspektionen von Fabrikdächern werden inzwischen mit automatischen Drohnenflügen durchgeführt.

Auswirkungen der Industrialisierung auf die Planung der FM-Organisation

Der erste Schritt jeder Industrialisierungsstrategie im FM ist die Digitalisierung der dispositiven und steuernden FM-Prozesse. Diese Tätigkeiten werden oft noch manuell durchgeführt. Die Basis bilden entsprechende Softwarelösungen oder digitale FM-Ecosystem-Plattformen. So hat Leadec ein eigenes cloudbasiertes System zur Auftragsplanung und Steuerung von

Industrieserviceapplikationen entwickelt: »Leadec.os« lässt sich nahtlos mit den kundeneigenen Cloudplattformen verbinden und ermöglicht einen automatisierten Datenaustausch bis hin zu KI-Analysen.

Der zweite Schritt ist die Automatisierung der operativen FM-Prozesse. Überwiegend Produktionsunternehmen aus dem asiatischen und US-amerikanischen Ausland investieren bereits in entsprechendes Industrial Engineering. Europäische und insbesondere deutsche Unternehmen beschränken sich vor allem auf Fassaden-, Glas- und Bodenreinigung. Erst durch die fortschreitende Standardisierung und Modularisierung der operativen Tätigkeiten ergeben sich weitere Möglichkeiten zur Automatisierung.

Ausschreibungen: neue Module, neue Anforderungen

Die Einführung des Baukastenprinzips im FM ist keine neue Erfindung. Es wird in anderen Industriezweigen, zum Beispiel in der Automobilindustrie, schon längst mit Erfolg praktiziert. Im Facility Management hingegen wird es zur Planung und Organisation der Leistungserbringung erst von wenigen Unternehmen gefordert. Ein Grund mag sein, dass die erfolgreiche Einführung gut strategisch geplant und konsequent umgesetzt werden muss; hierfür müssen die Module mit Spezialisten definiert und dann bereits vor den Ausschreibungen entsprechende Leistungsverzeichnisse neu erarbeitet werden.

Im Leistungsverzeichnis müssen Standards für Einzelleistungen definiert werden, für deren konkrete Umsetzung dann eindeutige Arbeitsfolgen mit planbaren und reproduzierbaren Arbeitsschritten (Standard-of-Work-Dokumente) erstellt werden können. Das Ziel der Dienstleister ist es, mit einem möglichst hohen Grad der Automatisierung nicht nur einen Kundenmehrwert zu schaffen, sondern auch ein wirtschaftliches Ergebnis zu erreichen. Das gelingt vor allem mit Vertragslaufzeiten zwischen fünf und sieben Jahren.

Industrialisierung vs. bedarfsorientiertes FM?

Vermeintliche Gegenargumente zur Industrialisierung des FM sind die Flexibilität der Leistungserbringung, der Einfluss des Kunden auf die Tätigkeiten selbst oder aber die Versorgungssicherheit, wie derzeit im Zusammenhang mit der Corona-Pandemie.

Doch insbesondere das Corona-Virus und seine Folgen beschleunigen die weitere Industrialisierung im Facility Management durch das Entkoppeln von menschlicher Interaktion und operativer Leistungserbringung im FM. Es reicht für Betreiber von Industrieimmobilien nicht mehr aus, dass Dienstleister gut qualifiziertes und flexibles Personal im Objekt einsetzen; genauso wichtig wird es, menschliche Kontakte zu reduzieren und Tätigkeiten zu automatisieren.

Eine Grundvoraussetzung für ein bedarfsorientiertes Vorgehen sind ein gegenseitiges Vertrauensverhältnis und vor allem die transparente Datenvorhaltung. Auf diese Weise lassen sich die FM-Tätigkeiten genau zur richtigen Stelle, zur passenden Zeit und im geforderten Umfang erbringen.

Die operativen Teams werden durch tägliche Shopfloor-Stehungen in den Automatisierungsprozess einbezogen

Bedarfsorientiert: So gelingt es in der Praxis

Ein Auftraggeber fordert die maximale Anlagenverfügbarkeit in den produktionskritischen Bereichen des Gebäudes – und zwar mit bedarfsorientiertem Aufwand. Der Dienstleister bringt mit seinem System und seinen Prozessen den Plan für das betriebssichere Betreiben der Fabrik mit Fokus auf diesem definierten Ziel mit. Der Output wird anhand von KPIs durch den Auftraggeber definiert.

Der Dienstleister ist nun zuerst aufgefordert, anhand seiner internen Qualitäts- und Umsetzungssteuerung den zum Projektstart vereinbarten Output zu erbringen. Dabei spielen unterschiedliche Inputfaktoren eine Rolle: Wie sehen die Grundprozesse aus? Wie gut ist die Umsetzungsqualität? Wie laufen Reportings? Welche KPIs werden pro Prozess definiert? Erst der prozess- und inputbezogene Blickwinkel macht Innovation und Automatisierung möglich. Ein gutes Beispiel sind Reaktionszeiten: Die vereinbarten Fristen werden oft nur erreicht, wenn potenzielle Störfaktoren mit hohem manuellen Aufwand bei jedem Einsatz beseitigt werden. Damit ist nichts gewonnen. Der Dienstleister muss den Prozess analysieren und die Störfaktoren beseitigen. Der

Prozess wird damit zuverlässiger und knappe Kapazitäten werden frei für andere Aufgaben. Das erfordert, dass alle Parameter auch systemseitig erfasst und analysiert werden.

Einbindung der operativen Teams

Wichtig für das Management des FM-Dienstleisters ist es, das vor Ort operativ tätige Team in seinen täglichen Erfahrungen abzuholen und in den Automatisierungsprozess einzubinden. Tägliche »Shopfloor-Stehungen« dienen dem Austausch über die persönlichen Erfahrungen der Mitarbeiter aus zu Beginn noch manuell durchgeführten Inspektionsgängen oder durchgeführten Wartungstätigkeiten.

Warum ist es so wichtig, die Mitarbeiter im Objekt von Anfang an mit einzubinden? Der entscheidende Wettbewerbsvorteil durch Automatisierung von FM-Prozessen entsteht nur durch eine differenzierte Betrachtung aller Prozesse und aller konkreten Einzeltätigkeiten im FM-Auftrag.

Anlagen priorisieren

Viele technische Anlagen, die im ersten Moment aufgrund ihrer technischen Daten identisch und geeignet für eine Automatisierung der Dienstleistung erscheinen, sind es in der Praxis dann doch nicht. Übliche Ursachen sind der Anlagenzustand, der Einsatzort oder ihre betrieblichen Funktionen.

Speziell Anlagen zur Medienversorgung, die durch einen Ausfall den Produktionsprozess empfindlich stören, sollten in einem ersten Schritt mit besonderer Aufmerksamkeit behandelt werden. Auf der Basis von Betriebsdaten aus der Gebäudeleittechnik oder den Wartungsprotokollen werden die Wartungsintervalle beispielsweise angepasst und die Ersatzteilbevorratung optimiert. Dies kann auch eine zusätzliche Investition in IoT-Diagnostik beim Dienstleister bedeuten. Zudem müssen Notfallpläne angepasst werden. Diese enthalten Anweisungen, um im Havariefall die Funktionsfähigkeit schnellstmöglich wieder herzustellen. Sollte eine sofortige Wiederherstellung der Anlagenfunktion nicht möglich sein, können beispielsweise Anlagen aus produktionsunkritischen Bereichen umgewidmet oder auch Mietaggregate für die Ausfallzeit beschafft werden.

In einem zweiten Schritt werden die nicht direkt in die Produktion eingebundenen Anlagen betrachtet, die zur Unterstützung der Sekundärprozesse in der Fertigung dienen. Ein Ausfall dieser Anlagen führt nicht mehr zu einem sofortigen Produktionsstopp. Hierbei entsteht eine erste detaillierte Priorisierung der Einzelanlagen. Auch hier werden auf der Basis aller Informationen die derzeit geplanten Wartungsinhalte und -intervalle geprüft.

Chancen und Ziele

Diese Maßnahmen sind die Basis für ein optimales Servicelevel und berücksichtigen zugleich die Anforderungen aus dem Produktionsprozess, das vorhandene Budget und die Unternehmensziele des Kunden. Die Leistung ist anhand der definierten KPIs transparent und messbar, die Anlagen werden aufgrund ihrer Funktion in der Fabrik differenziert betrachtet. Die eindeutige Definition von Leistungsschnittstellen zwischen dem Dienstleister und dem Auftraggeber vermeidet doppelte Funktionen und der Steuerungsaufwand für den Auftraggeber sinkt. Die frei gewordenen Kapazitäten können weitergehend wertschöpfend genutzt werden.

Aber es gibt auch noch weitere Potenziale, die Auftraggeber und Dienstleister gemeinsam heben können. Dazu gehört der intelligente Einsatz von Sensorik, um in Zukunft den optimalen Aufwand für die Instandhaltung aufzuzeigen. Ziel ist es, Abnutzung rechtzeitig zu erkennen, ganz ohne manuelle Inspektions- und Wartungstätigkeiten. Die Gebäudeleittechniken selbst werden immer leistungsfähiger, doch es fehlt häufig noch an standardisierten Schnittstellen zum operativen System des Betreibers der Liegenschaft, um die gewonnenen Betriebsdaten für die Wartungsleistung zu nutzen. Doch schon jetzt ist deutlich, dass die Industrialisierung und die Automatisierung der betrieblichen FM-Prozesse Kapazitäten freisetzen. Zusätzlich lassen sich Kosten senken und damit die Wettbewerbsfähigkeit der industriellen Produktionsstätten in Deutschland sichern.

Dr. Christoph Jaschinski
hat an der RWTH Aachen Maschinenbau und BWL studiert und am Forschungsinstitut für Rationalisierung promoviert. Nach Tätigkeiten im Maschinen- und Anlagenbau ist er seit 2002 für Unternehmen im Industrieservice und Facility Management im In- und Ausland in leitenden Managementfunktionen tätig. In der Leadec Holding ist er als Senior Vice President Global Business Development für das globale Key Account Management und die Expansion von Facility Services zuständig.

Markus Holzke, Dr. André Schimmel,
Rainer Hollang, Tobias Blattmann

Smarte Gebäude und Areale

Die Zukunft liegt in einer intelligent vernetzten Infrastruktur

Durch das Vernetzen der Gebäudetechnik mit IoT-Anwendungen (Internet of Things) und der klassischen IT-Umgebung entstehen Smart Buildings. Einen intelligenten Sprung machen die darüber generierten Daten, wenn sie gebäudeübergreifend genutzt werden. So können neue Anwendungen entstehen, die den Weg vom smarten Gebäude hin zu smarten Arealen ausbauen. Smarte Gebäude und Areale sind optimal auf die Bedürfnisse der Nutzer ausgerichtet und versprechen mehr Komfort, Sicherheit und einen effizienten Umgang mit Ressourcen. Sie können damit zum Klimaschutz und zu mehr Lebensqualität beitragen. Eigentümer und Facility Manager stellt das vor neue Herausforderungen.

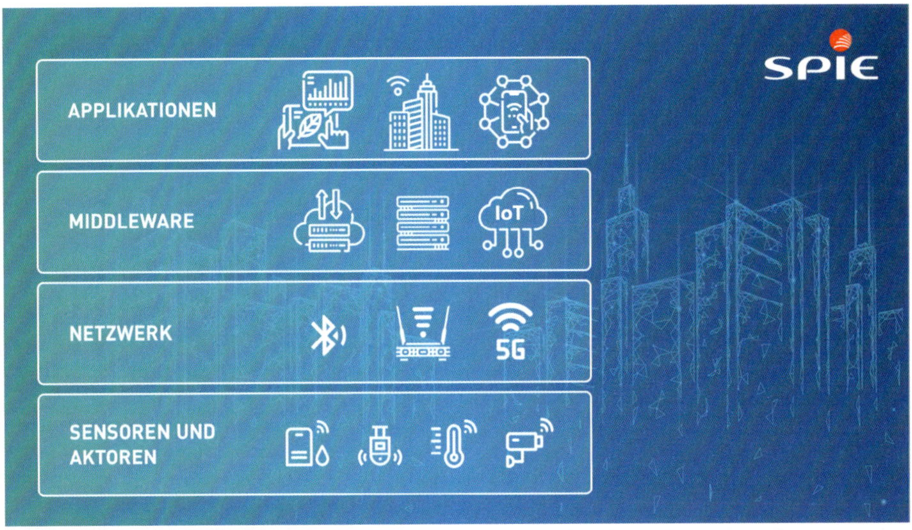

Abb. 40: IoT-Architektur: Damit ein Gebäude wirklich smart wird, müssen Sensoren- und Aktorenebene, Netzwerkebene, Middleware-Ebene und Applikationsebene aufeinander abgestimmt und miteinander vernetzt sein *Quelle: SPIE*

Vom Gebäude zum Smart Building

Damit aus einem Gebäude ein Smart Building wird, müssen technische Anlagen und Bauteile vernetzt und Prozesse digitalisiert sein. Dann sind die Anwendungen vielfältig und reichen von Belegungsanalysen der Räume über intelligentes Parkplatzmanagement wie auch bedarfsgerechte Heizung und Lüftung bis hin zur höheren Energieeffizienz durch das Teilen von Energie mit Nachbargebäuden.

Es bedarf verschiedener technischer Bausteine, um ein Gebäude zu digitalisieren, und es betrifft dessen Innenleben und IT-Infrastruktur gleichermaßen. Damit ein Gebäude wirklich smart wird, müssen Sensoren und Aktoren, Netzwerke, Middleware und Applikationen aufeinander abgestimmt und miteinander vernetzt sein. Obwohl bereits heute in einem Gebäude viele Daten über verbaute Sensoren oder Systeme der Gebäudeleittechnik vorliegen, haben die meisten den Sprung zum Smart Building noch vor sich. Denn bisher laufen Sicherheitstechnik, Gebäudeleittechnik oder Licht- und Energiemanagementsysteme oft autark nebeneinander. Neue Ansätze mit IoT-Plattformen eröffnen viele neue Möglichkeiten.

Vier Ebenen der IoT-Architektur

Üblicherweise besteht eine IoT-Architektur aus vier Ebenen: 1) die Sensoren- und Aktorenebene, über die Daten generiert werden, 2) die Netzwerkebene, über die Daten übertragen werden, 3) die Middleware-Ebene, über die Daten verarbeitet und gemanagt werden, und 4) die Applikationsebene.

Sensoren- und Aktorenebene

Sind Anlagen oder Komponenten mit Datenpunkten ausgestattet, ist ein Gebäude auf dem Weg, ein Smart Building zu werden. Diese Datenpunkte sind zum einen passive Komponenten wie Zähler oder Sensoren, zum anderen aktive Komponenten wie Controller oder Aktoren. Passive Komponenten erfassen Zustände durch Mengenzähler, Bewegungsmelder oder Öffnungs- und Schließkontakte, aktive Komponenten bewegen oder betätigen Dinge wie Ventile oder Schalter.

Netzwerkebene

Die Netzwerkebene überträgt Daten von Sensoren und Aktoren und liefert sie an mehrere Anwendungen auf Servern oder in die Cloud. Je nachdem, wohin die Daten übermittelt werden, kommen klassische Netzwerkverkabelungen, passive und aktive IT-Infrastrukturelemente, Funktechnologien wie WLAN, Bluetooth, LoRaWAN (Long Range Wide Area Network) und 5G oder weitere Technologien wie LiFi (Light Fidelity) zum Einsatz. Dabei werden innerhalb von Gebäuden üblicherweise LAN, WLAN, LiFi und für kurze Distanzen Bluetooth eingesetzt. Für Areale werden typischerweise LoRaWAN und mit steigender Tendenz 5G-Campusnetze genutzt.

LiFi ist eine drahtlose optische Kommunikationstechnologie, die Daten mit hoher Geschwindigkeit über die sichtbaren Licht- oder Infrarotspektren überträgt. In der Verwendung ähnelt die Technologie dem WLAN. Durch die Nutzung der Beleuchtung erhalten Gebäude das Beste aus beiden Bereichen: hochwertige Beleuchtung und eine zuverlässige, sichere, drahtlose Breitbanddatenverbindung.

LoRaWAN ermöglicht ein energieeffizientes Senden von Daten über lange Strecken und wurde speziell für den IoT-Gebrauch entwickelt. Mit LoRaWAN ist es möglich, mehrere Hundert Sensoren innerhalb eines Netzwerks zu verwalten und Sensorendaten sehr energiesparend zu übertragen. Eine Datenübertragung mit hoher Reichweite und geringem Energieverbrauch bieten nur die wenigsten Technologien. Gängige Übertragungsstandards basierend auf WLAN oder Bluetooth haben eine Reichweite von 30 bis 100 Metern. Das ist in der Praxis für ein Gebäude oder Areal zu wenig. Schon ein einziges LoRaWAN-Gateway kann ein ganzes Gebäude oder Firmengelände abdecken. Innerhalb dieser Zone können fast beliebig viele Sensoren platziert werden, die dann über mehrere Jahre hinweg Daten an das Gateway übermitteln.

5G ist als drahtlose Netzwerktechnologie die fünfte Generation des Mobilfunks und für vernetzte Gebäude besonders gut geeignet. Verbaute Datenendpunkte benötigen ein Netz und 5G hält für jede IoT-Anwendung immer die passende Übertragungstechnologie bereit. Im Vergleich zu den etablierten Mobilfunktechnologien 3G (UMTS), 4G (LTE) und den aktuellen WLAN-Infrastrukturen ist die Übertragungsgeschwindigkeit der Daten hundert- beziehungsweise tausendmal so hoch. Auch die Zeit, die die Daten von einem

Abb. 41: Auf dem Weg in die digitale Transformation brauchen Unternehmen einen Partner mit umfassender Kompetenz im technischen FM, auf Infrastrukturebene und im Bereich der IoT-Plattformen Quelle: SPIE

Punkt zum anderen benötigen, verringert sich von 50–80 Millisekunden auf unter eine Millisekunde. Zusätzlich können bis zu tausendmal so viele Endgeräte je Quadratkilometer erreicht werden.

Forschungsprojekt erprobt Einsatz der 5G-Technologie

In einem vom Bundesministerium für Verkehr und digitale Infrastruktur (BMVI) geförderten Forschungsprojekt bearbeitet SPIE gemeinsam mit Partnern in der ARENA2036 das Teilprojekt »5G-Netzwerke mit hoher Bandbreite zur Prozessoptimierung in der Fertigung«. Innerhalb des Teilprojekts verantwortet SPIE die Errichtung und Konfiguration einer 5G-Netzwerkinfrastruktur, unterstützt bei der Prototypausführung eines 5G-Kamerasystems, begleitet die Realisierung einer Auswertungsplattform für die Datenfusion und -analyse und verantwortet die Umsetzung eines Sensorenkits mit 5G-Ausstattung, durch das eine hohe Anzahl Sensorgeräte pro Flächeneinheit unterstützt und gleichzeitig eine hohe Datenrate im Uplink (Echtzeitanalyse) gewährleistet werden kann. Der Einsatz mobiler 5G-Kamerasysteme ermöglicht die Übertragung von hochauflösenden Videos, wodurch das Fertigungsumfeld visuell erfasst und mögliche Abweichungen in der Fertigung ausgewertet werden können. Bestehende Maschinen mit Sensortechnik nachzurüsten ist in der Regel mit hohem Aufwand verbunden. Der Einsatz einer 5G-IO-Box als Übertragungseinheit, die weitere Steuerungsdaten erfassen und Ende-zu-Ende-verschlüsselt übermitteln kann, wird in diesem Kontext erprobt.

Middleware-Ebene

Die Middleware-Ebene verarbeitet und speichert eine enorme Datenmenge aus der Netzwerkebene und verbindet das IoT-System mit der Datenbank und der Cloud zur weiteren Nutzung durch die Applikationsebene.

Zu den wesentlichen Funktionen einer IoT-Plattform gehören die Identifikation, die Anbindung und das Management von Geräten, die Sammlung, Verwaltung und Analyse von Daten, die Visualisierung der Analyseergebnisse und das Reporting. Zudem werden die Entwicklung und Inbetriebnahme von IoT-Applikationen und die Einbindung in bestehende IT-Umgebungen unterstützt. Die Komponenten einer IoT-Plattform reichen vom IoT-Cloud-Gateway über die Authentifizierung, die Geräteverwaltung, APIs, den Data Lake (also ein System zur Speicherung von Daten im Rohdatenformat) und die Cloud-Infrastruktur bis hin zur Integration von Drittanbieter-Apps.

Eine der wichtigsten Eigenschaften einer IoT-Plattform ist die Offenheit, also die Unterstützung möglichst vieler Standards, Formate und Schnittstellen – entweder auf die jeweilige Anwendung bezogen oder auf bestimmte Prozesse, die im IoT abgebildet werden sollen. Neben dieser Offenheit ist auch der Schutz vor möglichen Angriffen und unberechtigten Zugriffen auf Geräte, Verbindungen, Anwendungen und Daten essenziell.

Applikationsebene

Die Applikationsebene verwendet Daten aus der Middleware-Ebene für die Implementierung erforderlicher Anwendungen in verschiedenen Szenarien, um dem Endnutzer einen bestimmten Service zu bieten oder Herausforderungen der unterschiedlichen Lebens- und Arbeitsbereiche zu lösen. Gesteuert werden Anwendungen automatisiert oder individuell durch den Nutzer über ein Dashboard, eine App und teilweise auch über Sprachsteuerung, wie sie im Smart-Home-Bereich häufig genutzt wird.

Umfassende Multitechnikkompetenz für smarte Gebäude und Areale

Als Multitechnikdienstleister hat SPIE die umfassende Kompetenz im technischen Facility Management, auf IT-Infrastrukturebene und im Bereich der IoT-Plattformen, um Gebäude zu digitalisieren und sie zu Arealen zu vernetzen. Unternehmen und Organisationen brauchen einen Partner an ihrer Seite, der sie auf dem Weg der digitalen Transformation begleitet und ganzheitlich unterstützt. SPIE ist mit einem breiten, auf technische Dienstleistungen fokussierten Leistungsportfolio und einer hohen Kompetenz als produktunabhängiger Systemintegrator gut für die Zukunft gerüstet. Auch wenn die Realisierung smarter Gebäude und Areale noch am Anfang steht, hat SPIE bereits einige Anwendungsfälle umgesetzt. Im Folgenden werden einige Projekte herausgegriffen und beschrieben.

Anwendungsfall: smarte Büroumgebung

Im konkreten Fall kann es sich lohnen, zunächst klein anzufangen und in einem Bestandsgebäude einzelne Räume mit den Möglichkeiten von IoT auszustatten. So realisierte SPIE ein Smart Office, das als Blaupause für den weiteren Roll-out dient. Ziel des Projekts war eine höhere Zufriedenheit und Sicherheit der Mitarbeitenden mit gleichzeitiger Reduzierung des CO_2-Ausstoßes. Auf der Fläche wurden unterschiedliche Szenarien dargestellt: ein Meetingbereich für zehn Personen, ein Doppelarbeitsplatz und ein Einzelarbeitsplatz. Über smarte Videoendpunkte können Videokonferenzen automatisch gestartet und per Spracheingabe gesteuert werden. Mit einem abgesetzten Touchdisplay lässt sich sowohl die Raumbeleuchtung in Abhängigkeit von der Tageslichtstärke regeln als auch die Anzahl der sich im Raum befindenden Personen messen – mit Warnhinweis, sobald die zulässige Personenzahl überschritten wurde. Mittels IoT-Hub können zudem die optimale Luftmenge oder andere luftverbessernde Werte in Echtzeit ermittelt und gesteuert werden.

So wurde ein skalier- und reproduzierbares Ökosystem geschaffen, das auf offenen Schnittstellen beruht. Verwendet wurde dafür eine POE-fähige Beleuchtung mit integrierten Sensoren zur Erfassung verschiedenster Daten wie Präsenz, Belegung, Temperatur und Luftfeuchte. Die erzeugten Daten werden in einem Data Lake gesammelt, evaluiert und die Werte über eine Webapplikation angezeigt.

Anwendungsfall: Energieeffizienz und Sicherheit über Bewegungsmessung

Über Bewegungsmessung erreichte SPIE im konkreten Anwendungsfall eine gesteigerte Energieeffizienz und Sicherheit für den Nutzer. Nehmen installierte Sensoren keine Bewegungen im Raum mehr wahr, werden die Klimaanlagen und das Licht ausgeschaltet. Zugleich kann der Nutzer über eine App die Raumsituation seinen individuellen Bedürfnissen anpassen, beispielsweise wenn ihm der Arbeitsplatz zu warm oder zu kalt, zu hell oder zu dunkel ist. Die Bewegungsmessung sorgt gleichzeitig für mehr Sicherheit am Arbeitsplatz: Wenn ein Nutzer sich am Arbeitsplatz nicht bewegt und allein im Büro ist, kann er in Abständen über die App dazu aufgefordert werden, ein Signal zu geben, um zu zeigen, dass es ihm gut geht. Bleibt eine Bestätigung der allein arbeitenden Person innerhalb eines festgelegten Zeitraums aus, ist es über die Sensoren möglich, sie etwa bei einem Unfall schneller zu orten.

Anwendungsfall: intelligentes Parkplatzmanagement

Über die Erfassung und Auslastung kann die Anzahl angemieteter Stellplätze optimiert werden. Die Belegungsübersicht lässt eine flexible und effiziente Parkplatzvergabe zu. Im konkreten Anwendungsfall wurden auf den ausgewiesenen Parkplätzen Sensoren verklebt, die die Belegung durch einen Pkw erfassen. Die nahtlose Kommunikation ermöglicht die LoRaWAN-Technologie. Die erzeugten Parkplatzdaten werden in einer IoT-Umgebung mittels Rest-API-Schnittstelle verarbeitet und integriert. Über ein webbasiertes Dashboard ist ersichtlich, welche Parkplätze belegt sind, wie hoch die generelle Auslastung ist und ob eine vordefinierte Parkdauer überschritten wurde. Werden die Sensoren mit einem umfassenden intelligenten Gebäudesystem vernetzt, können weitere Aktionen durch die Parkplatzbelegung ausgelöst werden.

Vom smarten zum lernenden Gebäude oder Areal

Ist der Schritt vom smarten Gebäude getan, ist es zum lernenden Gebäude nicht mehr weit. Im Kern geht es bei Smart Buildings darum, Daten zu analysieren und einen Mehrwert daraus zu generieren. Vernetzte Gebäude kommunizieren mit ihren Nutzern, dem Gebäudebetreiber, dem Eigentümer und dem Facility Manager. Sie verstehen ihre Umgebung, sie interagieren, lernen und passen sich an. Die Nutzung von Daten eröffnet viele neue Möglichkeiten. Klar ist aber auch, dass ein Gebäude nicht von heute auf morgen hochintelligent sein wird. Es gibt wichtige Zwischenstufen. Dabei spielen Informationssicherheit und der Schutz vor Cyberangriffen eine wichtige Rolle.

Markus Holzke
verantwortet seit 2014 als Geschäftsführer/CEO von SPIE Deutschland & Zentraleuropa und Mitglied des Executive Committee der SPIE Gruppe die zukunftsorientierte Weiterentwicklung und den Wachstumskurs des Multitechnikdienstleisters in Deutschland, Österreich, Polen, der Slowakei, Tschechien und Ungarn.

Dr. André Schimmel
ist Mitglied der Geschäftsleitung von SPIE Deutschland & Zentraleuropa. Als CSO verantwortet er die Bereiche Digital Transformation, Einkauf, Geschäftsentwicklung & Vertrieb, HSEQ, IT, Kommunikation und PMI.

Rainer Hollang
ist Mitglied der Geschäftsleitung von SPIE Deutschland & Zentraleuropa. Als Leiter des Geschäftsbereichs Efficient Facilities und Geschäftsführer/COO der SPIE GmbH verantwortet er das TechFM-Geschäft in Deutschland.

Tobias Blattmann
verantwortet als CTO und Leiter Strategie & Geschäftsentwicklung des Geschäftsbereichs Information & Communication Services von SPIE Deutschland & Zentraleuropa die technologische Entwicklung und strategische Ausrichtung des Geschäftsbereichs.

Ingo Hüttemeyer, Frank Born

Der digitale Werkzeugkoffer für den Facility Manager

Homeoffice – der neue Wettbewerber des Büros

Die Anforderungen an den Arbeitsplatz sind im Umbruch. Work is everywhere! Schlagworte wie: Work-Life-Balance, Life-Work-Blending und nicht zuletzt die Corona-Pandemie machen neue Hybridlösungen für den Arbeitsplatz im Büro wie im Remote-Modus notwendig. Dennoch das Büro bleibt der zentrale Ort für Interaktion, Wissensaustausch und Innovationen und ist weiterhin unerlässlich für Identität, Kultur und Bindung der Mitarbeitenden an das Unternehmen.[1]

Das Homeoffice ist der neue Wettbewerber des Büros. Dies führt zu Leerstand beziehungsweise Umbau der vorhandenen Flächen zu neuen Bürowelten, sogenann-

1 Trendstudie Workspace Benchmark, New Work – User Centric Consulting and Design, Drees & Sommer SE, 2021, S. 7

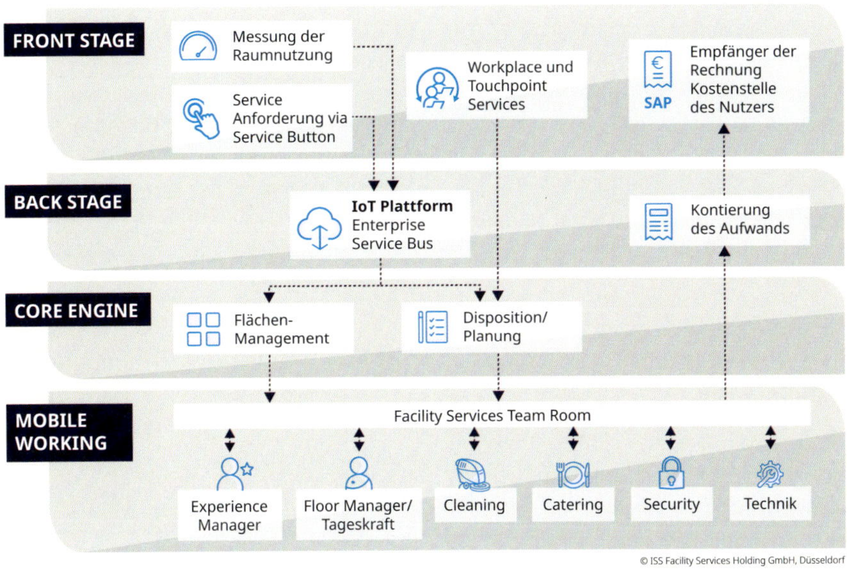

Abb. 42: Die Messung der Raumnutzung bietet wertvolle Anhaltspunkte für strategische Entscheidungen zur Flächenoptimierung und Zufriedenheitssteigerung durch Facility Services
Quelle: ISS Deutschland

ten Co-Working Spaces. Diese bieten mit Zonenkonzepten für verschiedene Arbeitssituationen unterschiedliche Räume. Anstatt sich isoliert in »einem« Büro aufzuhalten, entsteht ein neuer Tagesablauf; die Mitarbeitenden interagieren und wechseln flexibel zwischen den einzelnen Arbeitszonen. Ziel dieser Konzepte ist es, ein Umfeld zu schaffen, das die Mitarbeitenden so gut unterstützt, dass sie regelmäßig ins Büro kommen – und nicht ausschließlich oder zum Großteil zu Hause arbeiten.

Der Facility Manager gewinnt in diesem Kontext stark an Bedeutung, wenn es darum geht, die Employer Brand und somit die Produktivität und Leistungsfähigkeit von Organisationen zu erhalten und zu steigern. Er kann mit seinem digitalen Werkzeugkoffer bewirken, dass sich Bürogebäude an die Bedürfnisse der Mitarbeitenden anpassen und so positive Strahlkraft entwickeln, die sozial anziehend wirkt und Menschen dazu bewegt, kreativ und schöpferisch tätig zu sein.

Diese Anforderungen an die Zusammenarbeit – unabhängig vom Ort – treibt auch die Digitalisierung in der Arbeitswelt voran. Der Facility Manager wird hier zum Data und Experience Manager und hat die Aufgabe, bestehende Prozesse neu zu überdenken, um auf der Basis von Daten zielgerichtet eingreifen und steuern zu können. Es gilt, die eigene Gebäudenutzung digital zu erfassen und zu optimieren: Wo lassen sich Flächen einsparen und Ressourcen effizienter einsetzen? Wo braucht es eine Umgestaltung der Fläche hin zu Co-Working Spaces mit Arbeitszonen für unterschiedliche Tätigkeiten? Wie lässt sich die Workplace Experience durch Service verbessern, damit die Flächen »funktionieren«, also von Mitarbeitenden gern und häufig genutzt werden?

Digital Facility Management und Data Driven Service im Backstage

Um die Vorteile des Digital Facility Managements (DFM) zu erfassen, braucht es zunächst ein Verständnis für die Technologie, die im Backstage agiert. Beim DFM geht es darum, Räume mit Technik auszustatten, die dafür sorgt, dass Daten und Informationen automatisch erfasst und weitergeleitet werden (Data Driven Service) – und zwar so, dass ein Nutzen beziehungsweise ein Service erfolgt. Technik bedeutet in diesem Fall vor allem Sensorik. Die Sensortechnik, die heute zur Verfügung steht, kann eine Vielzahl von Daten messen: Luftqualität, Temperatur, Bewegung und vieles mehr. Die Installation erfolgt kabellos. Dazu werden kleine batteriebetriebene Sensoren zunächst in den Räumen des Gebäudes verortet und in das IoT-/CAFM-System (Internet of Things/Computer-Aided Facility Management) zur Datenerfassung für den Kunden eingebunden. Die Datenmessung erfolgt anonym und die Datenspeicherung in einer geschützten Cloud. Die Visualisierung der Daten für die Beteiligten erfolgt per App oder Desktop. Auf der Basis der Daten und der festgelegten Parameter (Informationen) erfolgen die automatisierten Workflowprozesse. Zum Beispiel kann ein automatisierter Prozess dafür sorgen, dass bestimmte Informationen per Smartphone-App an das mobile Work Team (Servicepersonal) weitergeleitet werden, um einen Wartungsservice zu erbringen. Oder es lassen sich zielgerichtete Reports über die Gebäudenutzung beziehungsweise -auslastung erstellen.

Transparenz und Steuerung – durch datenbasierte Insights

Für den Facility Manager ist die Kenntnis der Daten zur aktuellen Akzeptanz und Zufriedenheit von Mitarbeitenden mit ihrem Arbeitsplatz eine wichtige Information zur Steuerung. Eine bekannte Messmethode ist die Befragung. Diese bietet jedoch meist nur ein allgemeines Stimmungsbild. Für ein genaueres Stimmungsbild im Frontstagebereich lohnt es sich, Daten zur Flächennutzung mit Sensoren zu sammeln. Denn die Flächen, die häufiger genutzt werden, sind in der Regel diejenigen mit der höchsten Akzeptanz.

Für die Messung der Raumnutzung (Abb. 42) wird das Gebäude mit kaum sichtbaren Sensoren ausgestattet, welche die Anzahl der Personen, Ort und Verweildauer im Gebäude DSVG-konform erfasst. Die gemessenen Daten bieten wertvolle Anhaltspunkte für strategische Entscheidungen zur Flächenoptimierung und Zufriedenheitssteigerung durch Facility Services am Arbeitsplatz und an den Touchpoints zum Nutzer. Leerstand und ineffizient genutzte Flächen lassen sich vermeiden und stattdessen flexible, attraktive Räume gestalten – für eine stärkere Nutzerzufrie-

Ineffizient genutzte Flächen lassen sich in attraktive Räume umwandeln, die sich positiv auf die Nutzerzufriedenheit auswirken und so die Mitarbeiterbindung verstärken

denheit und Mitarbeiterbindung. Es entsteht ein klares Bild, welche Charakteristika eines bestimmten Raumtyps zu einer hohen Akzeptanz führen. Die digitale Analyse der Gebäudeauslastung macht die Nutzung transparent und hilft bei Entscheidungen – zum Beispiel im Bereich Um- und Neubau: Auf dieser Basis der DFM-Analyse können Arbeitsplätze optimal an die Bedürfnisse der Nutzerinnen und Nutzer angepasst werden. Die Facility Manager machen die Assets so zu einem Treiber der Produktivität von Unternehmen. Die Core Engine ist dabei das Kernmodul der Operative zur Stammdatenverwaltung. Der Enterprise Service Bus (ESB) dient zudem als Big-Data-Kommunikations- und -Integrationsebene zur Verknüpfung, als User Interface (Schnittstelle) und zum Mapping der Daten zu ERP- (SAP), Sensor-, IoT- und externen Daten.

Auf der Basis der Daten lassen sich zudem mit künstlicher Intelligenz sogar Prognosen zur täglichen Gebäudeauslastung erstellen. Catering (tägliche Essenszahlen), Gebäudetechnik (Energieoptimierung) und Security (Anzahl der Kontrollgänge) können mit diesen Daten ihren Service flexibel anpassen.

Datenbasierte Auftragsplanung – Service on demand

Facility Manager können digitale Tools auch nutzen, um die Facility Services im Frontstagebereich effizienter zu machen.

Intelligent eingesetzt ermöglichen sie das, was die Gebäudenutzerinnen und -nutzer sich am meisten wünschen: Services, die dort und zu dem Zeitpunkt geliefert werden, wo und wann sie gebraucht werden.

Der Service Button im Meetingraum ist ein gutes Beispiel, um zu veranschaulichen, wie das funktioniert. In einem Meetingraum gibt es mehrere Services, die dazu beitragen, dass der jeweilige Workshop, die Besprechung oder die Schulung erfolgreich verläuft: technische Ausstattung wie Beleuchtung, Bildschirm oder Surface Hub, ein sauberes und hygienisches Umfeld sowie Snacks und Getränke. Wenn während eines Meetings ein Servicebedarf entsteht, kann dieser durch einfache Benutzung des Service-Buttons angefordert werden. Das mobile Work Team (Floor Manager, Tages-, Servicekraft) erhält direkt eine Nachricht auf das Smartphone und ist in der Lage, in kürzester Zeit die gewünschte Unterstützung zu leisten – sei es bei der Behebung eines technischen Problems, durch Cleaning Services bei Verunreinigungen oder durch zusätzliche Bewirtung. Je nach Serviceangebot lässt sich dies beliebig erweitern: etwa durch Check-in-Service, Zwischendesinfektionen oder auch medientechnische Leistungen.

Ein weiteres Beispiel für die Digitalisierung von Facility Services ist eine datenbasierte Auftragsplanung (Disposition). Auch hier verwenden Facility Manager die oben beschriebenen Daten zur Gebäudenutzung. Aus ihnen lassen sich DFM-Reports erstellen, die zeigen, welche Gebäudeteile tagsüber stärker genutzt wurden und somit abends intensiver gereinigt werden müssen als andere. Die Reinigungskräfte können so gezielt eingesetzt werden.

Ergänzt wird dies durch ein DFM-System (Helpdesk). Hier können Gebäudenutzerinnen und -nutzer ihren Servicebedarf melden – telefonisch oder per E-Mail oder direkt im digitalen Portal des Systems. Jede Anfrage erhält eine Vorgangsnummer, sodass beide Seiten jederzeit den Status der Bearbeitung abrufen können. Das System ermöglicht eine effiziente Einsatzplanung und Disposition und nach erbrachter Serviceleistung eine transparente Rechnungsstellung an den Nutzer.

Perspektive – Gebäudetechnik, Ladeinfrastruktur und Elektromobilität

Diese Anwendungsbeispiele sind nur eine Auswahl dessen, was mit DFM bereits heute möglich ist und sich in der Praxis bewährt hat. Weitere Entwicklungen und Anwendungsmöglichkeiten werden folgen. So lässt sich die Gebäudeleittechnik in das DFM-Gesamtkonzept integrieren. Durch definierte Schwellenwerte kann dann der Energieverbrauch von Heizung und Klimatechnik an die Gebäudenutzung angepasst und optimiert werden. Ein weiteres Anwendungsbeispiel ist ein intelligentes Auslastungs- und Reservierungssystem für Elektroladestationen. So können die Gebäudenutzerinnen und nutzer genau in Erfahrung bringen, wann und wo sie ihre Elektrofahrzeuge aufladen können. Der Nutzer erhält schnell eine Übersicht über freie Ladestation und den aktuellen Ladezustand. Das macht die Nutzung der Ladestationen attraktiver und sorgt für eine bessere Auslastung. Gleichzeitig liegen dem Facility Management zuverlässige Daten zur Nutzung vor, auf deren Basis sie die Wartung planen und kalkulieren können, ob sich weitere Ladestationen rentieren.

Ingo Hüttemeyer
ist Leiter des Bereichs Digital Excellence (DEX) bei ISS Deutschland. Zuvor war er 20 Jahre bei Psion, einem Marktführer für mobile Datenerfassung im Bereich Supply Chain Logistics, beschäftigt – zuletzt als Manager Global Customer Care. Seit Ende 2012 betreut er bei ISS Deutschland den Aufbau zentraler Helpdesks und DEX-Anwendungen.

Frank Born
ist seit 2001 Head of Marketing bei ISS Deutschland. Er begleitet die Entwicklung von Digital Facility Management mit Kommunikationsstrategien und Change Management bei ISS.

Matthias Mosig, Michael Pichler, Bruno Hattayer

Betreiberpflichtenmanagement RE – Compliance as a Service

Digitalisierte und neutrale Dienstleistungssteuerung

Mit dem Service Betreiberpflichtenmanagement RE – Compliance as a Service bündelt der TÜV SÜD alle Komponenten einer professionellen und rechtssicheren Dienstleistungssteuerung wie technische Kompetenz, regulatorisches Wissen, digitale Werkzeuge und transparente Leistungsmessung in einer Hand. Damit werden Kunden vom eigenen aufwendigen Aufbau der erforderlichen personellen und strukturellen Ressourcen entlastet. Die Lösung kann in einem digitalen Steuerungsdashboard als Plug-and-Play-Service mit jedem Gebäude, jeder Organisation, jedem FM-Dienstleister und anderen Markt- beziehungsweise IT-Plattformen verbunden und mit den nötigen Entscheidungsempfehlungen zur zielgerichteten Steuerung der Immobilie zur Verfügung gestellt werden.

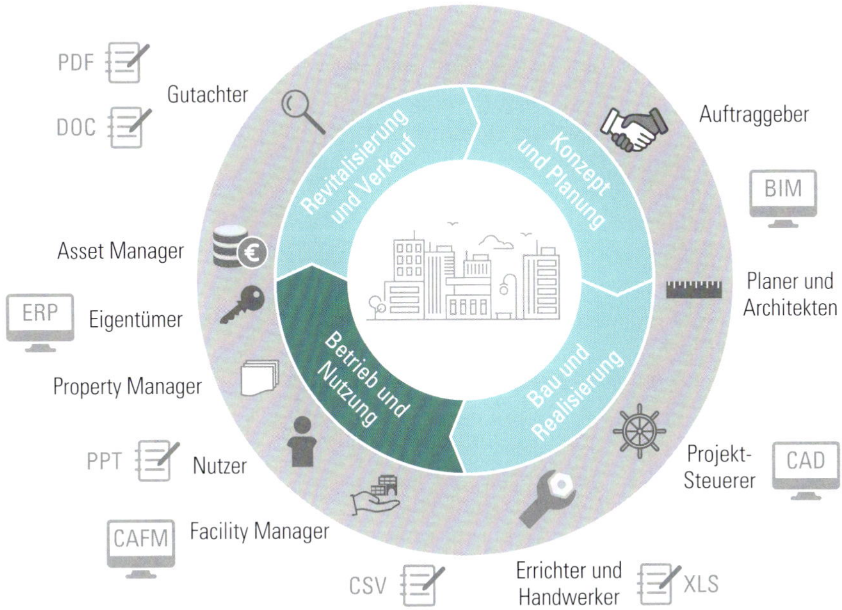

Abb. 43: In jeder Lebenszyklusphase gibt es eine Vielzahl von Akteuren, die Objektdaten in unterschiedlichen Formaten, Standards und Softwarelösungen produzieren, pflegen, aufbereiten und bereitstellen. Die Folge sind häufig fragmentierte IT-, Prozess- und Systemlandschaften

Dienstleistungen rechtskonform steuern

Professionelles Immobilienmanagement ist eine anspruchsvolle Aufgabe, die häufig noch nicht durchgängig, ohne Systembrüche und weitestgehend digital in der Immobilienwirtschaft organisiert ist. Diese Managementaufgabe gilt es im Spannungsfeld zwischen sich kontinuierlich ändernden regulatorischen Anforderungen und dem vorhandenen Fachkräftemangel sowie fluktuationsbedingtem Know-how-Verlust zu organisieren. Zudem führen fehlende Branchenstandards, hohe Innovationsgeschwindigkeit und die Intransparenz des Marktes bei Betreibern von Gebäuden eher zu Verwirrung als zur Motivation, in neue Technologien und Softwarelösungen zu investieren. Und dann stellt sich die Frage: Was ist die richtige Lösung und lässt sich diese in die bestehende Systemlandschaft integrieren?

Speziell im technischen Gebäudemanagement ist es ohne das entsprechende Know-how fast unmöglich, die externen Dienstleistungen rechtskonform zu steuern, die Leistungen zu messen und qualifiziert zu beurteilen. Für diese Aufgaben fehlen häufig schon die aktuellen Informationen darüber, welche Anlagen in den Gebäuden gemäß den jeweiligen Nutzungsarten gewartet werden müssen, welche zugrunde liegenden regulatorischen und vertraglichen Anforderungen gelten und wer die Prüfungen und Wartungen in welchen Zyklen durchführen muss. Ferner ist oftmals unklar, ob diese Aufgaben bei externer Vergabe ordnungsgemäß delegiert und geplant wurden und ob sie vor Ort termingerecht durchgeführt werden. Auch die rechtskonforme Dokumentation dieser Leistungen und die Weiterverfolgung beziehungsweise Behebung erkannter Mängel sind häufig lückenhaft und bergen erhebliche Risiken.

In diesem Kontext kommt es oftmals zu Fehleinschätzungen von Risiken hinsichtlich der Betreiberverantwortung und zu ineffizienten, nicht wertschöpfenden Arbeits- und Betriebsprozessen. Nicht selten entstehen auch wirtschaftliche Schäden, zum Beispiel vermeidbare Abschläge bei der Bewertung von Immobilientransaktionen oder gar wertmindernde Schadensfälle technischer Anlagen bis hin zum Ausfall dieser Anlagen mit daraus resultierenden Einschränkungen für den Gebäudebetrieb oder Produktionseinheiten.

Betreiberpflichtenmanagement RE – Compliance as a Service als Schlüssel zum rechtskonformen Betrieb

Als neutrale, unabhängige Instanz setzt der TÜV SÜD das Betreiberpflichtenmanagement RE als einen professionellen, hoch digitalisierten Management Layer auf und überführt vorhandene Objekt- und Betriebsdaten aller Beteiligten (FM-Dienstleister, Property-Management-Dienstleister, Prüfdienstleister, Asset Manager) auf eine Plattform datenbasierter Services zur Sicherung eines qualitativ hochwertigen Immobilienmanagements. Auf Wunsch kann durch die Integration vorhandener Gebäudesensorik, den Einsatz von Predictive Maintenance und BIM (Building Information Modeling) ein digitaler Zwilling des Gebäudes geschaffen werden, aus dessen Daten sich die entscheidenden Informationen für einen professionellen Gebäudebetrieb generieren lassen.

Standardisierte Produktmodule entlang einheitlicher Prozesse und etablierter Werkzeuge

Mit den standardisierten Leistungsmodulen des TÜV-Betreiberpflichtenmanagements RE kann flexibel und zielgerichtet auf die Anforderungen und den Reifegrad der Organisation der Kunden reagiert und so schrittweise zur Professionalisierung und Digitalisierung ihrer FM-Prozesse beigetragen werden.

1. Rückgewinn von Transparenz und Hoheit über Objekt- und Anlagendaten – Erfassung und Bewertung des Status quo

Basierend auf einer Analyse der Objekt- und Anlagendaten wird der Ist-Stand erfasst und notwendige Maßnahmen zur Wahrung der Betreiberpflichten erarbeitet (z. B. im Rahmen einer Objekt- und Anlagenerfassung, der Überführung von Daten in eine einheitliche und transparente Struktur mit Festlegung der notwendigen

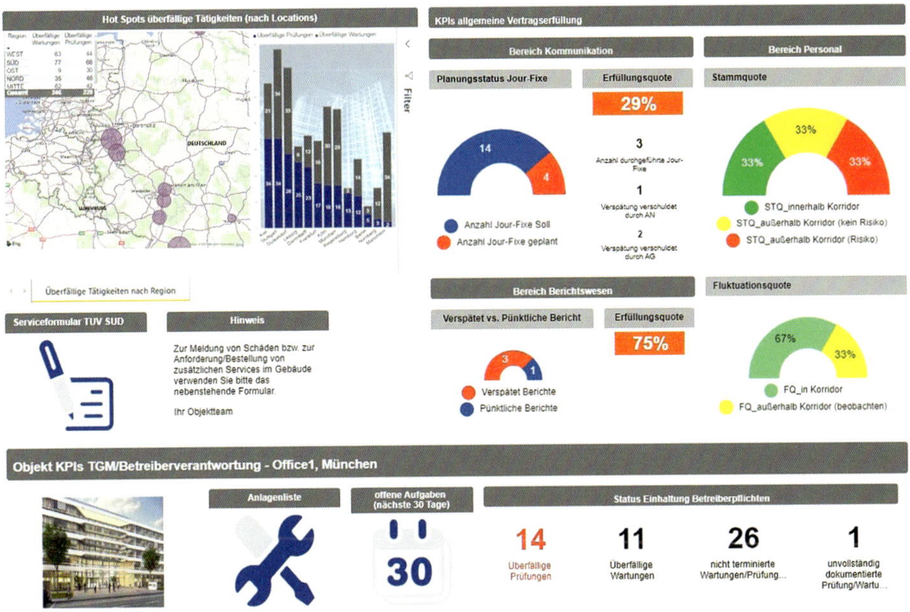

Abb. 44: Die Dashboards werden kundenspezifisch in Anlehnung an die festgelegten KPIs adaptiert. Gemäß einem Benutzerkonzept sind verschiedene Sichten und Zugriffe einstellbar

Dokumentation und Ableitung der Betreiberpflichten sowie der Erstellung eines spezifischen Prüf- und Wartungskatasters). Zusätzlich können vertragliche Regelungen analysiert und hinsichtlich bestehender Beauftragungslücken und Risiken optimiert werden. Auf Wunsch schreiben TÜV-SÜD-Berater auf dieser Grundlage die Facility-Service-Leistungen aus und unterstützen ihre Kunden bei der Auswahl und Implementierung des oder der geeigneten Dienstleister.

Die Eigentümer und Betreiber profitieren von der Identifikation der Lücken bei der Wahrnehmung der Betreiberverantwortung, der Empfehlung und Verfolgung von Optimierungsmaßnahmen zur Kostenreduzierung und der systematischen Optimierung erkannter Handlungsbedarfe zur Sicherstellung der Funktionsfähigkeit, des Werterhalts und der Rechtssicherheit des Gebäudes.

Nutzen

- einheitliche und transparente Datenstruktur
- aktuelle Objekt- und Anlagendaten in hoher Qualität
- einheitliche Vertragsregelungen und Identifizierung von Lücken (SLA, KPIs)
- Reduzierung wirtschaftlicher und haftungsrelevanter Risiken

Das Modul Predictive Maintenance schützt vor Ausfällen von relevanten Anlagenschnittstellen

2. Steuerung und Monitoring auf der Basis gemeinsamer Daten und aussagekräftiger KPIs mit nahezu Echtzeitverfolgung

Auf der Basis der ermittelten Objekt- und Anlagendaten wird das TÜV-SÜD-Steuerungsdashboard aufgesetzt. Dazu werden mit dem jeweiligen Kunden auf der Basis des TÜV-SÜD-Standards geeignete wirtschaftliche, technische oder vertraglich vereinbarte Messgrößen, sogenannte Key Performance Indicators (KPIs), abgestimmt und aus unterschiedlichen Datenquellen, Systemen oder Plattformen in ein Dashboard integriert, mit dem die Immobilie proaktiv und zielgerichtet eigenständig durch den Betreiber oder durch Experten des TÜV SÜD gesteuert werden kann. Ereignisse (z. B. Störungen, Regelabweichungen) können teilautomatisiert oder automatisiert erfasst, fachlich qualifiziert und workflowgesteuert an den zuständigen internen oder externen Verantwortlichen weitergeleitet werden.

Auf dieser Basis werden Abweichungen von vertraglich vereinbarten Soll-Ergebnissen transparent dargestellt, Gegenmaßnahmen abgeleitet und dem Eigentümer, Betreiber und/oder Nutzer Handlungsempfehlungen gegeben. Diese Empfehlungen können beispielsweise dazu dienen, Lücken in der Dokumentation zur Wahrnehmung der Betreiberverantwortung zu schließen, Energieoptimierungspotenziale durch eine veränderte Regelung der Gebäudeleittechnik zu nutzen, zu lange Reaktions- oder Bearbeitungszeiten anzumahnen und abzustellen oder Fristüberschreitungen von Prüfungen anzuzeigen. Das optionale Modul Predictive Maintenance kann das Kerngeschäft vorausschauend vor Ausfällen und Störungen an FM-relevanten Anlagenschnittstellen schützen. Dass dies nicht nur ein theoretischer Ansatz ist, wird durch das Produkt Liftbetriebsmanagement im operativen Betrieb erfolgreich unter Beweis gestellt.

Nutzen

- neutrale Einschätzung, Bewertung und Ableitung von Handlungsempfehlungen
- Vermeidung von Abschlagsrisiken
- Zugriff auf technisches Expertennetzwerk
- Zugriff auf Prüfpflichtenkataster mit integriertem Aktualisierungsdienst

3. Kontinuierliche Auditierung und Optimierung

Zusätzlich können im TÜV-SÜD-Betreiberpflichtenmanagement RE – Compliance as a Service bedarfsgerecht Leistungen in Einzelmodulen an die individuellen Anforderungen von Kunden angepasst, ausgewählt und gegebenenfalls auch gezielt weiterentwickelt werden. So kann zum Beispiel mit dem Modul Gebäudescheckheft die Qualität und Dokumentation der erbrachten technischen Dienstleistung geprüft und im Erfolgsfall eine Bescheinigung mit dem TÜV-SÜD-Gebäudescheckheft ausgestellt werden.

Zur weiteren Effizienzsteigerung im Gebäudebetrieb wird ergänzend angeboten, die bestehende Gebäudeleittechnik anzubinden, ein Energie- oder ein Lift-Monitoring zu integrieren sowie die Predictive-Maintenance-Methodik für relevante HKLS-Komponenten (Heizung, Klimatechnik, Lüftung und Sanitär) einzusetzen. Die Visualisierung des Gebäudes und von Messdaten kann bei Bedarf über ein BIM erfolgen.

Nutzen

- proaktive und zielgerichtete Steuerung des Immobilienbestands durch geeignete KPIs
- frühzeitiges Erkennen von Risiken
- Freiraum zur Fokussierung auf Kernprozesse und wertschöpfende Tätigkeiten
- effizientere Betriebssteuerung und optimierte Instandhaltung

4. Ausblick und weitere Entwicklung

Im Moment kann mit dem TÜV-SÜD-Betreiberpflichtenmanagement RE – Compliance as a Service bereits das Betreiberpflichtenmanagement und die Dienstleistungssteuerung in weiten Teilen automatisiert umgesetzt werden. Der Service wird kontinuierlich zu einer voll automatisierten Leistung weiterentwickelt – in zahlreichen Projekten gemeinsam mit den Kunden. Zusätzlich wird die Dienstleistung auch in TÜV-SÜD-eigenen Immobilien wie dem neuen regionalen Hauptquartier in Singapur eingesetzt, wo in Pilotprojekten funktionale und technologische Erweiterungen im praktischen Einsatz getestet werden. Geplant ist beispielsweise die Integration von Technologien wie Selfservices und Chatbots in das TÜV-SÜD-Betreiberpflichtenmanagement – Compliance as a Service, um Beratungsprodukte und Qualitätschecks automatisiert anzubieten. Konkret wird hier die Qualitätsüberprüfung von BIMs mittels sogenannter Model Checker eine große Rolle spielen.

Ergänzend sollen KI-basierte Dokumentationsanalysen eingesetzt werden, um Inhalte von Wartungs-/Prüfprotokollen auszulesen, Soll-Anforderungen abzugleichen und Abweichungen anzuzeigen. Ebenso wird weiterführend ein Ausbau hinsichtlich Marktplatzfunktionalitäten zur Digitalisierung unserer FM-Vergabekompetenz qualifiziert.

Die Lösung TÜV-SÜD-Betreiberpflichtenmanagement RE – Compliance as a Service soll zukünftig als neutrale Plattform nicht nur Gebäude und deren Dienstleister verzahnen, sondern auch an andere Plattformen, die primär als Datensammler fungieren, nach dem Plug-and-Play-Ansatz angedockt werden können. Die übernommenen Daten werden im System verarbeitet und vorausschauende Handlungsempfehlungen, rechtssichere Prüfpläne, Gegenmaßnahmen bei Abweichungen und Störungsstatistiken zurück an die Kunden geliefert.

Ein weiterer Baustein kann die treuhänderische Verwaltung von BIMs in einem Common Data Environment (CDE) während der Planungs-, Bau- und Betriebsphase sein, inklusive Model-Checks für FM-relevante Kriterien der Betriebsphase, Brandschutzassessments, DGNB-Präzertifizierungen und Life-Cycle-Cost-Berechnungen.

Matthias Mosig
ist Prokurist und Head of Digital Transition bei der TÜV SÜD Advimo GmbH. Seit dem Studium des Bauingenieurwesens liegen seine Schwerpunkte in der Prozess- und IT-/CAFM-Beratung im Real Estate und Facility Management. Zuletzt hat er die Erweiterung des Leistungsspektrums um das BIM-Consulting und das BIM Management vorangetrieben. Als Mitglied im Arbeitskreis BIM der Real FM, im Arbeitskreis CAFM/Digitalisierung der GEFMA, im Ausschuss Digitalisierung des ZIA und als Beiratssprecher des CAFM-Rings verfolgt er aktiv die Verzahnung und Umsetzung der Standardisierung im Planen/Bauen und Betreiben.

Bruno Hattayer
ist Bereichsleiter für Real Estate Consulting & Advisory bei der TÜV SÜD Advimo GmbH. Der gelernte Betriebswirt hat unter anderem als Vertriebs- und Niederlassungsleiter sowie Leiter Key Account Management Expertise in der Gebäudewirtschaft gesammelt. In seiner jetzigen Funktion liegt sein Fokus neben der Facility-Management-Beratung auf Strategieentwicklung und der Organisations- und Prozessoptimierung (inkl. CAFM-Systemauswahl und -Implementierung) im Bereich Facility Management. Weitere thematische Beratungsschwerpunkte sind die Digitalisierung und Nachhaltigkeit im Gebäudemanagement.

Michael Pichler
ist seit 2019 Senior Consultant bei der TÜV SÜD Advimo GmbH. Zuvor hat er 11 Jahre bei E.ON Facility Management GmbH als In-House Consultant den Bereich technisches Management mit aufgebaut. Später war er als Business Development Manager für Systemdienstleistungen Real Estate bei der TÜV SÜD mit Fokus auf die Entwicklung einer CAFM-Onlineplattform für den technischen Betrieb und die Dokumentation von Betreiberpflichten tätig. In seiner aktuellen Rolle agiert als Berater und Projektleiter für technisches und infrastrukturelles Gebäudemanagement sowie als Experte für Betreiberpflichtenmanagement.

Clara Sasse, Dr. Laura Sasse

FM ist die wahre Erfolgsstory des Design Thinking

»Design Thinking« ist derzeit überall dort in aller Munde – und im Spiel –, wo umwälzende Veränderungen geplant und vollzogen werden. Das Hasso-Plattner-Institut, einer der Taktgeber bei diesem neuen Ansatz, definiert ihn so: »Design Thinking ist eine systematische Herangehensweise an komplexe Problemstellungen aus allen Lebensbereichen. Im Gegensatz zu vielen Herangehensweisen in Wissenschaft und Praxis, die Aufgaben von der technischen Lösbarkeit her angehen, steht hier der Mensch im Fokus. Design Thinking ermöglicht es, traditionelle und veraltete Denk-, Lern- und Arbeitsmodelle zu überwinden und komplexe Probleme kreativ zu lösen. Es schafft in Organisationen die Kultur, die benötigt wird, um die digitale Transformation zu meistern.«

Betrachtet man die einzelnen Aspekte dieser Definition, dann wird glasklar: Facility Management (FM) und Design Thinking sind füreinander geschaffen, ja be-

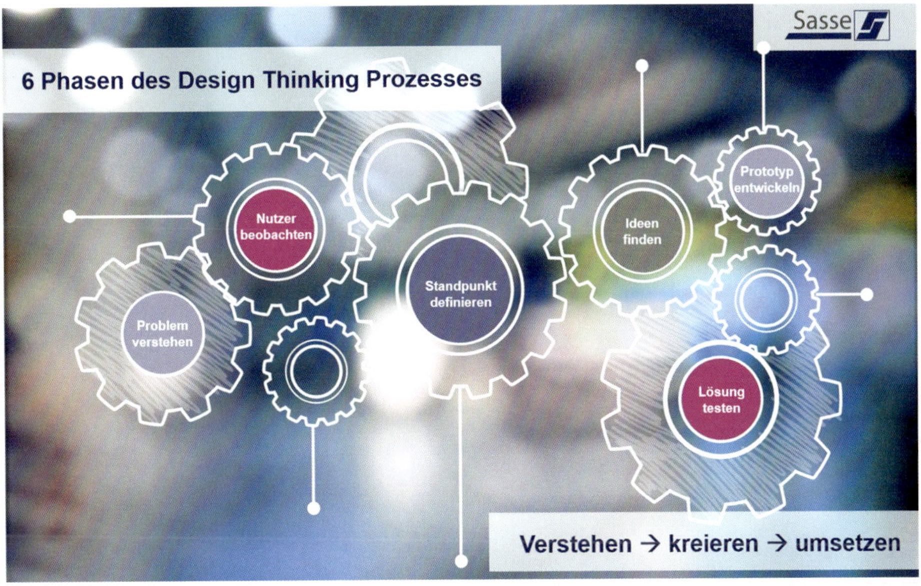

Abb. 45: Komplexe Probleme kreativ lösen: Modell Design Thinking *Quelle: Dr. Sasse Gruppe*

dingen sich gegenseitig, wo sie miteinander in Berührung kommen.

Berührungspunkte von Design Thinking und FM

Die **systematische Herangehensweise** ist tief in der DNA des Facility Managements verankert. Prozessbeschreibungen, Ablaufpläne, Checklisten – sie existieren in unserer Branche nicht nur auf dem Papier. Sie sind die unverhandelbare Grundlage dafür, dass wir unsere Leistungen objektgerecht, wirtschaftlich und nachprüfbar erbringen. Erst aus der Systematik erwächst jene Reproduzierbarkeit, die wir zur Erfüllung höchster Standards benötigen – egal ob wir sie uns selbst setzen oder ob unsere Kunden sie einfordern.

Komplexe Problemstellungen sind im FM seit Anbeginn gelebter Alltag. Selbst die einfachsten Reinigungsaufgaben sind immer schon eingebunden in betriebliche Abläufe. Sie müssen nicht nur den Kunden selbst zufriedenstellen, sondern auch dessen Kunden, Mitarbeitende oder Geschäftspartner. Am Beispiel einer Flughafentoilette wird das sichtbar: Airport, Passagiere, Airlines, Gastronomie, Handel – unsere Arbeit dient einer ganzen Community mit ihren unterschiedlichen Interessen. Die jahrzehntelange Erfahrung mit diesem Thema gibt unserer Branche daher hier einen Wissens- und Anwendungsvorsprung.

Der »**Mensch im Fokus**« ist ein Schlüsselthema jedes Facility Managements. Denn die technische Lösbarkeit bezieht sich ausschließlich auf Anlagen und Installationen sowie die Befolgung aller relevanten Vorschriften und Gesetze. Der Nutzen von FM aber spiegelt sich dort, wo Menschen aufgrund unserer Leistungen zufriedener, glücklicher, sicherer und produktiver sind (oder sein dürfen), als sie es ohne das Investment in den Mehrwert eines Objekts wären, der ohne FM nicht herstellbar ist.

Dieser Faktor betrifft zu gleichen Teilen auch die Menschen, die FM-Dienstleistungen erbringen. Wer sie zu bloßen Erfüllungsgehilfen von Leistungsverzeichnissen degradiert, benimmt sich der zahlreichen Chancen für Entwicklung und Verbesserung, die individuell in jedem vorhanden sind. Gerade in einer Branche, die als Arbeitsplatz noch immer mit Vorurteilen zu kämpfen hat und sich damit schwertut, gute Kräfte langfristig zu binden, besteht eine große Chance für Arbeitgeberattraktivität darin, mithilfe der praktischen Erfahrungen unserer Mitarbeitenden **traditionelle und veraltete Denk-, Lern- und Arbeitsmodelle aufzubrechen** und umzuwandeln. Oft genug wissen die Teams vor Ort nur zu genau, wie wir unsere Leistung effizienter erbringen und unsere Kunden nachhaltig glücklich machen können.

Die Unterscheidung zwischen »Problemraum« (»Wünschbarkeit«) und »Lösungsraum« (»Machbarkeit«) beim Design Thinking sowie das Brückenbauen zwischen beiden Räumen gehören beim FM zu den traditionellen Verfahren bei jedem Auftrag. Dieses Prinzip gilt in **allen Lebensbereichen** und Arbeitsfeldern, auf denen wir uns bewegen, so sehr sie sich auch unterscheiden mögen. Damit ist unsere Branche als Querschnittsdienstleister prädestiniert, tragfähige und wirtschaftliche Lösungen vorzuschlagen und umzusetzen.

Um **komplexe Probleme kreativ zu lösen,** nutzen wir seit geraumer Zeit das Know-how von Mitarbeitenden, die den ersten Teil ihrer beruflichen Laufbahn außerhalb des Facility Managements zurückgelegt haben. Dazu zwingt uns allein der Umstand, dass es bisher keinen konkreten FM-Ausbildungsberuf gibt. Wir sind also gerade bei den technischen Berufen auf Quereinsteiger angewiesen. Aus der Vielfalt unserer Aufgaben und dem breiten Spektrum unserer Kunden aber ergibt sich die Chance, diese Mitarbeitenden besonders zu motivieren: Sie haben mehr Abwechslung und finden Anerkennung als gefragte Spezialisten. Zudem bieten die üblicherweise überschaubaren Einheiten eine deutlich größere Chance, Verantwortung zu übernehmen.

Dass Design Thinking in Organisationen die **Kultur** schafft, um zu innovieren und zu verändern, ist aus FM-Sicht nur die eine Seite der Medaille. Erst eine schon vorhandene Kultur liefert verlässliche Grundlagen, auf denen sich neue Prozesse denken und formen lassen. Zu den herausragenden Werten zählt dabei die Nachhaltigkeit. Zeitgemäßes, fortschrittlich ausgerichtetes FM steht für den sorgsamen Umgang mit Ressourcen, die Rücksicht auf die Bedürfnisse von Menschen und Umwelt und für den Werterhalt bestehender und künftiger Investitionen. Dieses Koordinatensystem markiert den Raum für Design Thinking »inspired by FM«.

Dass dabei die **digitale Transformation** eine treibende, wenn nicht sogar die

Abb. 46: Innovatives Arbeiten dank digitalem Workforce Management *Quelle: Dr. Sasse Gruppe*

entscheidende Kraft ist, steht außer Frage. Die Dr. Sasse Gruppe hat sich schon Mitte des vorigen Jahrzehnts dieser Aufgabe gestellt und seither in allen Bereichen und auf allen Ebenen vielfache Schritte zum Ausbau digitaler Tools und Prozesse unternommen. Dies ist einerseits, wie das ganze FM, eine große Herausforderung und in erster Linie der Komplexität unserer Aufgaben und der Diversifizierung unserer Organisation geschuldet. Auf der anderen Seite besteht genau in diesen Strukturen die optimale Voraussetzung dafür, Digitalisierung ganzheitlich umzusetzen und nicht scheibchenweise. Dem genannten »Auf allen Ebenen« kommt dabei eine Schlüsselrolle zu, denn wer digitale Mittel nutzen darf und soll, hängt nicht von der Hierarchie oder Etatverantwortung oder anderen traditionellen Legitimationen ab; es gibt hier nur ein »Ganz oder gar nicht«.

Schlussfolgerungen und Konsequenzen

Was ergibt sich aus dem Zusammenwirken der genannten Faktoren? Zunächst die Erkenntnis, dass gutes FM schon in der Vergangenheit das Prinzip »Design Thinking« angewandt hat, ohne den Begriff zu kennen oder zu nutzen – ein Vorteil für uns, die nun gefordert sind, unsere Kunden und Partner dabei zu begleiten, dieses Prinzip bei sich selbst umzusetzen. Wir verfügen hier über so viel Erfahrung, dass wir sie teilen können – sozusagen in einem Know-how-Transfer und Managementservice für ein Facility »Thinking«.

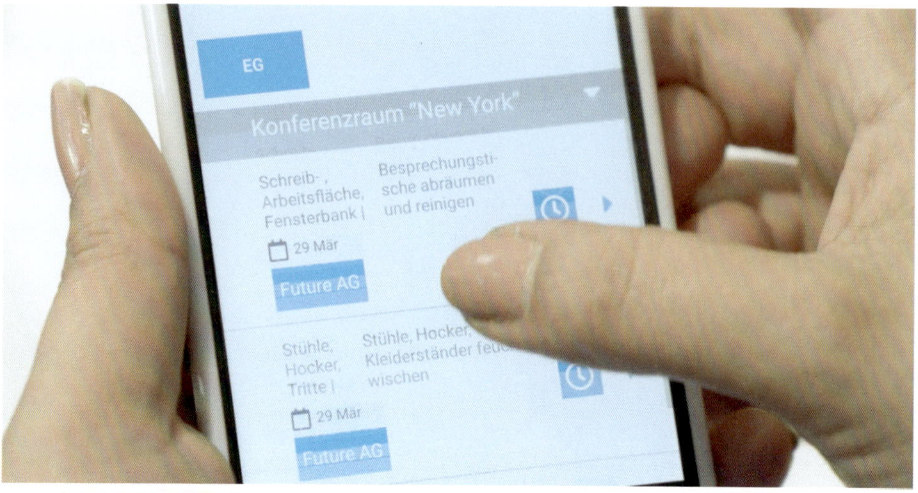

Abb. 47: Mit dem Know-how-Transfer vom Design Thinking wird FM zum integrierten Partner bei der Entwicklung, Planung und Umsetzung von Projekten *Quelle: Dr. Sasse Gruppe*

Das ist aber nur die Grundlage, auf der sich ein neu verstandenes und neu ausgerichtetes FM entwickeln kann und wird. Überall dort, wo wir unseren Kunden heute schon auf Augenhöhe begegnen, wird sich das gemeinsame Arbeiten verstärken: Facility Management als Aufgabe und die damit beauftragten Dienstleister werden noch mehr als bisher integrierte Partner bei der Entwicklung, Planung und Umsetzung von Projekten sein. Unser Spezialwissen als Dienstleister wird den Kunden dabei den entscheidenden fachlichen und zeitlichen Input liefern, um schnell und flexibel handeln zu können.

Die Sicherheits- und Hygienekonzepte im Zuge der aktuellen Pandemiebekämpfung werden dabei als Blaupause dienen: Ein weit vom Kerngeschäft entfernter Faktor entscheidet von heute auf morgen über das Wie und Wann der Präsenz am Markt und den Fortlauf des Geschäfts. In zahlreichen Fällen konnten wir hier auf einem Feld unsere Kompetenz einbringen, die beim konventionellen Blick auf FM im Schatten anderer Services steht. Allein schon die ausreichende Verfügbarkeit sowie bestehende Beschaffungswege bei Desinfektionsmitteln brachten uns hier in eine Position, in der wir gemeinsam mit den Kunden neue Infrastrukturen und Abläufe gestalteten – Prozessdesign wie aus dem Lehrbuch.

Nächste Schritte

Die nächsten Schritte zum aktiven Partner beim Design Thinking führen uns auf zwei parallele Wege. Der eine Weg führt nach innen. Dort werden wir über die Digitalisierung unsere Strukturen und Abläufe verbessern und transparenter machen. Damit schaffen wir den Freiraum für die Menschen, die bei uns arbeiten, in dem ihnen mehr Zeit und Energie für Recherche, Analyse und Kommunikation bleibt. Diese zusätzliche Wertschöpfung bringen wir auf dem zweiten Weg dann zu unseren Kunden, um deren Entwicklung anzureichern und zu beschleunigen.

Beides ist hervorragend dazu geeignet, bestehende Bindungen zu vertiefen und neue zu schaffen. Auch dies gilt sowohl aufseiten der Kunden wie auch in unserer eigenen Organisation. Je höher unser Qualitätsanspruch ist und je mehr Aspekte unser Leistungsversprechen umfasst, desto wichtiger ist es, dass wir die besten Mitarbeitenden dauerhaft für uns gewinnen.

Das verändert nicht zuletzt die Form und die Art der Führung für das ganze Unternehmen. Der anstehende Generationswechsel an der Spitze der Dr. Sasse Gruppe wird nicht zuletzt deshalb gelingen, weil Design Thinking seit jeher unsere Form der Unternehmensentwicklung war, genauso wie nachhaltiges Denken und Handeln unserem Verständnis von ganzheitlicher Dienstleistung entspricht. In einem fortlaufenden kreativen Prozess haben wir uns dorthin bewegt, wo wir schon in der Minute nicht mehr sind, in der Sie diesen Satz lesen. Den sogenannten iterativen Prozess als Trägermedium des Design Thinking brauchen wir nicht neu zu erfinden: Er ist im FM by Sasse seit dem ersten Tag systemimmanent und allen Menschen in unserem Unternehmen vertraut, die dieses FM liefern und immer wieder aufs Neue an die Wirklichkeit anpassen – genauso wie unseren Kunden, die sich bei uns jenseits von Effizienz und Wirtschaftlichkeit in guten Händen sehen.

Clara Sasse
hat Organisationspsychologie studiert und macht sich derzeit neben ihrer Aufgabe im Vertrieb mit einem MBA in Family Entrepreneurship an der Zeppelin Universität betriebswirtschaftlich fit. Vorher war sie vier Jahre bei EY aktiv, davon zwei Jahre als Strategische Assistentin der CEO von EMEIA.

Dr. Laura Sasse
hat Betriebswirtschaft studiert und im Bereich Nachhaltigkeit an der Katholischen Universität Eichstätt promoviert. Sie arbeitet bereits seit sieben Jahren im Familienunternehmen, derzeit als Chief Digital Officer. Sie steht für die digitale und nachhaltige Ausrichtung der Gruppe.

Felix Mathiowetz

Beyond Covid: Integriertes Outsourcing begünstigt Transformation

Mehr Transparenz – höhere Flexibilität – geringere Kosten

Die Corona-Pandemie hat die Art, wie wir arbeiten, fundamental und nachhaltig verändert. Das führt dazu, dass wir Arbeitsplatzkonzepte, Gebäudebetrieb und Portfoliostrategien neu überdenken müssen. Was sind die wichtigsten Trends und Treiber dieser Entwicklung? Wie sehen angesichts der veränderten Rahmenbedingungen zukunftsfähige Modelle für das Facility Management (FM) und das Corporate Real Estate Management (CREM) aus? Und welche Vorteile haben Unternehmen davon?

Abb. 48: Die Folgen der Pandemie führen zu beschleunigten Transformationsprozessen im CREM *Quelle: CBRE*

Beschleuniger für Transformation im FM und im CREM

Die Pandemie trägt dazu bei, dass sich Megatrends beschleunigen und ihr Einfluss auf die Immobilienbranche wächst. Besonders weitreichende Folgen sind durch die veränderten Arbeitsformen zu erwarten. Eine kürzlich durchgeführte globale Kundenumfrage von CBRE ergab, dass über 70 Prozent der Unternehmen aus unterschiedlichen Branchen in Zukunft Hybrid Working unterstützen wollen. Dies kann zu erheblichen Veränderungen bei der Raumaufteilung und den Nutzungskonzepten führen und eröffnet Potenziale für Flächenreduktion und Belegungsoptimierung.

Corona hat außerdem der Digitalisierung einen wichtigen Boost gegeben. Um effektive Maßnahmen zum Arbeits- und Gesundheitsschutz treffen zu können, müssen die Auslastung von Gebäuden und das Verhalten der Nutzer sehr genau analysiert werden. Hierfür verwendet man zum Beispiel Schlüsseldaten aus Zutrittssystemen, Arbeitsplatzsensoren, Temperaturfühler und Messungen der Luftqualität. Die Vernetzung der unterschiedlichen Systeme und die integrierte Auswertung der CREM-Daten gewinnt so zunehmend an Bedeutung. Gleichzeitig kommt dem Facility Management, das typischerweise ein weitgehend unsichtbarer Aspekt des Arbeitsplatzbetriebs ist, eine

Abb. 49: Die Vorteile von integriertem Outsourcing *Quelle: CBRE*

neue Schlüsselrolle zu: Facility Manager müssen verstärkt für Gesundheit am Arbeitsplatz sorgen und die Betriebskonzepte flexibel und schnell anpassen können.

Generell gewinnt Flexibilität bei den CREM-Entscheidern an Bedeutung: Unternehmen wünschen sich ein Immobilienportfolio, das ihrem Geschäft optimal dient und das vor allem schneller an externe Einflüsse und neue Geschäftsstrategien angepasst werden kann. Dabei spielen die Kosten eine noch größere Rolle als zuvor: Die Analysten von PwC haben in einer Studie ermittelt, dass für 79 Prozent der befragten Chief Financial Officer börsennotierter deutscher Unternehmen Kostensenkungen ganz oben auf der Agenda stehen.

Integriertes Outsourcing gewinnt an Bedeutung

Die aufgezeigten Veränderungen sind so tiefgreifend und nachhaltig, dass Unternehmen zügig zukunftsweisende Modelle für ihr CREM benötigen, die an die Herausforderungen des »New Normal« angepasst sind.

Ein zentraler Lösungsansatz sind integrierte Verträge und Outsourcingmodelle. Dabei koordiniert ein strategischer Dienstleistungspartner alle immobilienbezogenen Prozesse und führt sie teilweise auch durch – vom integrierten Facility Management über Projekte für Um- oder Neubauten und Workplace Consulting bis hin zu einem aktiven Portfoliomanagement inklusive eines professionellen Transaktions- und Mietvertragsmanagements. Mit diesem Modell kann auf die Trends und neuen Treiber zügig reagiert und gewünschte Transformationsprozesse im CREM beschleunigt werden. Unternehmen profitieren dabei in mehrfacher Hinsicht:

Transparenz für bessere strategische Entscheidungen

Eine zentrale Herausforderung im CREM sind unzuverlässige beziehungsweise unvollständige Daten, inkonsistente Prozesse sowie mangelnde Kommunikation und Abstimmung zwischen den beauftragten Dienstleistern. Wenn beispielsweise ein Umbau oder eine hohe Investition in Gebäudetechnik anstehen, fehlen oft belastbare Informationen, ob dies wirtschaftlich ist oder ein Verkauf der Immobilie sinnvoller wäre. Im schlimmsten Fall bemerkt der FM-Dienstleister erst nach der getätigten Investition, dass der Betrieb unwirtschaftlich ist, und dann wird ein weiterer Spezialist mit der Umnutzung oder Veräußerung beauftragt.

Für das CREM bietet ein integriertes Outsourcingmodell den großen Vorteil, dass der Dienstleister in der Regel auf standardisierte, konsistente Prozesse und integrierte Technologielösungen zugreifen kann, sodass alle wichtigen Prozesse innerhalb der Immobilie schnittstellenübergreifend koordiniert, digital festgehalten und analysiert werden können. Dadurch entsteht Transparenz über das gesamte Immobilienportfolio. Dank belastbarer Kennzahlen und Reportings gibt es eine zuverlässige Grundlage für strategische Entscheidungen – auf Arbeitsplatz-, Standort- oder Portfolioebene –, die eine holistische Betrachtungsweise erst ermöglicht.

Beispielsweise kann durch intelligente und integrierte Gebäudetechnologie genau ermittelt werden, welche Flächen tatsächlich wie lange genutzt werden, wo sich unnötige Energieverbräuche vermeiden lassen oder in welchen Liegenschaften beispielsweise die Mietverträge optimiert werden müssen. Werden diese Informationen von einem Dienstleister integriert gesammelt und ausgewertet, entsteht ein enormer Wissensvorteil, durch den bislang unentdeckte Optimierungspotenziale gehoben werden können.

Mehr Flexibilität und Zukunftssicherheit

Angesichts der Corona-Pandemie als Beschleuniger für sämtliche Fragestellungen rund um die Digitalisierung, neue Marktanforderungen und die Aspekte des New Work müssen Unternehmen ihre immobilienbezogene Transformation konsequent voranbringen: Zum einen müssen in der Regel bestehende Standorte hinsichtlich ihrer Nutzung hinterfragt und neue erschlossen werden, wobei die Frage nach dem ökologischen Fußabdruck immer wichtiger wird. Zum anderen müssen aber auch die Arbeitsplatzumgebungen teilweise drastisch angepasst werden, um den War for Talents gewinnen zu können: Eine aktuelle ZIA-Studie hat ermittelt, dass etwa zwei Drittel aller Flächen von Gewerbeimmobilien in den kommenden Jahren ausgetauscht werden. So muss beispielsweise in den Büros sichergestellt werden, dass die Mitarbeitenden genau wie die Kunden sicher und produktiv arbeiten können. Die Herausforderung besteht darin, neue Nutzungskonzepte umzusetzen, die ein Höchstmaß an Infektionsschutz gewährleisten.

Ein integriertes Outsourcing kann hier auf verschiedene Weise helfen: Unter anderem ist es möglich, auf der Basis einer integrierten Auswertung von Gebäude- und Nutzungsdaten Optimierungspotenziale zu erkennen und diese nicht nur für einzelne Immobilien, sondern für das gesamte (internationale) Portfolio nutzbar zu machen. Somit lassen sich Leerstände vermeiden oder durch Umnutzung oder Verkauf bereinigen. Mit einem internationalen integrierten Immobiliendienstleister als Partner können Servicetiefe und -breite im Betrieb schnell und flexibel an den veränderten Flächen- oder Nutzungsbedarf angepasst werden. Verlangt die Geschäftsstrategie beispielsweise die Verlagerung der Produktion ins Ausland, kann ein integrierter strategischer Partner die notwendigen Schritte über alle involvierten Bereiche einleiten und im Sinne des Kunden umsetzen: Das beginnt bei der Beratung zum optimalen Standort und der Portfoliostrategie, geht über die Produktionsverlagerung und Entwicklung der Instandhaltungsstrategie und des FM-Servicekonzepts und reicht bis hin zu einer möglichen Umnutzung oder Veräußerung der alten Produktionsflächen mit entsprechendem Umbau und neuer Arbeitsplatzgestaltung.

Ganzheitliche Kostenoptimierung

Immobilienbezogene Ausgaben gehören zu den drei größten Kostenposten von Unternehmen. Hierzu zählen Ausgaben für Miet- und Eigentumsflächen, für die Planung und Durchführung von Umbauten und für das Facility Management. Bei einem integrierten Outsourcing dieser Bereiche können technische und kaufmännische Erfahrungen aus dem Betrieb direkt in die Planung und Strategie einfließen. Schnittstellen werden drastisch reduziert und es ergeben sich Skaleneffekte durch die Bündelung von Leistungen, zum Beispiel im Einkauf. So sind Einsparungen bei allen Immobilienkosten möglich. Für größere internationale Konzerne, die zum ersten Mal integriert outsourcen, liegt das Einsparpotenzial dieser »Total Cost of Ownership« auf Portfolioebene mitunter im dreistelligen Millionenbereich. Aber auch mittelständische Unternehmen profitieren von substanziellen Einsparungen im zweistelligen Prozentbereich, die sich direkt auf den Gewinn auswirken.

Der große Vorteil von integriertem Outsourcing im Vergleich zu herkömmlichen Vergaben einzelner CREM-Bereiche an verschiedene Dienstleister liegt darin, dass diese Verträge nicht über kleinteilige Leistungsverzeichnisse kalkuliert werden. Stattdessen wird gemeinsam mit dem Kunden ein strategisches Ziel – ein Endergebnis – vereinbart. In der Regel werden dabei konkrete Einsparungen über einen »Savings Glidepath« über die Vertragslaufzeit garantiert. Die Leistung wird dabei für bestimmte Aspekte in sogenannten Service Level Agreements definiert und über objektive Leistungskriterien, sogenannte Key Performance Indicators, gemessen. Das bietet Transparenz und Planungssicherheit. Darüber hinaus können Unternehmen Risiken minimieren und Koordinationsaufwand für die Dienstleistersteuerung reduzieren, sodass sich der konzerneigene Immobilienbereich besser auf die strategische Transformationsarbeit und die Pflege der Beziehungen mit internen Kunden konzentrieren kann.

Fazit

Mit der Entscheidung für ein integriertes CREM-Outsourcing profitieren Unternehmen nicht nur von signifikanten Kosteneinsparungen und Transparenz, sondern auch von einem agilen, zukunftsfähigen Modell, das eine schnelle Anpassung an sich ändernde Rahmenbedingungen ermöglicht.

Felix Mathiowetz verantwortet als Executive Managing Director den Geschäftsbereich Global Workplace Solutions (GWS) von CBRE in Deutschland und Österreich, der integriertes Facility Management, Projektmanagement und Corporate-Real-Estate-Dienstleistungen länderübergreifend erbringt. In verschiedenen operativen und strategischen Führungsrollen in der Immobilienbranche hat Felix Mathiowetz viele Transformationsprogramme erfolgreich vorangetrieben.

Enzo Lagrasta

Hygiene 2.0 – Gestiegene Hygieneanforderungen in Gebäuden

Wie wird man ihnen gerecht?

Die Corona-Pandemie hat unser Leben nachhaltig verändert und tut dies weiterhin. Das Bewusstsein für Hygiene ist bei einem Großteil der Bevölkerung gestiegen, viele Menschen reagieren sensibler auf räumlich beengte Verhältnisse und FFP2-Masken sind mittlerweile ein alltäglicher Anblick.

Was bedeuten die Veränderungen, die unser Leben und unsere Gesellschaft seit März 2020 erfahren haben, für die Gebäudewirtschaft, für die Unternehmen der Facility-Management-Branche und für ihre Zulieferer und Partner? Diesen Fragen will sich dieser Artikel nähern und sie – auch mit Blick auf die kommenden Jahre – versuchen zu beantworten.

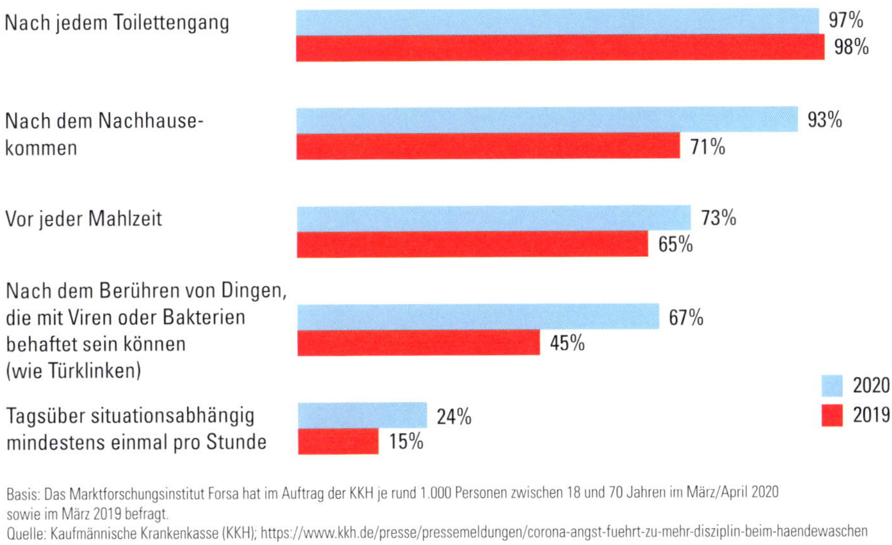

Abb. 50: Situationen, in denen die Hände gewaschen werden: 2020 und 2019 im Vergleich

Die Betreiber von öffentlichen Gebäuden, von Unternehmen über Restaurants bis hin zum Einzelhandel, wissen schon lange, dass der Eingangsbereich und die Waschräume ihres Objekts ihre Visitenkarte sind. Können sie ihren Gästen beim Betreten des Gebäudes ein gutes Gefühl vermitteln – durch Sauberkeit, Ordnung und ansprechendes Design –, so werden diese auch den weiteren Angeboten wohlwollend gegenübertreten und vermutlich länger verweilen. Vor allem ältere Menschen und Familien mit Kindern haben schon vor der Pandemie gezielt die Orte aufgesucht, bei denen sie auf hygienisch saubere Sanitärräume vertrauen konnten.

Ein Jahr Corona-Pandemie hat die Menschen noch sensibler in ihrer Wahrnehmung von Sauberkeit und Hygiene werden lassen: So ergab eine im April 2020 durchgeführte Forsa-Umfrage im Auftrag der Kaufmännischen Krankenkasse (KKH), dass 93 Prozent der Deutschen sich die Hände waschen, sobald sie nach Hause kommen. Ein Jahr zuvor taten dies nur 71 Prozent. Laut der Umfrage trugen zudem 33 Prozent der Menschen ein Desinfektionsspray bei sich. Und viele Befragte gaben zudem an, Objekte wie Türklinken oder Schalter möglichst nicht zu berühren.[1] Umfragen wie diese gibt es viele. Und sie alle kommen zu ähnlichen Ergebnissen wie die oben zitierte Forsa-Umfrage.

1 https://www.rnd.de/gesundheit/forsa-umfrage-mehr-deutsche-waschen-sich-seit-corona-die-hande-und-nutzen-desinfektionsspray-P6Q6VLJKMY23DOI56APXQH42JQ.html, abgerufen am 30.01.2021

Neue Hygienestandards für Gebäude

Was also müssen Gebäudebetreiber im öffentlichen Raum heute als »neuen Standard« in Sachen Hygiene bieten, damit sich Besucher und Kunden wohl und vor allem sicher fühlen?

Bleiben wir beim ersten Eindruck im Eingangsbereich: Ein sauberer Boden und ein individuelles Design werden heute nicht mehr ausreichen; erwartet wird außerdem die Möglichkeit, sich die Hände zu desinfizieren – und zwar so, dass man Abstand zu anderen halten kann, sei es durch verzögerten Einlass oder durch eine angemessene Anzahl Desinfektionsspender, die in einem ausreichend großen Abstand zueinander aufgestellt sind.

Entscheidend ist bei diesen Spendern ebenso wie bei den Pendants in Sanitärräumen, dass die Versorgungssicherheit stets gewährleistet ist. Nichts ist für Gäste ärgerlicher, als vor einem leeren Seifen- oder Desinfektionsspender zu stehen oder nicht ausreichende Möglichkeiten zu haben, sich die Hände zu trocknen. In der heutigen Zeit kann das dem Betreiber schnell als Gleichgültigkeit oder Nachlässigkeit ausgelegt werden.

Wichtig ist es also, einen Partner an der Seite zu haben, der zuverlässig Seife, Desinfektionsmittel und Handtücher zur Verfügung stellt, für funktionierende Spender sorgt und fortschrittliche, intelligente Lösungen bereithält. Dazu zählen unter anderem berührungslose Sensor- oder sogar IoT-Lösungen. Diese lassen sich speziell in den Sanitärräumen nachrüsten, zum Beispiel bei Wasserhähnen, Seifenspendern, Toilettenspülungen und den Spendern für die Händetrocknung, seien es Stoff- oder Papierhandtücher. So lassen sich auch die notwendigen Kontaktflächen reduzieren, was wiederum die empfundene Hygiene steigert, wie die eingangs zitierte Forsa-Umfrage zeigt.

Nachhaltigkeit bleibt entscheidend

Nicht aus dem Blick geraten darf hierbei die Nachhaltigkeit, denn auch wenn das Virus das beherrschende Thema unserer Zeit ist – die Klimakrise ist weiterhin real und Unternehmen sind nach wie vor aufgefordert, in ihren Anstrengungen zum Umwelt- und Klimaschutz nicht nachzulassen. Dabei kann die Digitalisierung helfen, wenn sie etwa durch intelligente Armaturen dazu beiträgt, weniger Ressourcen zu verbrauchen. Generell darf in der Pandemie der Tendenz zu Einwegprodukten nicht bedenkenlos nachgegeben werden, vor allem nicht mit dem Argument, diese seien hygienischer als Mehrwegprodukte.

Ressourcen lassen sich vor allem durch Mehrwegsysteme schonen, die auch im Gesundheitswesen und dem Gebäudemanagement einsetzbar sind. Es muss nicht der Einmal-Schutzkittel aus Asien sein; textile Vollversorger vor Ort können schon lange Schutzkleidung hygienisch aufbereiten und damit sowohl nachhaltig zur Versorgungssicherheit als auch zum Umweltschutz beitragen. Stoffhandtücher sind nach wie vor ressourcenschonender als Papier und erwiesenermaßen mindestens ebenso hygienisch. Und bei der Auswahl von Partnern für Dienstleistungen sollten diejenigen Unternehmen den Zuschlag

Abb. 51: Angesichts des gestiegenen Hygienebewusstseins der Arbeitnehmer gewinnt das Thema Handhygiene an Bedeutung *Quelle: CWS*

erhalten, die effiziente Kreislaufprozesse etabliert und Re- und Upcycling als zentrale Bestandteile ihres wirtschaftlichen Handelns verankert haben.

Reinigung als zentraler Faktor

Bei anderen Flächen wie etwa Handläufen und Türklinken sind erhöhte Reinigungsintervalle notwendig, die die Gebäudebetreiber auch dokumentieren und kommunizieren müssen, um den Besuchern transparent zu machen, welche Anstrengungen für ihre Gesundheit unternommen werden. Schon im April 2020 hat eine Umfrage im Auftrag des Bundesinnungsverbandes des Gebäudereiniger-Handwerks (BIV) ergeben, dass 96 Prozent der Befragten die Arbeit der Gebäudereinigung für sehr wichtig (67 %) beziehungsweise wichtig (29 %) halten, speziell mit Blick auf die Corona-Krise.[2] Diese Zustimmungswerte dürften auch ein Jahr später angesichts der immer noch hohen Infektionszahlen und der Sorge vor Mutationen gleichbleibend hoch sein.

2 https://www.verbaende.com/news.php/Forsa-Umfrage-Hygiene-und-Sauberkeit-spielen-fuer-Haushalte-in-Deutschland-in-Corona-Krise-deutlich-groessere-Rolle?m=134201, abgerufen am 30.01.2021

Im Umkehrschluss bedeutet das auch, dass an der Reinigung nicht (mehr) gespart werden darf, weder beim Personal noch bei dessen Ausstattung. Speziell mit Blick auf Schulen sollte dies in den Fokus rücken, denn: »Fast zwei Drittel der Eltern wünschen sich der Umfrage zufolge eine häufigere Schulreinigung. Verbesserungen in den vergangenen zwei Jahrzehnten sehen Eltern mehrheitlich nicht.«[3] Zu diesem Ergebnis kommt eine repräsentative Forsa-Umfrage zum Thema Sauberkeit und Hygiene an Schulen im Auftrag des BIV, die im Oktober und November 2020 durchgeführt wurde.

Thomas Dietrich, Bundesinnungsmeister des Gebäudereiniger-Handwerks, beklagt: »Im Zuge der Corona-Krise reden alle über die neue Relevanz von Hygiene und Sauberkeit. Aber da, wo es wirklich wichtig wäre – bei Kindern und Schule –, klafft eine ernüchternde Lücke zwischen Anspruch und Wirklichkeit.«[4]

Was für die Kinder die Schule ist, ist für ihre Eltern das Büro – oder war es zumindest. In den Wochen und Monaten des Abstandhaltens und des Lockdowns standen und stehen viele Büros leer, viele Arbeitnehmer sind zumindest tageweise im Homeoffice. Auch hier stellt sich die Frage, wie das »New Normal« aussehen wird.

Während die Politik auf eine Fortführung des Homeoffice drängt, hat eine Umfrage des Instituts der deutschen Wirtschaft ergeben, dass zwei Drittel der befragten 1.200 Unternehmen im vierten Quartal 2020 nicht planten, »nach der Coronakrise mehr Homeoffice als vor der Krise zu ermöglichen. Die Mehrheit der Entscheiderinnen und Entscheider will, dass die Mitarbeitenden wieder in die Büros zurückkehren.«[5] Nur ein sehr geringer Prozentsatz beabsichtigt eine Reduzierung der Büroflächen. Für Gebäudebetreiber und Facility-Management-Dienstleister ist dies zunächst eine gute Nachricht.

Vor dem Hintergrund des gestiegenen Hygienebewusstseins und der Notwendigkeit, Arbeitnehmern bei der Rückkehr ins Büro das Gefühl zu vermitteln, dass alles für ihre Gesundheit getan wird, ergeben sich allerdings neue Aufgaben. Häufigere Reinigungszyklen, veränderte Bürosituationen hin zum Einzelbüro, eine häufigere Nutzung – und damit Reinigung – von Konferenzbereichen und der Bedarf nach mehr Möglichkeiten der Händehygiene, sprich mehr Desinfektionsspender sowie ein höherer Verbrauch an Seife und Materialien zum Händetrocknen, sind zu erwarten.

Es wird sich für die Betreiber lohnen, einen Dienstleister an ihrer Seite zu haben, der sich mit dem Thema (Hände-)Hygiene auskennt, flexibel auf veränderte Anforderungen reagieren kann und gemeinsam mit den Auftraggebern neue Lösungen erarbeitet.

Eine große Herausforderung wird es sein, nicht auf vermeintlich einfache Lösungen wie Einwegartikel zu setzen, son-

3 https://www.rationell-reinigen.de/forsa-umfrage-zu-sauberkeit-an-schulen-die-ergebnisse/150/6003/408721, abgerufen am 07.02.2021

4 ebenda

5 https://t3n.de/news/iw-studie-homeoffice-praesenzpflicht-1354861/, abgerufen am 14.02.2021

dern auch angesichts eines gestiegenen Hygienebewusstseins und -bedarfs auf nachhaltige, ressourcenschonende Kreislaufsysteme zu vertrauen.

Dabei werden kreative, lernende Konzepte wichtiger sein als höchste Detailverliebtheit. Denn wenn wir eines in einem Jahr mit dem Corona-Virus gelernt haben sollten, dann das: Es kommt immer anders als gedacht und nur wer flexibel auf die Veränderungen reagiert, kann bestehen.

Enzo Lagrasta
ist seit Januar 2019 Leiter des Produktmanagements und Marketings für die deutsche CWS Landesorganisation der Division Hygiene. Zuvor verantwortete er die Zusammenführung der Vertriebsmannschaften und des Dienstleistungsportfolios während des Joint Ventures mit dem Unternehmen Initial. Seine Karriere begann Enzo Lagrasta bei CWS und begleitete seither verschiedene Produktmanagement- und Marketingpositionen innerhalb der CWS Gruppe.

Sascha Hartmann

Mobile Raumluftreiniger – mehr als nur »Virenkiller«

Aerosole gelten als wesentlicher Faktor für die Ausbreitung des Corona-Virus. Das Virus ist im Schnitt 0,12 bis 0,16 Mikrometer groß und gelangt in den meisten Fällen mit größeren Partikeln in die Luft. Hohe Konzentrationen sind entsprechend in geschlossenen Räumen zu finden, erst recht dort, wo viele Menschen zusammenkommen oder eine externe Belüftung schwer zu realisieren ist. Dies hatte zur Folge, dass in der Corona-Pandemie viele Anbieter mobiler Raumluftreiniger auf den Markt »schwappten« und ihre Geräte für die Bekämpfung krankheitserregender Keime anpriesen. Dabei bieten Raumluftreiniger wesentlich mehr Vorteile, was ihre Anschaffung zu einer auch langfristig sinnvollen Investition macht. Raumluftreiniger filtern unerwünschte Stoffe aus der Luft. Dazu zählen nicht nur Krankheitserreger, die über die Luft übertragen werden können, sondern auch alle anderen Stoffe wie (Fein-)Staub, Pollen,

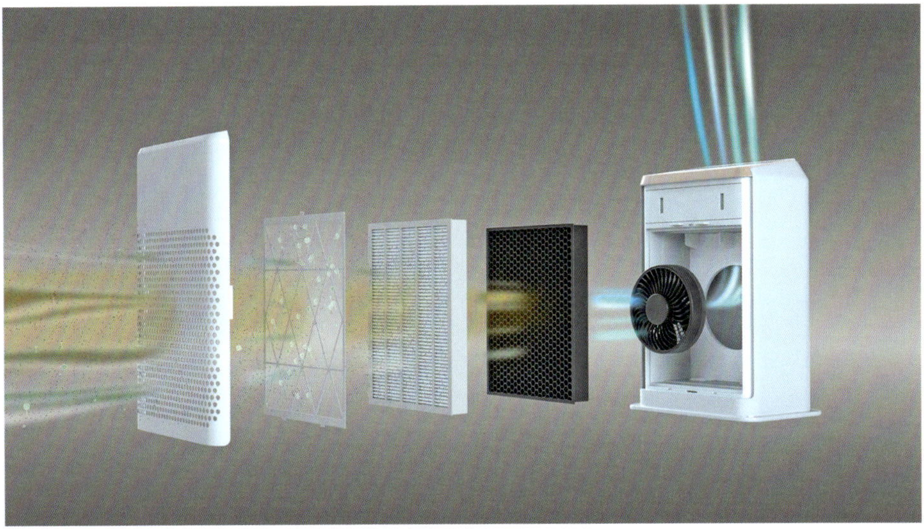

Abb. 52: Wie funktionieren Luftreiniger?[1]

Haare, flüchtige organische Verbindungen (volatile organic compounds, kurz VOCs) und sogar Gerüche.

Der Beitrag erläutert die wesentlichen Ausstattungsmerkmale, die gängigsten und gültigen Rahmenbedingungen sowie den nachpandemischen Nutzen von Raumluftreinigern. Als Partner im Facility Management berät Dussmann Service seine Kunden in Fragen der Luftreinigung und bietet individuelle Lösungen an. Das umfasst neben der Um- oder Aufrüstung raumlufttechnischer Anlagen auch objektspezifische Beratungen sowie den Einsatz mobiler Luftreinigungsgeräte.

Ausstattungsmerkmale und Wirkungsweise von Luftreinigern

Viele am freien Markt erhältliche Raumluftreiniger sind in der Regel mit einem HEPA-Filter und einem Vorfilter, meist aus Vlies, ausgestattet. Der Vorfilter nimmt Grobschmutz wie Haare auf, der HEPA-Filter filtert Kleinstpartikel heraus. Für den gewerblichen Bereich sind die Ausstattungsmerkmale um weitere Filterarten ergänzt, zum Beispiel Aktivkohlefilter oder UV-C-Module. Der Aktivkohlefilter dient der Filtrierung von Gasen, Staub und VOCs; das UV-C-Modul bekämpft krankheitserregende Keime. Einige Modelle verfügen ausschließlich über ein UV-C-Modul. Diese Modelle saugen Luft an, »reinigen« diese durch das UV-C-Modul und stoßen sie wieder aus. Dieses Verfahren tötet Keime zwar zu über 99 Prozent

1 Vgl. Luftreiniger ABC (2021).

ab beziehungsweise inaktiviert sie, die aufgesaugten Partikel gelangen jedoch wieder in die Raumluft. Aus fachlicher und nachpandemischer Sicht empfiehlt sich ein mobiler Raumluftreiniger mit mehreren verschiedenen Filterarten, die sich ergänzen. Eine gute Übersicht über die einzelnen Filterarten bieten die Kommission Innenraumlufthygiene (IRK) am Umweltbundesamt[2] und die Internetseite http://www.luftreiniger-abc.de/[3].

Wer über die Anschaffung eines mobilen Raumluftreinigers nachdenkt, dem empfiehlt Dussmann Service folgende Ausstattungsmerkmale:

- HEPA-Filter (mindestens 13)
- Aktivkohlefilter/Carbonfilter
- Vorfilter (Vlies oder Metallfilter)
- UV-C-Modul
- Raumluftsensor
- ggf. Luftbefeuchter

Diese Kombination gewährleistet den sinnvollen Einsatz eines mobilen Raumluftreinigers auch nach der Corona-Pandemie. Wer darüber hinaus auf weitere Ausstattungsmerkmale achtet, hat einen wirtschaftlichen Nutzen und steigert die Aufenthaltsqualität in den Räumen.

Auch auf die Betriebskosten achten

In der Regel werden alle Raumluftreiniger mit Strom versorgt und sind für einen 24/7-Betrieb ausgelegt. Entsprechend fallen je nach Gerät unterschiedlich hohe Stromkosten an. Diese Betriebskosten werden bei der Anschaffung häufig außer Acht gelassen und nur der Anschaffungspreis betrachtet. Auch mit Blick auf den Umweltschutz sind Geräte mit einem geringen Stromverbrauch zu bevorzugen. Bei einem Gerät mit einer Nennleistung von 50 Watt/Stunde entstehen bei einem pauschalen Strompreis von 32 Cent pro kWh im Jahr Kosten in Höhe von 140,16 Euro, während ein Vergleichsgerät mit vierfacher Nennleistung auch viermal so hohe Kosten verursacht.

Auch bei den Unterhaltskosten bestehen große Unterschiede. Je nach Herstellerangaben müssen die Filter und das UV-C-Modul regelmäßig gewechselt werden. Die Lebensdauer ist dabei häufig vom Einsatzort abhängig. In Bereichen mit hoher Staubbelastung, zum Beispiel in der Nähe von Baustellen oder Lagerhallen, setzen sich die Filter schneller zu als in einem Büro.

Gute Luftreiniger leisten einen wesentlichen Beitrag zur Aufenthaltsqualität

Luftreiniger tragen dann zur Aufenthaltsqualität eines Raumes bei, wenn sie weder störende Geräusche noch einen permanenten Luftzug erzeugen und sich in das vorhandene Möbeldesign einfügen. Laute Geräusche ab 85 Dezibel können das menschliche Gehör irreparabel schädigen und sind darüber hinaus ein Stressfaktor. Es empfiehlt sich daher, ein geräuscharmes Gerät auszuwählen, das im regulären Betrieb einen geringen Dezibelbereich von maximal 40 bis 50 ausweist. Ein Raumluftreiniger sollte auch keine Zugerscheinungen verursachen. Vor der

2 Vgl. Umweltbundesamt (2020)
3 Vgl. Luftreiniger ABC (2021).

Belastung durch	Luftreiniger	Luftwäscher	Ionisator	Alternative
Grob-/Hausstaub	⇧	⬀	⬀	regelm. Lüften regelm. Staubsaugen
Feinstaub	⇧	⇨	⇨	–
Ruß	⇧	⇨	⇨	–
Schimmel	⇧	⬀	⇨	Schimmel beseitigen regelm. Lüften
Pollen	⇧	⬀	⇨	Sensibilisierung
Tierhaare	⇧	⬀	⬂	regelm. Staubsaugen regelm. Kämmen Haare kurz halten
Zigaretten-/Zigarrenrauch	⇧	⬀	⇧	Draußen rauchen
Milbenkot	⇧	⬀	⇨	besondere Bettbezüge regelm. Staubsaugen regelm. Wischen kühl & trocken
Bakterien/Viren	⬀	⬂	⇨	regelm. Lüften

Abb. 53: Raumluftreiniger: Welches Gerät für welchen Einsatzzweck?[4]

Anschaffung empfiehlt es sich daher, den Luftzug/-strom zu prüfen oder die Kenndaten beim Hersteller zu erfragen.

Die Dussmann-Experten beraten auch zu den Aspekten Wirtschaftlichkeit und Komfort von Luftreinigern, beschaffen geeignete Geräte zur Miete oder zum Kauf, übernehmen Inbetriebnahme und Wartung und kümmern sich um die Reinigung und den Filteraustausch.

Funktionsweise eines mobilen Raumluftreinigers

Nachdem die Innenraumluft durch einen Ventilator angesaugt wurde, durchläuft sie die unterschiedlichen Filtersysteme. Die – je nach Filtersystem – um bis zu 99 Prozent gefilterte Luft wird dann wieder ausgegeben. Das wichtigste Merkmal ist dabei der Luftdurchsatz pro Stunde: Wie viel Kubikmeter Luft kann das Gerät pro Stunde umwälzen und filtern? Der Luftdurchsatz muss dem Raum angemessen sein. Viele Hersteller geben an, für welche Raumgröße die Luftreiniger ausgelegt sind. Dabei wird das Raumvolumen in der Regel bis zu einer Raumhöhe von 2,40 Metern gemessen. Das IRK[5] empfiehlt eine fünf- bis sechsfache Wechselrate des Raumvolumens pro Stunde. Bei einem Büro mit einer Grundfläche von 20 Quadratmetern und einer Raumhöhe von 2,40 Metern entspricht dies einem

4 Vgl. Luftreiniger ABC (2021).

5 Vgl. Umweltbundesamt (2020).

Raumvolumen von 48 Kubikmetern. Bei einer fünffachen Wechselrate sollte das Gerät mindestens 240 Kubikmeter Luft umwälzen und filtern können.

Mehrwerte für den Nutzer

Durch die Corona-Pandemie gewannen mobile Raumluftreiniger an Bekanntheit. Sie können aber langfristig eine Antwort auf die gestiegenen Hygieneanforderungen der Gesellschaft und vieler Unternehmen sein. Denn Raumluftreiniger filtern nicht nur Krankheitserreger aus der Luft, sondern entfernen auch andere Partikel und Stoffe. In der Innenraumluft befinden sich neben den bekannten Gasen auch Staubpartikel, Aerosole, VOCs und so weiter.

Die Internetseite Luftreiniger ABC[6] geht ausführlich auf den Einsatzzweck von Luftreinigern für verschiedene Luftbelastungen ein. Dabei vergleichen die Autoren alternativ auch den Einsatz von Luftwäschern und Ionisatoren.

Speziell Menschen mit Asthma oder Allergiker profitieren von Raumluftreinigern und deutlich reduzierten auslösenden Stoffen in der Luft. »Das liegt daran, dass Asthma durch eine Vielzahl von Reizen ausgelöst werden kann und die meisten Asthmatiker auf mehr als einen Reiz reagieren. Je weniger Asthma auslösende Stoffe in der Atemluft sind, desto unbeschwerter ist das Leben der Betroffenen in den eigenen vier Wänden.«[7]

Darüber hinaus sorgt ein Raumluftreiniger bei einem dauerhaften Einsatz auch für deutlich geringere Staub- und Partikelansammlungen auf Oberflächen. Hierzu liegen zwar noch keine Studien vor, aber Selbsttests haben ergeben, dass Luftreiniger lose Verschmutzungen wie Staub, Haare oder Pollen aus der Luft herausfiltern, was den Aufwand für die Gebäudereinigung reduziert. Die in den Luftreinigern enthaltenen Aktivkohlefilter filtern auch Gerüche und flüchtige organische Verbindungen heraus. Dabei handelt es sich häufig um Lösemittel, die aus Kunststoffen, Baustoffen, Möbeln, Teppichen oder Reinigungsmitteln stammen und sich in der Innenraumluft befinden.[8] Ein mobiler Raumluftreiniger reinigt somit wortwörtlich die Luft und befreit sie von unerwünschten Partikeln. Die notwendige Zufuhr von Außenluft und Sauerstoff ersetzt er dabei nicht. Der Luftreiniger trägt zum allgemeinen Wohlbefinden des Nutzers bei und minimiert das Ansteckungsrisiko von durch die Luft übertragbaren Krankheiten. Leichte Erkältungen werden weiterhin zum Alltag in Büros und Arbeitsstätten gehören. Durch einen mobilen Raumluftreiniger wird das davon ausgehende Risiko aber gemildert. Mobile Luftreiniger sind auch in Zukunft eine sinnvolle Investition – für saubere Luft und mehr Hygiene.

6 Vgl. Luftreiniger ABC (2021).

7 Vgl. Luftreiniger ABC (2021).

8 Vgl. Wikimedia Foundation Inc. (2021).

Literaturverzeichnis

- HÖREX HÖRAKUSTIK EG
  Wenn aus Geräuschen Lärm wird: Dezibel-Übersicht
  URL: https://www.hoerex.de/service/presseservice/trends-fakten/wie-laut-ist-das-denn.html
  Abruf: 23.02.2021 um 12:17 Uhr

- LUFTREINIGER ABC (FLORIAN JUNG)
  Startseite
  URL: http://www.luftreiniger-abc.de/
  Abruf: 23.02.2021 um 10:03 Uhr

  Wie funktionieren Luftreiniger?
  URL: http://www.luftreiniger-abc.de/luftreiniger/wie-funktionieren-luftreiniger/
  Abruf: 23.02.2021 um 14:03 Uhr

  Welches Gerät für welchen Einsatzzweck?
  URL: http://www.luftreiniger-abc.de/ratgeber/welches-geraet-fuer-welchen-einsatzzweck/
  Abruf: 23.02.2021 um 15:28 Uhr

- UMWELTBUNDESAMT
  Stellungnahme der Kommission Innenraumlufthygiene zu Luftreinigern
  URL: https://www.umweltbundesamt.de/dokument/stellungnahme-IRK-luftreiniger
  Abruf: 23.02.2021 um 10:42 Uhr

- WIKIMEDIA FOUNDATION INC.
  Flüchtige organische Verbindungen
  URL: https://de.wikipedia.org/wiki/Fl%C3%BCchtige_organische_Verbindungen
  Abruf: 23.02.2021 um 16:07 Uhr

Sascha Hartmann ist Leiter der Competence-Center-Experten Gebäudereinigung bei der Dussmann Service Deutschland GmbH. Als Meister Gebäudereinigung und Master of Science Facility Management, war er mehrere Jahre im operativen Dienstleistungsgeschäft des Gebäudereiniger-Handwerks in der Managementebene tätig bis sich sein Arbeitsschwerpunkt veränderte und er heute für die Produktentwicklung bei Dussmann verantwortlich ist. Robotik, Nachhaltigkeit und digitale Lösungen sind nur einige Themengebiete.

Thomas Braun

Service neu gedacht

Konzepte in Zusammenarbeit mit dem Beratungsinstitut für Hygiene

Geiger Facility Management hat zusammen mit Partnern ein durchgängiges Hygiene- und Servicekonzept für Immobilien entwickelt, um in der Corona-Zeit, aber auch danach einen sicheren Immobilien- und Veranstaltungsbetrieb zu gewährleisten. Im sogenannten Pandemie-MAX-Konzept wurden für unterschiedliche Immobilientypen die spezifischen Anforderungen angepasst – dies reicht von Shoppingcentern, Industriearealen, Veranstaltungsstätten, Messen, Flughäfen und Büroimmobilien bis hin zu Impfzentren. Das Konzept ist modular aufgebaut und umfasst von der Gefährdungsbeurteilung, der Mitarbeiterausstattung und der Technik über die modulare Kombination von Leistungen bis hin zu spezifischen Schulungen und Unterweisungen alle infrastrukturel-

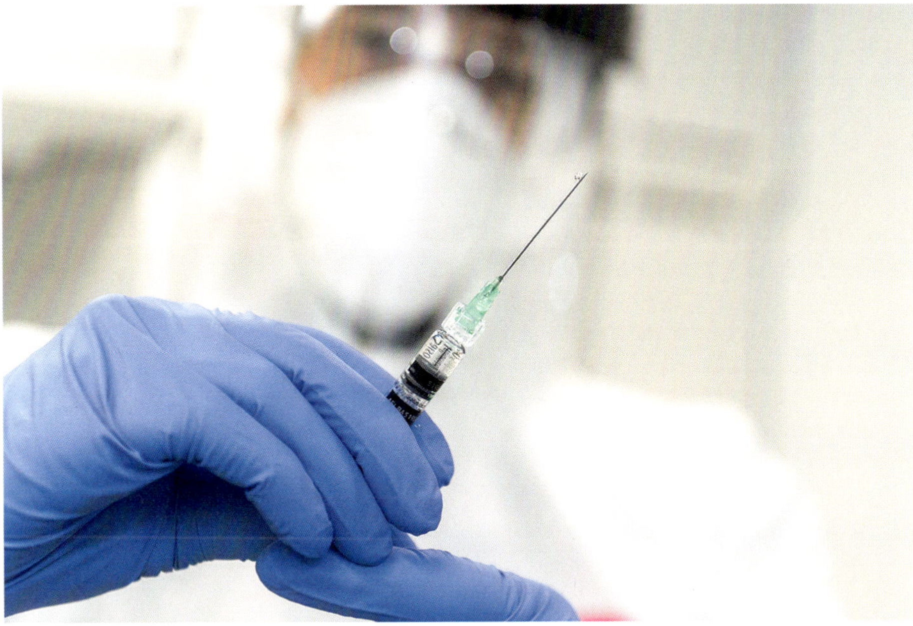

Abb. 54: Für Impfzentren müssen eigene Gefährdungsanalysen, Arbeitsanweisungen sowie mehrsprachige Schulungsunterlagen entwickelt werden Quelle: Geiger FM/Adobe Stock

len und technischen Dienstleistungen. Die Vielfalt der mehr als 60 Berufsbilder in der Geiger FM Gruppe war die Basis, neue und vor allem ganzheitliche FM-Konzepte zu entwickeln, ganz im Sinne der Unternehmensphilosophie: Kompetenz. Transparenz. Vielfalt.

Speziell für den »neuen« Immobilientyp Impfzentren wurden gemeinsam mit den Hygieneexperten von Parat – Institut für Hygiene passgenaue Gefährdungsanalysen, Arbeitsanweisungen sowie notwendige mehrsprachige Schulungsunterlagen entwickelt. Beginnend mit einer Beratung und Begehung zur Umsetzung der speziellen Empfehlungen des BAMS für Impfzentren werden Hygiene- und Desinfektionspläne erstellt und die speziellen Arbeitsschutzmaßnahmen definiert. Weitere Module wie beispielsweise Verbrauchsmaterialien und deren Verteilung und Logistik sowie speziell an die Immobilien angepasste Luftreinigungskonzepte können bei Bedarf ebenfalls ergänzt werden.

Neue Leistungsmodule – mehr Flexibilität auch für Post-Corona-Zeiten

Neben der Anpassung der FM-Dienstleistungen an die aktuelle Pandemiesituation wurden auch neue Leistungsmodule entwickelt. So können vom Kunden über ein Leistungskonto die unterschiedlichen

Leistungen im laufenden Vertrag angepasst werden. Werden im Bürobetrieb beispielsweise aufgrund der Homeoffice-Regelung das Catering und die Reinigungsleistung reduziert, können entsprechend dem Budget andere Leistungen mit höherer Priorität in Anspruch genommen werden, etwa zusätzliche Wartungen und Filterwechsel von lufttechnischen Anlagen, die Anpassung der Steuerung der MSR-Technik im Sinne der Hygiene und der Energieoptimierung, der Aufbau von virtuellen Empfängen zur Reduzierung der Personen im Gebäude sowie Luftreinigungsanlagen für Aufzüge, Standreinigungsgeräte für Räume oder auch der Bezug notwendiger Produkte wie Masken und Schnelltests über den neuen Webshop. Mittels App können Arbeitsplatzbelegungen ebenso geplant, dokumentiert und überwacht werden wie die Steuerung der notwendigen Reinigungs- und Desinfektionsmaßnahmen. Auch Beratungsleistungen wie eine Pandemie-Notfallplanung, Hygiene- und Arbeitsschutzkonzepte können mit einbezogen und anschließend mit der hauseigenen App GEKO-Soft elektronisch und teilautomatisiert geprüft werden.

Auch komplett neue Dienstleistungen folgen dem Gesamtkonzept der Pandemie-MAX-Planung. So kann Geiger FM mit dem Betrieb von Testzentren in Shoppingcentern, bei Veranstaltungen oder auch in Bürogebäuden beauftragt werden – die Leistungen reichen hier von der Planung der eigenen Engineeringsparte über den Um- oder Aufbau der Testcenter inklusive der Projektsteuerung der Baumaßnahme bis hin zum rechtssicheren Betrieb. Vor allem für Großveranstaltungen ergeben sich durch das durchgängige Pandemie-MAX-Konzept neue Möglichkeiten der Umsetzung, wie das Praxisbeispiel der im Februar in Oberstdorf stattgefundenen Nordischen Ski-WM zeigt.

Facility Management unter erschwerten Corona-Bedingungen

Sehr lange war nicht klar, ob und in welchem Rahmen die WM überhaupt stattfinden kann. Dank eines Maßnahmenkatalogs und eines sehr validen Hygienekonzepts wurde es dann doch möglich, die für die Region so wichtige Veranstaltung durchzuführen.

Auf der Basis der Hygieneempfehlungen der Organisatoren wurde unter Berücksichtigung der Corona-Bedingungen ein Hygiene- und Servicekonzept entwickelt, das auf Sportveranstaltungen abgestimmt ist. Dies entstand in enger Absprache mit den Oberallgäuer Experten von Parat – Institut für Hygiene.

Hygienekonzept im Corona-Lockdown

Vom eingesetzten Material über Unterweisungen und Schulungen bis hin zur persönlichen Schutzausrüstung der Servicemitarbeiter mussten alle Elemente nochmals den verschärften Bedingungen einer Großveranstaltung angepasst werden. Experten aus unterschiedlichen Bereichen der Geiger FM Gruppe wurden in die Planung miteinbezogen: von TGA-Planern zur Beurteilung der Lüftungsanlagen über Logistiker für die Material- und Technikversorgung mit zentralem Check-in und langen

Wegen zwischen den Veranstaltungsstätten bis hin zu Hygieneprofis, Desinfektoren, Qualitätsmanagern, IT-Spezialisten, Juristen und den operativen Teamleitern der einzelnen Leistungsbereiche.

Durch die seit Monaten vorhandenen Anforderungen von Kunden aller Geschäftsbereiche an Hygienekonzepte im Rahmen der hauseigenen Pandemie-MAX-Planung konnte Geiger FM natürlich auf vielfältige Erfahrung zurückgreifen. Auch die Experten der auf Krankenhäuser spezialisierten Schwestergesellschaft KDS Services für Gesundheit und Pflege konnten mit ihrem spezifischen Hygiene-Knowhow einen wichtigen Beitrag leisten. Am Ende stand vor dem Start die Auditierung des Konzepts durch die Hygieneexperten von Parat – Institut für Hygiene. Das geprüfte Veranstaltungskonzept wurde ebenfalls in die Systematik des integrierten Managementhandbuchs überführt, um eine zukünftige Umsetzung bei weiteren Veranstaltungen nach gleichem Standard garantieren zu können.

Abb. 55: Für die Ski-WM Oberstdorf 2021 entwickelte Geiger FM ein Hygiene- und Servicekonzept, das auf Sportveranstaltungen abgestimmt ist Quelle: Geiger FM

PCR-Tests für Sicherheit vor Ort im Testcenter

Für das erfahrene Team von Geiger FM gab es vor Ort trotz aller Erfahrung noch einige Herausforderungen zu meistern. Zunächst stand die höchst zeitaufwendige Akkreditierung des gesamten vor Ort eingesetzten Personals und der Fahrzeuge und eingesetzten Technik an. Der Zugang zum Gelände war nur per App mit QR-Code, nach einer Selbstdeklaration und mit einem negativen PCR-Test gestattet. Hierfür wurde eigens ein Testcenter eingerichtet, in dem für sämtliche Mitarbeiter alle zwei Tage ein Antigentest und alle sechs Tage ein PCR-Test vorgenommen werden musste – ein zusätzlicher Koordinationsaufwand, der durch geschultes Personal und die notwendige Termin- und Dokumentationssoftware gelöst werden konnte.

Service im laufenden Betrieb einer Großveranstaltung

Vor Beginn der Meisterschaften wurden von Geiger FM sämtliche Gebäude, Container und Funktionsimmobilien vollständig vorgereinigt. Im Anschluss erfolg-

Die Geiger FM Corona-Schnellteststation

1. **Planung Teststation in Zusammenarbeit mit Geiger FM und Parat – Institut für Hygiene**
   - Enge Zusammenarbeit mit lokalen Entscheidern
   - Berücksichtigung aller geltenden gesetzlichen Hygiene- und Arbeitssicherheitsvorschriften
   - Individuelle Konzeption in Abhängigkeit von den örtlichen Gegebenheiten (Flächenbedarf ca. 150 bis 450 m², um Wegeführung einhalten zu können)
2. **Aufbau Teststation**
   - Empfang/Registrierung, Wartebereich, Testbereich, Auswertung, Umkleiden für Personal
   - Möblierung und Inventar inkl. Desinfektionsspender etc.
   - Wegeführung und Abstandsmarkierung
3. **Betrieb der Teststation**
   - Stellung sämtlicher Materialien inklusive Laientests (ggf. Angebot von Laientests zum Eigengebrauch)
   - Onlineregistrierung mit Terminierung
   - Recruiting (geeignetes Personal zur Durchführung der Testungen)
   - Schulung und Unterweisung des Personals
   - Stellung von Sicherheitspersonal (sofern notwendig – z. B. in Einkaufszentren/Handelsimmobilien)
   - Durchführung Testungen mit Check-In, Dokumentation und Check-Out
   - Fachgerechte Entsorgung des medizinischen Abfalls
4. **Regelmäßige Unterhaltsreinigung und Desinfektionsmaßnahmen**

Testablauf:
Online Terminvergabe > Wartebereich > Testung in getrenntem Bereich > Testergebnis per Onlineabruf

ten – streng nach den Vorgaben des Hygieneplans – Reinigung und Desinfektion von Böden, Fenstern und allen Kontaktflächen in streng definierten Zeitabständen. Dokumentiert wurde die Leistung durch die eigene App GEKO-Soft, kontrolliert durch geprüfte Desinfektoren von Geiger FM. Neben planbaren Leistungen stand ein geschulter Personalpool für kurzfristige Anforderungen zur Verfügung. So wurde beispielsweise der Studiobereich für die TV-Sender nach jeder Aufnahme desinfiziert. Darüber hinaus stand die zentrale Leitstelle von Geiger FM in engem Kontakt mit den Organisatoren, um auf Anforderung per Ticketsystem innerhalb einer halben Stunde zusätzliche, außerplanmäßige Reinigungen und Desinfektionen durchzuführen – und dies bis zum Schanzentisch der Skispringer in schwindelerregender Höhe. Die gereinigten Räume und Gegenstände wurden mit Hygienesiegeln und Türhängern gekennzeichnet, um allen Beteiligten höchstmögliche Sicherheit und Transparenz zu bieten.

Auch die Aufenthaltsräume für die Sportlerteams, das Volontärcenter, die Kantine und nicht zuletzt die Sanitärbereiche mussten im laufenden Betrieb gereinigt, desinfiziert und mit Hygieneartikeln versorgt werden. Um diesen hohen Hygieneanforderungen Rechnung zu tragen, wurden die Geiger FM Mitarbeiter vor Ort an sieben Wochentagen im 2- und 3-Schicht-Betrieb eingesetzt – am Ende eine echte Teamleistung mit allen Disziplinen des Facility Managements.

Thomas Braun absolvierte sein Studium als Diplom-Kaufmann (Univ.) an der Universität Bamberg. Nach seinem Berufseinstieg bei einem Privatbankhaus in Düsseldorf und mehreren Stationen bei einem FM-Dienstleister in Berlin ist er nun bereits seit 15 Jahren bei Geiger FM als Geschäftsführer tätig.

Michael Peltzer, Udo Weißmantel

Top-Sauberkeitsquote als Beitrag zum Pandemieschutz

Reinigungsfachleute und DigiClean® sorgen für eine sichere Arbeitsumgebung

Seit 15 Jahren ist Klüh Cleaning für die Liegenschaft der Provinzial Rheinland Versicherung AG am Provinzialplatz 1 in Düsseldorf mit verschiedenen Services betraut. In dem Gebäude mit der ansprechenden Architektur befindet sich die Hauptverwaltung der regional führenden Versicherung. Auf einer Fläche von 33.000 Quadratmetern verteilen sich hier eine Vielzahl hochwertiger Büroräume, Besprechungs-, Schulungs-, Konferenz- und Seminarräume, Sozialräume, Teeküchen und Aufenthaltsräume, Verkehrsflächen wie Flure, Eingangsbereiche, Gänge und Hallen, Treppen und Aufzüge und Sanitärbereiche wie Toiletten, Toilettenvorräume, Duschen und Umkleiden. In dieser Premiumimmobilie arbeiten zu »normalen« Zeiten bis zu 2.000 Personen. In der Pande-

Abb. 56: DigiClean®, eine Klüh-eigene Anwendung, die den gesamten Reinigungsprozess abbildet und optimiert *Quelle: Klüh Service Management GmbH*

miezeit reduziert sich deren Zahl auf rund ein Drittel.

Klüh Cleaning ist bereits seit vielen Jahren Dienstleistungspartner der Provinzial und pflegt mit dem Kunden eine vertrauensvolle Partnerschaft. Dazu gehören monatlich stattfindende Meetings, um alle Beteiligten zusammenzubringen und Informationen zum Beispiel über Zwischenstände auszutauschen.

An dem Standort mit der wertvollen, stark verglasten Immobilie werden verschiedene Services wie Unterhalts-, Glas- und Fassadenreinigung, Sonderarbeiten und die Gestellung von Schmutzfangmatten erbracht. Dabei setzt Klüh seit 2018 das eigene digitale Tool DigiClean® ein. Dieses sorgt für absolute Transparenz im Reinigungsprozess. Es dokumentiert auf einem Tablet alle Vorgänge und berichtet in Echtzeit. Die Software enthält die Module Leistungsverzeichnis, Schulung, Kontrolle, Statistik und Berichte, Zeiterfassung und Nachweis bei ergebnisorientierter Reinigung. DigiClean® vermittelt ohne Sprachbarrieren mithilfe einer optischen Vorlage, was mit welcher Priorität und in welcher Reihenfolge zu reinigen ist. Dabei werden ergonomische Arbeitsweisen und die Einsparung von Wegzeiten berücksichtigt. Zudem sind wichtige Themen wie Arbeitssicherheit und Hygiene verständlich und bildhaft für die Mitarbeitenden dargestellt.

Sehr hohe Sauberkeitsquote nicht nur in Pandemiezeiten

Mithilfe von DigiClean®, hoher Einsatzbereitschaft, sehr guter Prozesskenntnis und modernster Geräte und Maschinen schaffen es die Beschäftigten von Klüh

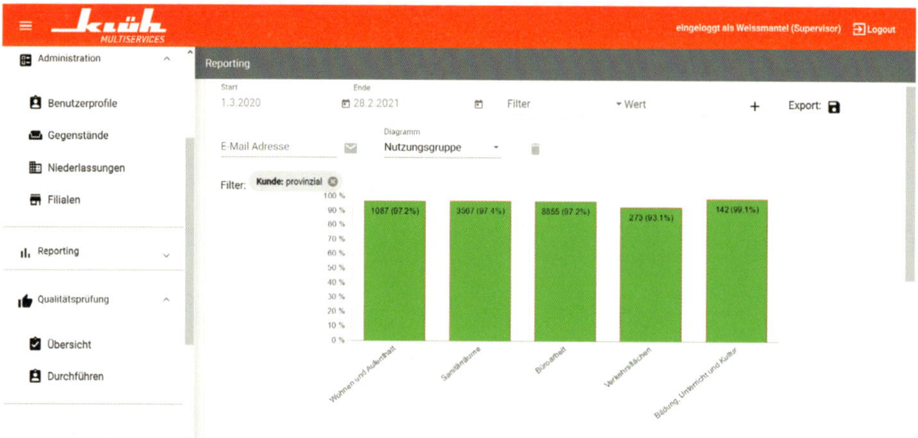

Abb. 57: Das Klüh-Qualitätsmesssystem zeigt exzellente Sauberkeitsquoten in der Düsseldorfer Zentrale der Provinzial Rheinland Versicherung AG *Quelle: Klüh Service Management GmbH*

Cleaning, nicht nur in dieser Immobilie regelmäßig sehr hohe Sauberkeitsquoten zu erreichen.

Zum Klüh-Team bei dem Objekt gehören eine Objektleiterin, drei Vorarbeiter:innen, drei Tageskräfte, drei Glasreiniger:innen sowie 50 weitere Mitarbeitende. Diese sind täglich vor Ort und führen die Reinigung anhand einer Checkliste aus dem digitalen System DigiClean® durch. Für die Glas- und Fassadenreinigung an dem Objekt werden über einen Zeitraum von vier Wochen zusätzlich circa zehn Glasreiniger:innen, Facharbeiter:innen und Fassadenkletter:innen eingesetzt.

Zusammen mit der Objektleitung führen die Vorarbeiter:innen und die Tageskraft jeden Abend Kontrollen der Reinigungsleistungen durch, bewerten sie nach dem System des BIV Gebäudereinigung und geben diese Bewertungen in DigiClean® ein. Von Kundenseite findet ebenfalls eine Überprüfung statt. Die erhobenen Daten stehen direkt am nächsten Morgen als Ergebnisse des Vorabends digital zur Verfügung. Alle Bewertungen, die unter dem zu erreichenden Erfüllungsgrad liegen, werden auf einer Wiedervorlageliste angezeigt. Die Dokumentation der Kontrollen dient, neben der Ermittlung eines Qualitätsindex, auch zur Analyse von Schwachstellen, die dann durch gezielte Unterweisungen nachgeschult und abgestellt werden. In der Hauptverwaltung der Provinzial erfolgen im Monat durchschnittlich 1.200 dieser Kontrollen. All diese Kontrollen ergaben auf allen Etagen und in allen Bereichen eine Sauberkeitsquote zwischen 97 und 99,5 Prozent.

Hygienische Reinheit schützt vor Kontamination am Arbeitsplatz

Die Provinzial steht für Sicherheit, Tradition und Service. Als innovativer Arbeitgeber ermöglicht sie bereits seit Jahren Heimarbeitsplätze und mobiles Arbeiten. Für gute Arbeitsbedingungen und Lebensqualität am Arbeitsplatz zu sorgen, gehört hier zur Unternehmensphilosophie. Dies stellte 2020 durch die Pandemie eine große Herausforderung dar. Nie war es so wichtig, dass Beschäftigte sicher arbeiten können und vor Infektionen geschützt sind. Dabei reichte einfache Sauberkeit am Arbeitsplatz nicht aus. Um gesund und sicher zu bleiben, erforderte es viel Fachkenntnis. Vom Reinigungspartner sind erweiterte Hygienemaßnahmen in stark frequentierten Räumen und prophylaktische Desinfektion von Kontaktoberflächen gefordert, um die Ausbreitung von Mikroorganismen einzudämmen. Kritische Berührungspunkte wie Handläufe werden täglich gereinigt. Besonders Telefone und Schreibtische werden nutzungstäglich hygienisch gesäubert und desinfiziert.

Klüh Cleaning konnte sich hier als renommierter Hygienespezialist beweisen. Mit Unterstützung durch Hygienefachleute aus den eigenen Reihen wurden relevante Hygienekonzepte ausgearbeitet und umgesetzt. Als Herausgeber des Hygienehandbuchs ist Klüh prädestiniert für die Rolle des Dienstleisters in diesen extremen Zeiten. Um Kunden kompetent in Sachen Hygiene und Reinigung zu beraten, hat Klüh Cleaning zudem die »Covid-19-Handlungs- und Reinigungsempfehlungen« herausgegeben.

Allerdings hat auch das Hygienehandbuch, ursprünglich von Klüh Clinic Service für die Arbeitsbereiche Kliniken, Krankenhäuser, Reha-Kliniken und Pflegeheime herausgegeben, stark an Bedeutung gewonnen. Es erwies sich bereits vor Corona als große Unterstützung für medizinische Einrichtungen, damit sie ihre Hygieneziele erreichen konnten. Das umfassende Nachschlagewerk richtet sich sowohl an Mitarbeitende als auch an Kunden. Allgemein verständlich führt der Leitfaden in das Thema Hygiene ein, erläutert das Infektionsschutzgesetz, erklärt die geforderten Basishygienemaßnahmen, informiert über Händehygiene, Arbeitsschutz und Arbeitssicherheit, befasst sich mit Reinigung, Desinfektion und Reinigungsverfahren und beleuchtet das Thema Entsorgung von Abfällen.

Die Hygienefachleute von Klüh haben den Leitfaden so ergänzt, dass alle Gebäudebetreiber die Hygienestandards so, wie sie der Gesetzgeber im SARS-CoV-2-Arbeitsschutzstandard formuliert hat, umsetzen können. In Kapitel zwölf finden Nutzer:innen praktische Handlungsempfehlungen zum Umgang mit wichtigen Infektionskrankheiten. Basis für das Handbuch sind vor allem die aktuellen Empfehlungen des Robert Koch-Instituts.

Für Wohlgefühl im Büro keine Kosten und Mühen gescheut

Klüh-Beschäftigte, die bei der Provinzial mit Reinigungs- und Desinfektionsaufgaben betraut sind, wurden zuvor durch staatlich geprüfte Desinfektor:innen aus dem Hause Klüh auf ihre Aufgaben vorbereitet.

Abb. 58: Verantwortungsvoller Einsatz des Reinigungspersonals 2020

Quelle: Klüh Service Management GmbH

Um die erforderliche Handdesinfektion für die Personen im Gebäude zu sichern, konnte Klüh den Kunden in Zeiten von Desinfektionsmittelknappheit mit Mitteln aus eigenen Beständen aushelfen. Für die Flächendesinfektion wurde Desifor-Quick von Dr. Schnell angewendet. Dieses Mittel eignet sich zur rückstandsfreien Schnelldesinfektion alkoholbeständiger Oberflächen im humanmedizinischen Bereich und in den Bereichen Lebensmittel, Industrie und öffentliche Einrichtungen. Die Provinzial hat weder Kosten noch Mühen gescheut, ihren Beschäftigten einen sicheren Arbeitsplatz zu bieten. Soweit nachvollziehbar, wurde keine Infektion mit dem Corona-Virus am Arbeitsplatz nachgewiesen. Die Hygienemaßnahmen sind sowohl in den Lockdownphasen als auch bei der Rückkehr zum New Normal von großer Bedeutung.

Aufgrund der hohen Zufriedenheit mit den Serviceleistungen von Klüh Cleaning und der sehr verlässlichen Partnerschaft hat die Provinzial Klüh auch mit Security-Dienstleistungen beauftragt. In der Hauptverwaltung sind die Sicherheitsfachleute des Multi-Service-Providers für Empfangsdienste zuständig.

Michael Peltzer
ist seit 2015 Regionalleiter der Klüh Cleaning GmbH in der Niederlassung Düsseldorf. In seinen Verantwortungsbereich fällt auch die Beratung und Betreuung des Kunden Provinzial Rheinland Versicherung AG. Der Reinigungsexperte hat das Handwerk von der Pike auf gelernt, startete 1994 mit der Ausbildung zum Glas- und Gebäudereiniger, ist Gebäudereinigermeister und Fachkraft für Arbeitssicherheit.

Udo Weißmantel
ist seit 2001 für die Klüh-Gruppe in verschiedensten Führungspositionen tätig. 2016 wurde er in die Geschäftsführung der auf den Gesundheitsmarkt spezialisierten Klüh Care Management GmbH berufen und ist als Mitglied der Geschäftsleitung in der Klüh Cleaning GmbH und der Klüh Clinic Service GmbH unter anderem für die Produktentwicklungen und Innovationen zuständig. In seiner 28-jährigen Laufbahn war Weißmantel sowohl für führende Dienstleister als auch für öffentliche und private Kliniken tätig und für verschiedenste Projekte verantwortlich.

Sebastian Mosbacher

Hygienekompetenz 2021 – Facility Service im Zeichen der Pandemie

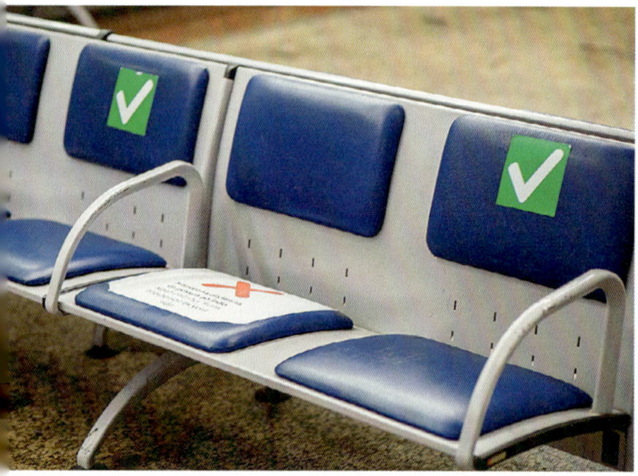

Die Gelsenkirchener Stölting Group nutzt 122 Jahre Erfahrung zur Corona-Bekämpfung

Deutschland kämpft bereits im zweiten Jahr gegen die Corona-Pandemie. Lockdown folgt auf Lockdown. Und der weltweit bewunderte Start in der ersten Jahreshälfte 2020 wurde abgelöst durch Monate wachsenden Zweifels. Dabei gibt es strategisch wirksame technische Mittel, um auf dem langen Weg bis zur Überwindung des Virus ein »Leben mit Corona« zu erleichtern. Doch vor allem bürokratische Hemmnisse stehen dem noch im Wege.

Dem inhabergeführten Gelsenkirchener Familienunternehmen Stölting Service Group allerdings hat der entschlossene Ausbau seiner Hygienekompetenz inmitten der Pandemieperiode zusätzliche Stabilität, neue Wertschöpfung und neue Kunden verschafft. Bei Stölting, in

Abb. 59: Hygienespender zum Corona-Schutz in der Veltins Arena des FC Schalke 04

Quelle: Stölting Service Group

Deutschland mit derzeit deutlich über 300 Millionen Euro Umsatz an 41 Standorten aktiv, blieb Kurzarbeit auch in der Krise eine Ausnahme. Nach dem ersten Jahr der Pandemie arbeiten inzwischen rund 3.000 Beschäftigte in der Anti-Corona-Sparte des Unternehmens. Insgesamt beschäftigt Stölting 14.000 Mitarbeiterinnen und Mitarbeiter.

Personal umgesetzt

Stölting musste flexibel auf die veränderte Nachfrage nach Beginn der Pandemie reagieren: Mitarbeiter und Mitarbeiterinnen, die sonst bei der Gepäckabfertigung in den deutschen Großflughäfen eingesetzt waren, unterstützten beispielsweise große Supermarktketten in der Logistik. Sicherheits- und Reinigungspersonal wechselte von Flughäfen und aus großen Verwaltungsgebäuden in Kliniken, Testzentren und in den Sicherheitsdienst der Supermärkte. Das zusätzliche eigene Geschäftsfeld Hygiene hatte ebenfalls hohen zusätzlichen Personalbedarf.

Stöltings neue Marke »h.i. Competence« bietet das erste Komplettpaket für einen erfolgreichen Kampf gegen das Virus und ergänzt das traditionelle Leistungsangebot Cleaning, Security und Personal Service. Dabei haben die Erfahrung aus 122 Jahren im Bereich Cleaning und Hygiene, flache Hierarchien und die gelebte

Abb. 60: Stölting-Mitarbeiter beim Hygieneservice im Dortmunder Signal-Iduna-Stadion

Quelle: Stölting Service Group

Flexibilität quer durch alle Unternehmensbereiche geholfen.

Früh gestartet

Schon auf die ersten Corona-Meldungen aus China im November 2019 reagierte Stölting und hatte bereits im Dezember eine Strategie zur Reaktion auf die neue Lage erarbeitet. Ab Januar 2020 wurden zunächst Schutzkleidung, Desinfektionsmittel und ein erster Bestand von 50 Millionen Schutzmasken aufgebaut, um Kunden für die Anforderungen einer Pandemie auszurüsten. Verantwortlich für die »h.i. Competence«-Sparte zeichnet Geschäftsführer Dominik Mosbacher. Als neue Task Force unter dem Unternehmensdach wurden unter anderem hauseigene Hygienefachleute mit Erfahrung in der Arbeit für Kliniken und Labore zusammengerufen. Sie bilden seitdem die Corona-Task-Force, die unter der Marke »h.i. Competence« agiert.

Fußball-Bundesliga zeigt Interesse

Noch vor der Verkündung des ersten Lockdowns im März 2020 hatte Stölting das umfassende Angebot zur Gesundheitsvorsorge erarbeitet. Es ist konzipiert für Verwaltungen, für Wirtschaftsunternehmen vom Steuerbüro bis zur Gastronomie oder Hotellerie, für Krankenhäuser, Schulen oder Eventhallen. Selbst Vereine der Fußball-Bundesliga wie der langjährige Stölting-Partner FC Schalke 04, BVB Borussia Dortmund und VfL Wolfsburg sowie deren Dachorganisation DFL, der DFB und die UEFA ließen sich Stöltings »Hygienekonzept aus einem Guss« vorstellen, um Publikumsbesuche unter Pandemiebedingungen zu ermöglichen.

Vier Punkte gegen das Virus

Das Komplettpaket umfasst vier Hauptkomponenten:

- ein bereits nach 20 Minuten aktiver und bis zu sechs Monate wirksamer Oberflächenschutz, dessen Nanopartikel Viren nach Untersuchungen des Instituts Fresenius zu über 90 Prozent abtöten,
- eine hochwirksame Handdesinfektion,
- sichere FFP2-Masken für Mund und Nase und vor allem
- Luftreiniger mit einem hochwirksamen Filtersystem unter UV-Licht, das Aerosole einschließlich Viren und Bakterien absorbiert und zu über 99 Prozent deaktiviert; zugleich wird die Raumluft in 60 Minuten mehrfach erneuert

Zur Ergänzung dieses Angebots stellt Stölting seinen Kunden weiterhin auch Nitril-Einmalhandschuhe und Corona-Schnelltests zur Verfügung – beide gehören zugleich zur Standardausrüstung der eigenen Mannschaften im Außendienst. Dort wird Stölting-Mitarbeiterinnen und -Mitarbeitern zweimal wöchentlich ein Schnelltest angeboten. Die Belegschaft nutzt dieses Angebot nahezu flächendeckend. Das Ergebnis: Die Zahl der Covid-Erkrankungen in der eigenen Mitarbeiterschaft tendiert nach über einem Jahr »gegen null«, bilanziert Geschäftsführer Sebastian Mosbacher.

Das erprobte Hygienekonzept wird inzwischen beispielsweise in Messeunternehmen, Eventhallen, Friseurbetrieben, Verwaltungsgebäuden und Entsorgungsbetrieben erfolgreich umgesetzt. Die Kunden schätzen die hohe Qualität der eingesetzten Technologien ebenso wie die ganzheitliche Betreuung durch Stölting-Fachleute.

Sonderfall Schulen

Auch engagierte Schulleiter und Elternvertreter haben sich insbesondere nach der Qualität der Luftreinigungsanlagen erkundigt. Sie sehen hierin eine Chance für die Rückkehr zum Präsenzunterricht. Ein Hinderungsgrund ist die zentralistische Schulverwaltung mit ihren Genehmigungsverfahren über Regierungspräsidenten und Landesministerien. Stölting bietet flexible Vertragsmodalitäten an – darunter Leasing- und Mietkaufmodelle –, die den Einsatz der Luftreiniger trag- und überschaubarer gestalten.

Unabhängig vom noch ausstehenden Erfolg im Schulbereich steht für die Stölting-Führung um Geschäftsführer Stephan Kulbatzki fest, dass sich die Erweiterung der eigenen Hygienekompetenz und deren Einbindung ins Unternehmensgeflecht gelohnt hat: Das Unternehmen sieht sich für mögliche zukünftige Pandemien gut aufgestellt.

Bekenntnis zur Tradition

Die Stölting Service Group werde auch künftig Aufgaben »im Geist der Ruhrkumpel mit Fleiß und Team-Spirit anpacken«, sagt Gesellschafter Hans Mosbacher. »Wenn wir feststellen, dass der Markt eine bestimmte neue Dienstleistung braucht, werden wir sie anbieten.«

Sebastian Mosbacher wurde 1988 in Bottrop geboren und lebt mit Familie in Dortmund. Nach seinem Wirtschaftsabitur absolvierte er eine Ausbildung als Gebäudereiniger. Inzwischen 15 Jahre im Familienunternehmen, wirkt er seit sieben Jahren als Geschäftsführer der Stölting Service Group GmbH.

Rouven Lorch

Komplexe Leistungen für hochsensible Branchen

Alles aus einer Hand: Mit den Facilities Services von Infraserv Höchst

Facility Management an einem Chemie- und Pharmastandort mit 90 Unternehmen, 22.000 Beschäftigten, rund 1.000 Forschungs-, Labor- und Verwaltungsgebäuden sowie rund 120 Produktionsanlagen ist ein komplexes Aufgabengebiet mit vielen sehr speziellen Herausforderungen – Herausforderungen, die für die Facilities Services von Infraserv Höchst zum Tagesgeschäft gehören. Das Unternehmen betreibt den Industriepark Höchst in Frankfurt am Main, einen der größten und dynamischsten Forschungs- und Produktionsstandorte der Chemie- und Pharmaindustrie in Deutschland und Europa. Das Leistungsportfolio des Unternehmens reicht von der Versorgung der Standortunternehmen mit Strom und Wärme, Rohstoffen und Medien über ver-

Für die gebäudetechnischen Anlagen bei der Arzneimittelproduktion gelten sehr anspruchsvolle regulatorische Vorgaben

schiedene Entsorgungsleistungen, Umweltservices, Logistik sowie Gesundheits- und Arbeitsschutz bis hin zu Aus- und Weiterbildung – zur Tochtergesellschaft Provadis gehört sogar eine eigene Hochschule.

Die Facilities Services gehören zu den zentralen Arbeitsgebieten von Infraserv Höchst, denn viele Standortunternehmen im Industriepark Höchst vertrauen beim Facility Management auf die Kompetenz der Betreibergesellschaft. Darüber hinaus sind die rund 300 FM-Experten auch für viele Kunden außerhalb des Industrieparks Höchst aktiv, überwiegend für Unternehmen aus der Chemie- und Pharmabranche und der Prozessindustrie.

FM für Chemie und Pharma

Zu den Besonderheiten beim Facility Management für Chemie und Pharma gehören die zum Teil sehr anspruchsvollen regulatorischen Vorgaben, beispielsweise die GMP-Bestimmungen (Good Manufacturing Practices), die für die Arzneimittelproduktion relevant sind und auch gebäudetechnische Anlagen betreffen. In Laborgebäuden müssen viele Details berücksichtigt werden, vom definierten Luftwechsel bis hin zur unterbrechungsfreien Versorgung mit Reinstmedien. FM-Dienstleister müssen in Bezug auf regulatorische Vorgaben immer auf dem neuesten Stand sein und sind auch gefragt, wenn es darum

In Laborgebäuden unterliegt der Luftwechsel definierten Bestimmungen

geht, Kunden bei der effizienten und rechtssicheren Umsetzung neuer Vorschriften proaktiv zu beraten. Beispielsweise beschäftigen sich die wenigsten Chemie- und Pharmafirmen mit der F-Gase-Verordnung – Infraserv Höchst kann als Gebäudeeigentümer, Betreiber und Dienstleister frühzeitig aufzeigen, mit welchen Anlagen und Kältemitteln die sich verändernden Vorgaben erfüllt werden und welche Lösungen unter Kostengesichtspunkten am sinnvollsten sind. Auch bei den Sicherheitsstandards gelten im Chemie- und Pharmaumfeld spezielle Regeln, die ein Dienstleister kennen und umsetzen muss. Dabei sind Arbeits- und Gesundheitsschutz ebenso wichtig wie Securityaspekte, beispielsweise Zutrittskontrollsysteme – alles Themen, die für Infraserv Höchst nicht nur Teil des Tagesgeschäfts sind, sondern für die das Unternehmen als Standortbetreibergesellschaft eigene Fachabteilungen vorhält und dementsprechend viel Know-how hat.

Zu den speziellen Rahmenbedingungen für einen Multi-User-Standort wie den Industriepark Höchst gehört die gemeinsame Nutzung von Infrastruktur. Das reicht von Ver- und Entsorgungseinrichtungen bis hin zu IT-Netzen und Sicherheitseinrichtungen – der Industriepark Höchst verfügt über eine eigene Leitstelle und eine Werkfeuerwehr. Die Herausforderung für Infraserv Höchst als Standortbetreiber liegt darin, in allen Bereichen individuelle Lösungen für die Kunden zu ermöglichen, aber gleichzeitig durch ein hohes Maß an Standardisierung auch Effizienzsteigerungspotenziale zu heben und zusätzlich zu den ohnehin vorhandenen Synergieeffekten weitere Kostenvorteile für die Kunden zu erzielen.

Dies gilt auch beim Betrieb von Gebäuden und gebäudetechnischen Anlagen. Hier kommt es auch darauf an, mit ganzheitlichen Konzepten den kompletten Lebenszyklus eines Gebäudes begleiten zu können, von der Planung über Bau und Betrieb bis hin zum Um- oder Rückbau.

Neu- und Umbau von Laborflächen

Ob klassische Chemie- und Analyselabore, physikalische oder Biostofflabore in den Laborklassen S1 bis S3 – Infraserv Höchst errichtet jährlich zwischen 3.000 und 5.000 Quadratmeter neue Laborflächen oder baut diese um – innerhalb und außerhalb des Industrieparks Höchst. Ein wichtiges Alleinstellungsmerkmal von Infraserv Höchst: In diese Leistungen der Facilities Services fließen alle Erfahrungen mit ein, die das Unternehmen als Eigentümer, Betreiber und Nutzer von Büro-, Produktions- und Laborgebäuden mit einer Gesamtfläche von 350.000 Quadratmetern hat.

Über die Grenzen des Rhein-Main-Gebiets hinaus ist das Facility Management von Infraserv Höchst für derzeit mehr als 60 Kunden aus der Chemie- und Pharmabranche sowie der Prozessindustrie tätig, unter anderem das Clariant Innovation Center und ein Mehrzwecklaborgebäude in Frankfurt und Merck in Darmstadt. Infraserv Höchst erbringt im Bereich Facility Management mit rund 300 Mitarbeitern deutschlandweit Betriebs- und Projektleistungen für seine Kunden. 2020 erreichten die Facilities Services von Infraserv Höchst über 45 Millionen Euro Umsatz.

Derzeit ist Infraserv Höchst mit seinem Facility Management an den Standorten Frankfurt, Wiesbaden, Darmstadt, Hanau und im bayerischen Penzberg mit eigenen Niederlassungen operativ tätig. Auch in Monheim und Wuppertal sind die Gebäudemanagementexperten von Infraserv Höchst aktiv. Im Umfeld der einzelnen Standorte akquiriert Infraserv Höchst weitere Kundenaufträge, sodass auch zukünftig ein organisches Wachstum mit Facilities Services gewährleistet ist.

Rouven Lorch
ist seit 2014 Leiter der Facilities Services von Infraserv Höchst und seit 2019 Geschäftsführer der Infraserv-Tochterfirma Infrasite Monheim. Nach seinem erfolgreich abgeschlossenen Master of Business Administration begann er seine Karriere 2005 bei Infraserv Höchst als Projektingenieur im Facility Management und hatte seitdem zahlreiche leitende Positionen inne, vom Produktmanagement bis zum Gebäudemanagement. Er hat das Wachstum des FM-Segments von Infraserv Höchst maßgeblich vorangetrieben.

Teil III –

70 führende Partner für Ihr Unternehmen

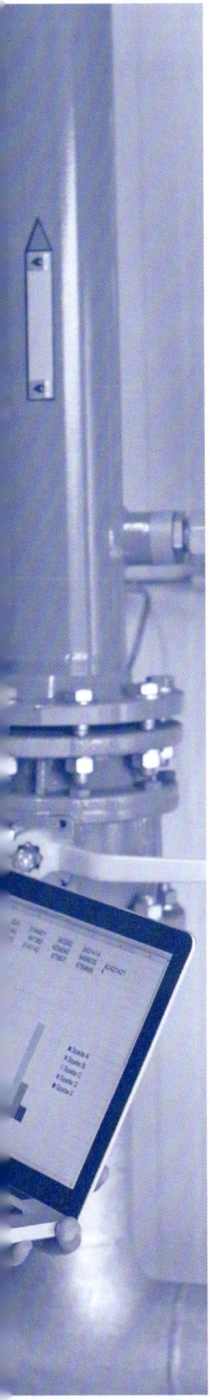

50 führende Dienstleister

All Service Unternehmensgruppe für Gebäudemanagement

Gründungsjahr:	1958
Hauptsitz in Deutschland:	Frankfurt am Main
Anzahl der Standorte in Deutschland:	31
Anzahl der Standorte im Ausland:	0
Mitarbeiter gesamt 2020:	3.276
Mitarbeiter in Deutschland 2020:	3.276
Umsatz gesamt 2020:	111,0 Mio. Euro
Umsatz in Deutschland 2020:	111,0 Mio. Euro

Die All Service Unternehmensgruppe für Gebäudemanagement mit Hauptsitz in Frankfurt am Main ist eine der führenden mittelständischen Unternehmensgruppen im Rhein-Main-Gebiet seit 1958. Die Angebotspalette der Unternehmensgruppe teilt sich auf in die Sparten Gebäudedienste, Garten- und Landschaftspflege, Personaldienstleistungen, Sicherheitsdienste, Verwaltungsaufgaben sowie Ausbildungszentrum. Diese werden ausgehend von 31 Standorten bundesweit angeboten. Für jeden dieser Bereiche sind eigenständige Unternehmen im Dienst der Unternehmensgruppe verantwortlich.
Der Unternehmensverbund All Service/Hausmaxx bildet die FM Balance GmbH – diese ist mit bundesweit 31 Standorten und etwa 4.000 Mitarbeitern in der Lage, über eine einheitliche Struktur die kompletten Dienstleistungen für eine optimale Objektbewirtschaftung zu steuern. Der mehrheitliche Anteil der Kunden kommt aus den Bereichen Banken, Versicherungen, Verwaltungen, Industrie und Verkehrsmittel.

All Service Unternehmensgruppe für Gebäudemanagement
Karl-von-Drais-Straße 16-18
60435 Frankfurt am Main
+49 69 954230
info@all-service.de
www.all-service.de

apetito

Gründungsjahr	1958
Sitz in Deutschland	Rheine
Anzahl der Standorte in Deutschland	k. A.
Anzahl der Standorte im Ausland	k. A.
Mitarbeiter gesamt 2020	2.800*
Mitarbeiter in Deutschland 2020	2.300*
Umsatz gesamt 2020	480,0 Mio. Euro*
Umsatz in Deutschland 2020	305,0 Mio. Euro*

* Daten teilweise geschätzt

Seit 1958 arbeitet apetito als Verpflegungsspezialist an Ernährungslösungen für Menschen in den unterschiedlichsten Verzehr- und Lebenssituationen. Dabei stehen klare Ziele und feste Werten wie Kundennähe, Nachhaltigkeit und Innovationsfreude im Mittelpunkt.

Die Mitarbeiter von apetito leben und prägen die Werte in Bezug auf Qualität und Genuss. Das Unternehmen hat als Markt- und Innovationsführer für Gemeinschaftsverpflegung und im Endverbrauchermarkt das Image einer ganzen Branche mit geprägt. Die apetito-Gruppe setzt sich aus zwei Teilen zu sammen: dem apetito Konzern und apetito catering.

Als Konzern agiert apetito mit internationalen Teams erfolgreich in sechs europäischen Ländern sowie in Kanada und den USA.

apetito AG
Bonifatiusstraße 305
48432 Rheine
+49 5971 799-1919
info@apetito.de
www.apetito.de

Apleona

Gründungsjahr:	k. A.
Hauptsitz in Deutschland:	Neu-Isenburg
Anzahl der Standorte in Deutschland:	k. A.
Anzahl der Standorte im Ausland:	k. A.
Mitarbeiter gesamt 2020:	k. A.
Mitarbeiter in Deutschland 2020:	k. A.
Umsatz gesamt 2020:	k. A.
Umsatz in Deutschland 2020:	k. A.

Apleona ist ein in Europa führender Immobiliendienstleister mit Sitz in Neu-Isenburg bei Frankfurt am Main. Über 20.000 Mitarbeiterinnen und Mitarbeiter in mehr als 30 Ländern betreiben und managen Immobilien aller Assetklassen, bauen und rüsten sie aus, betreiben und warten Anlagen und unterstützen Kunden unterschiedlichster Branchen bei Produktion sowie Sekundärprozessen.

Das Leistungsspektrum der Unternehmensgruppe reicht vom integriertem Facility Management über Gebäudetechnik und Innenausbau bis hin zum Real Estate Management mit allen kaufmännischen Leistungen sowie der An- und Vermietung von Immobilien. Alle Services werden modular oder als integrierte Leistung im Paket angeboten. Dabei sorgen Länder- und leistungsbezogene operative Gesellschaften in einer je nach Kundenbedarf regionalen oder überregionalen Accountstruktur für eine optimale Leistungserbringung und einen einheitlich hohen Qualitätsstandard über Ländergrenzen hinweg.

Zu den Auftraggebern von Apleona gehören marktführende Industrieunternehmen, Fondsgesellschaften, Versicherungen, Banken, die öffentliche Hand, Entwickler, Eigentümer und Nutzer.

Apleona GmbH
An der Gehespitz 50
63263 Neu-Isenburg
+49 6102 453400
info@apleona.com
www.apleona.com

Aramark

Gründungsjahr:	1959
Sitz in Deutschland:	Neu-Isenburg
Anzahl der Standorte in Deutschland:	6
Anzahl der Standorte im Ausland:	k. A.
Mitarbeiter gesamt 2020:	8.700*
Mitarbeiter in Deutschland 2020:	8.700*
Umsatz gesamt 2020:	400,0 Mio. Euro
Umsatz in Deutschland 2020:	400,0 Mio. Euro

* Daten teilweise geschätzt

Als Anbieter für Catering und Service Management gehört Aramark in Deutschland zu den führenden Dienstleistern. In diesem Marktsegment zählen Betriebsgastronomie, Klinik und Seniorencatering, Catering für Kindertagesstätten und Schulen, Messe- und Kongressgastronomie, Sport und Freizeitgastronomie, Eventcatering, Refreshment Services, Automatenstationen und Service Management zum Leistungsspektrum des Unternehmens.

Mit Niederlassungen an sechs Standorten bundesweit wird dieses Leistungsspektrum angeboten. Die Kundenbranchen von Aramark sind breit gefächert. Rund 4.500 Kunden wie Wirtschaftsunternehmen, Krankenhäuser, Pflegeeinrichtungen, Sport- und Freizeitstätten, Universitäten, Schulen und Kindergärten sowie Messen und Kongresshäuser werden von Aramark Refreshment Services beliefert.

Zu den Kunden des Dienstleisters zählen unter anderen die Airbus Group, das AOK Bildungszentrum, die Continental Automotive GmbH sowie GfK SE.

Aramark Holding Deutschland GmbH
Martin-Behaim-Straße 6
63263 Neu-Isenburg
+49 6102 745-0
info@aramark.de
www.aramark.de

Bayern Facility Management

Gründungsjahr:	2004
Sitz in Deutschland:	München
Anzahl der Standorte in Deutschland:	2
Anzahl der Standorte im Ausland:	0
Mitarbeiter gesamt 2020:	502
Mitarbeiter in Deutschland 2020:	502
Umsatz gesamt 2020:	58,2 Mio. Euro
Umsatz in Deutschland 2020:	58,2 Mio. Euro

Die Bayern Facility Management GmbH (BayernFM), gegründet 2004, ist ein mittelständisches Dienstleistungsunternehmen. Über den gesamten Immobilienlebenszyklus hinweg werden nachhaltige Dienstleistungen angeboten. Dabei ist das Unternehmen in fünf Geschäftsfeldern aktiv: Der Bereich »Bewirtschaftung« beschäftigt sich mit dem technischen und infrastrukturellen Gebäudebetrieb. Darüber hinaus verfügt der Dienstleister im Geschäftsfeld »Bauen« über Erfahrung in der Analyse und Sanierung von Gebäuden. Im Geschäftsfeld »Betreiberrisiken« richtet der Anbieter seinen Fokus auf den gesetzeskonformen Anlagen- und Objektbetrieb. Im Bereich »Energieoptimierung« werden die energetischen Zustände der Gebäude und technischer Anlagen erfasst und bewertet. Durch den Zukauf der Bayern Corporate Services GmbH im Juni 2011 wurde das Dienstleistungsportfolio hinsichtlich eines ganzheitlichen Facility-Management-Ansatzes um Sicherheitsdienstleistungen erweitert. Zu seinem Kundenkreis zählt das Unternehmen neben der BayernLB und Großunternehmen aus dem Industrie-, Finanz- und Dienstleistungssektor über 150 Sparkassen und 400 Kommunen.

Bayern Facility Management GmbH
Arnulfstraße 50
80335 München
+49 89 44 2 33-0
info@bayernfm.de
www.bayernfm.de

b.i.g.-Gruppe

Gründungsjahr:	1981
Sitz in Deutschland:	Karlsruhe
Anzahl der Standorte in Deutschland:	33
Anzahl der Standorte im Ausland:	7
Mitarbeiter gesamt 2020:	2.865
Mitarbeiter in Deutschland 2020:	2.509
Umsatz gesamt 2020:	137,1 Mio. Euro
Umsatz in Deutschland 2020:	127,1 Mio. Euro

Die b.i.g.-Gruppe erbringt Dienstleistungen rund ums Gebäude. Die entstand aus der von Bernd Bechtold 1981 gegründeten b.i.g. bechtold Ingenieurgesellschaft mbH. Ihre drei Kernaktivitäten sind das Beraten, Planen und Betreiben von Gebäuden, Immobilien und Objekten. Das Leistungsspektrum gliedert sich in die Geschäftsbereiche Ingenieurplanung, Sicherheitsdienstleistungen, Facility Management und Gebäudeservice, Schulung/Aus- und Weiterbildung sowie Smart Services. Im Sicherheitsbereich (Objekt- und Personenschutz) hat b.i.g. ein Franchising-System aufgebaut. Das Dienstleistungsspektrum der Ingenieurleistungen schließt weiterhin die Projektsteuerung, die technische Gebäudeausrüstung, die Fördertechnik- und Logistikplanung, die beratende Ingenieurplanung, sowie die Sicherheitstechnik- und planung. Der Bereich »Facility Services« beschäftigt sich mit dem technischen, infrastrukturellen und kaufmännischen Gebäudemanagement, der Gebäudereinigung und dem Flächenmanagement sowie der FM-Beratung. Unter dem Namen »netzwerk mensch« entwickelt die Betreibergesellschaft für Kindertagesstätten Lösungen für den Einklang von Familie und Beruf.

b.i.g.-Gruppe management gmbh
Ehrmannstraße 6
76135 Karlsruhe
+49 721 8206-100
info@big-gruppe.com
www.big-gruppe.com

Bockholdt Gruppe

Gründungsjahr:	1959
Sitz in Deutschland:	Lübeck
Anzahl der Standorte in Deutschland:	15
Anzahl der Standorte im Ausland:	0
Mitarbeiter gesamt 2020:	5.000*
Mitarbeiter in Deutschland 2020:	5.000*
Umsatz gesamt 2020:	92,0 Mio. Euro*
Umsatz in Deutschland 2020:	92,0 Mio. Euro*

* Daten teilweise geschätzt

Hans Bockholdt gründete die Bockholdt Gruppe im Jahre 1959. Mit 15 Niederlassungen und Standorten in Deutschland betreut das Unternehmen täglich mehr als 3.000 Kunden individuell vor Ort in über 5.000 Objekten. Die Gruppe ist ein Anbieter von Dienstleistungen im infrastrukturellen Gebäudemanagement, der insbesondere bundesweite Branchenlösungen offeriert und standardisierte Dienstleistungspakete im Auftrag großer Kunden durchführt. Neben der klassischen Gebäudereinigung gehört eine Vielzahl von Dienstleistungen zum Leistungsspektrum des Unternehmens, angefangen bei der Schädlingsbekämpfung, über die Graffitientfernung und die Bodensanierung bis hin zur Bauschlussreinigung. Auch im Bereich der Industrie- und Klinikreinigung ist das Unternehmen vertreten. Diese Services sind auf die Zielbranchen des Unternehmens zugeschnitten: Büro und Verwaltung, Gesundheit und Kultur, Tourismus/Gastronomie, Industrie/Handel sowie Planung, Bau und Verkehr. Ein Qualitätsmanagementsystem nach DIN EN ISO 9001:2008 soll die Qualität der angebotenen Dienstleistungen garantieren.

Bockholdt GmbH & Co. KG
Gutenbergstraße 10
23566 Lübeck
+49 451 600060
info@bockholdt.de
www.bockholdt.de

Caverion Deutschland

Gründungsjahr:	1929
Hauptsitz in Deutschland:	München
Anzahl der Standorte in Deutschland:	19
Anzahl der Standorte im Ausland:	210
Mitarbeiter gesamt 2020:	2.200
Mitarbeiter in Deutschland 2020:	1.259
Umsatz gesamt 2020:	380,0 Mio. Euro
Umsatz in Deutschland 2020:	187,6 Mio. Euro

Inlandsumsatz nur mit Facility Services in Deutschland. Gesamtumsatz enthält weitere Leistungen u. a. der Technischen Gebäudeausrüstung in Deutschland.

Caverion steht für »Building Performance«, steht für technische Gebäudeausrüstung in allen Gewerken.
Dafür planen und errichten wir gebäudetechnische Anlagen und übernehmen Service und Wartung. Wir decken den gesamten Lebenszyklus eines Gebäudes ab – ob Bürokomplex, Industrieanlage, Flughafen, Krankenhaus oder Kongresszentrum.
Auch wenn wir uns bei Caverion täglich mit Technik beschäftigen, so steht doch der Mensch im Mittelpunkt all unserer Bemühungen. Schließlich verbringt jeder von uns den Großteil seiner Lebenszeit in Räumen. Folglich ist unser Ansporn weit mehr als technologischer Fortschritt.
Für uns geht es darum, die Bedingungen zu verbessern, wie wir in Gebäuden leben und arbeiten. Es geht darum, neben wirtschaftlichen Gesichtspunkten auch höchste Ansprüche an Sicherheit, Komfort und Produktivität zu erfüllen. Und es geht uns darum, wirtschaftliche Leistungsfähigkeit mit ökologischer Verträglichkeit in Einklang zu bringen. Heute mehr denn je.

Caverion Deutschland GmbH
Riesstraße 8
80992 München
+49 89 374288-0
info@caverion.com
www.caverion.de

Ansprechpartner
Holger Winkelsträter
Leiter Marketing & Kommunikation
+49 89 374288-117
Holger.Winkelstraeter@caverion.com

CBRE Gruppe Deutschland

Gründungsjahr:	1906
Hauptsitz in Deutschland:	Essen (CBRE GWS IFM Industrie GmbH)
Anzahl der Standorte in Deutschland:	ca. 500*
Anzahl der Standorte im Ausland:	k. A.
Mitarbeiter gesamt 2020:	1.900
Mitarbeiter in Deutschland 2020:	1.900
Umsatz gesamt 2020:	388,0 Mio. Euro
Umsatz in Deutschland 2020:	388,0 Mio. Euro

* Inkl. Kundenstandorte

CBRE ist – in Bezug auf den Umsatz im Geschäftsjahr 2020 – der größte globale Immobiliendienstleister. Mit mehr als 100.000 Mitarbeitenden in über 100 Ländern steht CBRE Immobiliennutzern und Investoren als Partner für alle Immobilienbelange weltweit zur Seite.

CBRE bietet ein breites Spektrum an integrierten Dienstleistungen über den gesamten Lebenszyklus einer Immobilie: von der strategischen und technisch-wirtschaftlichen Beratung wie u. a. beim An- und Verkauf oder der An- und Vermietung, über die Verwaltung und Bewertung von Immobilien bis hin zum Portfolio-, Transaktions-, Projekt- und Facility-Management.

Der Geschäftsbereich Global Workplace Solutions (GWS) erbringt als strategischer Outsourcing-Partner integriertes Facility- und Projektmanagement sowie Immobiliendienstleistungen länderübergreifend aus einer Hand, damit Unternehmen Immobilienkosten senken, Risiken minimieren, Flächen effektiver nutzen, und Arbeitsumgebungen innovativer gestalten können.

CBRE GWS IFM Industrie GmbH
Grugaplatz 2–4
45131 Essen
www.cbre.de

Ansprechpartner
Glenn-Michael Müller
Senior Director Business Development CBRE GWS
+49 152 5672 8299
glenn-michael.mueller@cbre.com

Compass Group Deutschland

Gründungsjahr:	1995
Sitz in Deutschland:	Eschborn
Anzahl der Standorte in Deutschland:	Rund 3.000
Anzahl der Standorte im Ausland:	in über 50 Ländern vertreten
Mitarbeiter gesamt 2020:	13.800
Mitarbeiter in Deutschland 2020:	13.800
Umsatz gesamt 2020:	470,0 Mio. Euro
Umsatz in Deutschland 2020:	470,0 Mio. Euro

Die Compass Group Deutschland GmbH ist Marktführer für Catering und Food Services und einer der führenden Anbieter von Support Services. Durch das breite Leistungsangebot können alle Bestandteile des infrastrukturellen Gebäudemanagements, inklusive von Food-Service-Lösungen wie Betriebsrestaurants, Zwischenverpflegung und Events, vor Ort gebündelt werden. Für den Kunden bedeutet das eine ganzheitliche Kundenbetreuung vom Vertrieb bis hin zur operativen Umsetzung durch einen Ansprechpartner, um die erwartete Service Excellence sicherzustellen.

Das Leistungsportfolio der Compass-Tochter Plural servicepool GmbH umfasst Reinigungs-Services – von der täglichen Büroreinigung bis zur Reinraumreinigung in sterilen Laboren und Produktionsstätten, Garten- und Landschafts-Services, Business- und Office-Services, Sicherheits-Services, Logistik- und Transport-Services, Immobilien-Services und Projektmanagement. Das Unternehmen verfügt über eine fast 100-jährige Firmengeschichte und Branchenerfahrung.

Compass Group Deutschland GmbH
Helfmann-Park 2
65760 Eschborn
+49 6196 478-500
info.compass@compass-group.de
www.compass-group.de

Conrady Gruppe

Gründungsjahr:	1965
Sitz in Deutschland:	Gottmadingen
Anzahl der Standorte in Deutschland:	12
Anzahl der Standorte im Ausland:	4
Mitarbeiter gesamt 2020:	3.580
Mitarbeiter in Deutschland 2020:	2.680
Umsatz gesamt 2020:	73,0 Mio. Euro
Umsatz in Deutschland 2020:	55,0 Mio. Euro

Nach Gründung der Cowa chemische Fabrikation, einem regionalen Hersteller für Bodenpflegeprodukte 1965, entwickelte sich Cowa zu den führenden Anbietern im Bereich des infrastrukturellen Gebäudemanagements und steht für qualitativ anspruchsvolle Services in den Bereichen Gebäudereinigung, Gebäudedienste, Personaldienste sowie Catering. Die Cowa ist mit zwölf Niederlassungen in Deutschland sowie vier Standorten in der Schweiz präsent.

Unter dem Dach der Conrady Gruppe sind die Unternehmen Cowa Deutschland, dias, Cowa Schweiz und SHS zu Hause. Jeder mit seiner Kernkompetenz, seiner besonderen Erfahrung und seinen langjährigen Kunden.

Conrady Gruppe
Hauptstraße 65
78244 Gottmadingen
+49 7731 78 00 0
service@cowa.de
www.cowa.de

CWS

Gründungsjahr:	1956
Hauptsitz in Deutschland:	Duisburg
Anzahl der Standorte in Deutschland:	ca. 70
Anzahl der Standorte im Ausland:	134
Mitarbeiter gesamt 2020:	ca. 10.600
Mitarbeiter in Deutschland 2020:	k. A.
Umsatz gesamt 2019:	1,2 Mrd. Euro
Umsatz in Deutschland 2020:	k. A.

CWS bietet Komplettlösungen für mehr Gesundheit und Sicherheit. Eine gesündere und sichere Zukunft zu schaffen – so lautet das Ziel von CWS. Der Anspruch der Marke ist es, neue Standards zu setzen. Mit innovativen, nachhaltigen und digitalen Mietlösungen sorgt das Unternehmen für mehr Gesundheit, Sicherheit und Schutz von Kunden und deren Belegschaft.

Ganzheitliche Hygienelösungen können die Übertragung von Infektionen einschränken und Krankheitsraten senken. Regelmäßig kontrollierte Schutzkleidung kann Arbeitsunfälle verhindern und trägt somit zur Sicherheit am Arbeitsplatz bei.
Dazu setzt CWS als Systemanbieter auf sechs Leistungsbereiche, in denen es seine Kunden ganzheitlich berät und beliefert: Hygiene, Matten, Berufskleidung, Brandschutz, Reinraum, Gesundheit und Pflege.
Hygiene
Von kleinen Waschräumen bis hin zu großen Sanitäreinrichtungen versorgt CWS seine Kunden mit Komplettlösungen für Hände- und Toilettenhygiene, mit Einzelelementen für die Händereinigung, -desinfektion oder -pflege sowie für den WC-Bereich oder auch mit individuellen Gesamtkonzepten, die Versorgung und Betrieb beinhalten.

CWS Hygiene Deutschland GmbH & Co. KG
Dreieich Plaza 1A
63303 Dreieich
+49 6103 309-0
info.de@cws.com
www.cws.com

Ansprechpartner
Enzo Lagrasta
Department Head
Marketing/Product
Management Hygiene
+49 6103 309-1710
enzo.lagrasta@cws.com

DB Services

Gründungsjahr:	1990
Sitz in Deutschland:	Berlin
Anzahl der Standorte in Deutschland:	300
Anzahl der Standorte im Ausland:	0
Mitarbeiter gesamt 2020:	9.900*
Mitarbeiter in Deutschland 2020:	9.900*
Umsatz gesamt 2020:	810,0 Mio. Euro*
Umsatz in Deutschland 2020:	810,0 Mio. Euro*

* Daten teilweise geschätzt

Was 1990 mit der Gründung der Bahnreinigungsgesellschaften sowie Anlagen und Haustechnik GmbH begann, wird heute als etablierter Geschäftsbereich unter dem Dach der DB Services gebündelt weitergeführt. Nach der Verschmelzung DB Services Technische Dienste GmbH mit Bahnreinigungsgesellschaften im Jahre 2006 zu DB Services in sechs regionale Gesellschaften erfolgte fünf Jahre später die Umbenennung in DB Services GmbH samt Verschmelzung der sechs regionalen Gesellschaften.

Die DB Services GmbH ist seitdem der Spezialist, wenn es um Facility Management- und Verkehrs-Systemdienstleistungen für Immobilien, Industrie und Mobilität geht. Mittlerweile sorgen 9.900 qualifizierte Mitarbeiter für den reibungslosen und flächendeckenden Betrieb von Anlagen, unterstützen die Verfügbarkeit von Gebäuden, realisieren die Bereitstellung von Verkehrsmitteln und garantieren dabei hohe Effizienz und Wertschöpfung.

DB Services GmbH
Elisabeth-Schwarzhaupt-Platz 1
10115 Berlin
+49 30 29753400
db-services@deutschebahn.com
www.dbservices.de

Dorfner Gruppe

Gründungsjahr:	1949
Sitz in Deutschland:	Nürnberg
Anzahl der Standorte in Deutschland:	35
Anzahl der Standorte im Ausland:	5
Mitarbeiter gesamt 2020:	10.605
Mitarbeiter in Deutschland 2020:	7.315
Umsatz gesamt 2020:	268,5 Mio. Euro
Umsatz in Deutschland 2020:	174,0 Mio. Euro

Inlandsumsatz inkl. Servicegesellschaften und Organschaften in 2020: 256,5 Mio. Euro.

Dorfner blickt auf eine über 60-jährige Geschichte zurück – vom Handwerksbetrieb zum Großunternehmen. In dieser Zeit entwickelte sich aus dem Spezialisten für Gebäudereinigung ein strategischer Immobilienpartner mit rund 11.000 Mitarbeitern an 35 Standorten in Deutschland. Ein weiterer Standort befindet sich in Tschechien, vier weitere in Österreich.

Die Dorfner Gruppe vereint unter ihrem Dach einen engen Verbund von Fachunternehmen, die sich auf die Dienstleistungsbereiche Gesundheit, Industrie und Verwaltungen spezialisiert haben. Organisatorisch ist das Leistungsspektrum in die Geschäftsbereiche Gebäudereinigung, Gebäudemanagement, Servicedienstleistungen, Reinraum und Wäscherei gegliedert.

Neben klassischen Reinigungsdienstleistungen offeriert das Unternehmen auch Maschinenreinigung sowie ZSVA (Zentrale Sterilgutversorgungsabteilung) und Bauplanungsberatung. Weiterhin bietet es auch Beratungsdienste in puncto Catering an. Im Gebäudemanagement gesellen sich zu Wartung und Instandhaltung Hausmeister-Services und Wirtschaftsdienste.

Dorfner GmbH & Co. KG
Willstätterstraße 71
90449 Nürnberg
+49 911 6802-0
info@dorfner-gruppe.de
www.dorfner-gruppe.de

Dussmann Service

Gründungsjahr:	1963
Hauptsitz in Deutschland:	Berlin
Anzahl der Standorte in Deutschland:	51
Anzahl der Standorte im Ausland:	35
Mitarbeiter gesamt 2020:	53.465
Mitarbeiter in Deutschland 2020:	17.565
Umsatz gesamt 2020:	1.698,0 Mio. Euro
Umsatz in Deutschland 2020:	619,0 Mio. Euro

Die Dussmann Service Deutschland GmbH ist der Next-Level-Servicepartner für ausgelagerte Geschäftsprozesse in der Immobilienbewirtschaftung und unterstützt Kunden verschiedenster Branchen mit Integriertem Facility Management oder einzelnen Services wie Gebäudetechnik, Gebäudereinigung, Catering und Sicherheits- und Empfangsservices.

Die Dussmann Mobility Services GmbH (DMS) ist ein Tochterunternehmen von Dussmann Service und plant, installiert und bewirtschaftet Ladelösungen für E-Fahrzeuge.

Mit dem Fokus auf Innovation, Digitalisierung und Technologie entwickelt Dussmann Service maßgeschneiderte Konzepte und Lösungen, nah am Kunden und dessen branchenspezifischen Anforderungen. Dussmann Service ist der größte Geschäftsbereich des international aufgestellten Familienunternehmens Dussmann Group, das mit 64.500 Mitarbeitenden in 22 Ländern Dienstleistungen rund um den Menschen bietet.

Dussmann Service Deutschland GmbH
Friedrichstraße 90
10117 Berlin
+49 30 2025-0
hotline@dussmann.de
www.dussmann.com

Ansprechpartner
Dussmann Service Vetrieb
Vertrieb
+49 30 2025-2719
vertrieb@dussmann.de

Dussmann

ENGIE Deutschland

Gründungsjahr:	1881
Hauptsitz in Deutschland:	Köln, Berlin
Anzahl der Standorte in Deutschland:	50
Anzahl der Standorte im Ausland:	k. A.
Mitarbeiter gesamt 2020:	3.520
Mitarbeiter in Deutschland 2020:	3.520
Umsatz gesamt 2020:	838,0 Mio. Euro
Umsatz in Deutschland 2020:	838,0 Mio. Euro

Das Ziel der ENGIE-Gruppe: Wir begleiten unsere Kunden beim Übergang zur Klimaneutralität durch energieeffiziente Lösungen und den Einsatz und Ausbau erneuerbarer Energien.

Als Komplettdienstleister im Bereich Facility Solutions bietet ENGIE Deutschland dem Kunden modulare Leistungspakete – von Service und Wartung über Instandhaltung bis hin zur kompletten Bewirtschaftung komplexer Liegenschaften. ENGIE sichert den optimalen Betrieb von Gebäuden und Anlagen, sorgt für einheitliche Standards in der Bewirtschaftung und für transparente, planbare Kosten. Für Multi-Site-Kunden arbeitet ENGIE als überregionaler oder internationaler Facility-Management-Partner. Mit 30 deutschen Niederlassungen und zahlreichen Servicestützpunkten ist der Bereich Facility Solutions flächendeckend in Deutschland vertreten.

Dank der weltweiten Präsenz der ENGIE-Gruppe werden auch länderübergreifende Portfolios aus einer Hand bedient.

ENGIE Deutschland GmbH
Aachener Str. 1044
50858 Köln
+49 221 46905-0
info2.engiede@engie.com
engie-deutschland.de

Ansprechpartner
Astrid Schatz
Chief Communication Officer
+49 221 46905-204
astrid.schatz@engie.com

Etna

Gründungsjahr:	1901
Sitz in Deutschland:	Frankfurt am Main
Anzahl der Standorte in Deutschland:	11
Anzahl der Standorte im Ausland:	0
Mitarbeiter gesamt 2020:	352
Mitarbeiter in Deutschland 2020:	352
Umsatz gesamt 2020:	57,5 Mio. Euro
Umsatz in Deutschland 2020:	57,5 Mio. Euro

Als etabliertes Unternehmen im Bereich Luft- und Klimatechnik bietet Etna Lösungen von einfachen Luft- und Klimatechnik-Anlagen für Dienstleistungs- und Industriebetriebe bis hin zu komplexen Lösungen im Bereich Reinraum und Prozessinfrastruktur in den Sparten Pharma und Mikroelektronik.

Das Unternehmen ist auf Gesamtlösungen spezialisiert und bietet umfassende Serviceleistungen. Dazu gehören Facility Services (besonders technisches Gebäudemanagement), Instandhaltung, Luft- und Klimatechnik, Reinraumtechnik sowie Schutztechnik mittels des Einsatzes von ABC-Spezialfiltern.

Das Facility-Services-Angebot erstreckt sich vor allem auf Hotels sowie Gewerbe- und Bürogebäude, in der Luft- und Klimatechnik betreut Etna Kunden aus den Bereichen Logistik, Energie und Handel. Die Reinraumdienste werden insbesondere von Kliniken, Forschungseinrichtungen und Unternehmen aus der Chemie- und Pharmaindustrie beansprucht. Die Dienstleistungen sind zertifiziert, im Qualitätsmanagement nach ISO 9001:2008, im Umweltmanagement nach ISO 14001:2004 sowie in der Instandhaltung unter anderem nach VDI 6022.

Etna GmbH
Colmarer Straße 11
60528 Frankfurt am Main
+49 69 403 51-200
kontakt@etna.de
www.etna.de

Gegenbauer

Gründungsjahr:	1925
Sitz in Deutschland:	Berlin
Anzahl der Standorte in Deutschland:	36
Anzahl der Standorte im Ausland:	3
Mitarbeiter gesamt 2020:	18.045
Mitarbeiter in Deutschland 2020:	17.405
Umsatz gesamt 2020:	787,5 Mio. Euro
Umsatz in Deutschland 2020:	765,1 Mio. Euro

1925 gründete Carl Gegenbauer einen Ein-Mann-Reinigungsbetrieb in Berlin. Seitdem hat sich das Unternehmen zu einem Full-Service-Anbieter im Facility Management entwickelt. Drei weitere Niederlassungen befinden sich in Polen.
Das Leistungsportfolio umfasst alle Services rund um das integrierte Facility Management, gegliedert in die Abteilungen Facility Management, Health Care, Gebäudereinigung, Property Services, Location Management sowie Sicherheitsdienste und Aviation Services. Die Holdingstruktur von Gegenbauer ist zu diesem Zweck in mehrere Fachunternehmen aufgegliedert. Dazu gehören RGM Facility Management GmbH, Gegenbauer Services GmbH, Gegenbauer Property Services GmbH, Gegenbauer Location Management & Services GmbH und Gegenbauer Sicherheitsdienste GmbH.
Zu den Kunden zählen öffentliche Einrichtungen, Kommunen, Finanzdienstleister, Industrie, Gesundheitswesen, Aviation sowie Veranstaltungsstätten und die Wohnungswirtschaft. Rückwirkend zum 01.01.2016 wurde RGM Holding GmbH übernommen, die als Eigenmarke RGM weitergeführt wird.

Gegenbauer Holding SE & Co. KG
Friedrichstraße 94
10117 Berlin
+49 30 44670-0
info@gegenbauer.de
www.gegenbauer.de

Geiger FM

Gründungsjahr:	1969
Hauptsitz in Deutschland:	Dietmannsried
Anzahl der Standorte in Deutschland:	51
Anzahl der Standorte im Ausland:	k. A.
Mitarbeiter gesamt 2020:	k. A.
Mitarbeiter in Deutschland 2020:	12.423
Umsatz gesamt 2020:	k. A.
Umsatz in Deutschland 2020:	317,6 Mio. Euro

Inlandsumsatz inkl. Servicegesellschaften und Organschaften

Als Familienunternehmen ist Geiger FM von jeher mittelständischem Denken und Handeln verpflichtet. Das drückt sich in der Innovationsfreude und im Qualitätssinn seiner Mitarbeiter genauso aus wie in den modernen modularen Leistungen. Nur was den hohen Ansprüchen des Unternehmens genügt, wird auch gelebt.

Verantwortung zu übernehmen heißt für Geiger FM, immer das Beste für die Kunden und Mitarbeiter erreichen zu wollen. Mit viel Erfahrung, Leidenschaft und vollem Einsatz. Langjährige Erfahrung und technisches Know-how lassen aber eines nicht vergessen: Dass hinter jeder einzelnen der Leistungen ein Mensch steckt. Ein wertgeschätzter Teil eines Teams, das sich Qualitätsdenken, Innovationsfreude und Verantwortungsbewusstsein verschrieben hat.

Wir kümmern uns um Ihre Immobilie. Es gibt keine zweite Chance, um einen guten ersten Eindruck zu machen. Das gilt auch für Immobilien. Wir vereinen alle professionellen Dienstleistungen rund um Ihr Objekt – und das unter einem Dach: Reinigung und Technik sowie Grünflächenpflege, Engineering und Catering & Vending. Getreu unserem Motto: »Kompetenz. Transparenz. Vielfalt.«

Geiger FM Dienstleistungsgruppe Holding GmbH & Co. KG
Steinbühl 1
87463 Dietmannsried
+49 08374 2323-0
info@geiger-fm.de
www.geiger-fm.de

Ansprechpartner
Thomas Braun
Geschäftsführender Gesellschafter
+49 8374 2323-250
Thomas.Braun@geiger-fm.de

GEIGER FACILITY MANAGEMENT

Gema Gebäudemanagement

Gründungsjahr:	1998
Sitz in Deutschland:	München
Anzahl der Standorte in Deutschland:	7
Anzahl der Standorte im Ausland:	0
Mitarbeiter gesamt 2020:	500
Mitarbeiter in Deutschland 2020:	500
Umsatz gesamt 2020:	78,0 Mio. Euro
Umsatz in Deutschland 2020:	78,0 Mio. Euro

Die Gema Gebäudemanagement GmbH & Co. KG ist ein mittelständisches Unternehmen. Sie wurde 1998 gegründet und ist in den Bereichen technisches, infrastrukturelles und kaufmännisches Gebäudemanagement tätig.

Seit dem Jahr 2006 ist das Unternehmen nach DIN EN ISO 9001: 2015 und seit 2013 nach GEFMA 710,720 zertifiziert und unterzieht sich weiterhin in regelmäßigen Abständen den Audits von TÜV Nord, um diesen Standard kontinuierlich zu halten.

Die Gema Gebäudemanagement GmbH & Co. KG erbringt alle ihre Leistungen aus einer Hand und beauftragt keine Subunternehmen.

Gema Gebäudemanagement GmbH & Co. KG
Schatzbogen 43
81829 München
+49 89 54800-600
info@gema-gebaeudemanagement.de
www.gema-gebaeudemanagement.de

Gepe Gebäudedienste Peterhoff

Gründungsjahr:	1956
Sitz in Deutschland:	Düren
Anzahl der Standorte in Deutschland:	9
Anzahl der Standorte im Ausland:	0
Mitarbeiter gesamt 2020:	4.820
Mitarbeiter in Deutschland 2020:	4.820
Umsatz gesamt 2020:	127,6 Mio. Euro
Umsatz in Deutschland 2020:	100,3 Mio. Euro

Inlandsumsatz inkl. Servicegesellschaften und Organschaften in 2020: 127,6 Mio. Euro.

1956 als Gebäudereinigungsunternehmen in Düren gegründet, ist die Gepe Gebäudedienste Peterhoff GmbH ein führender Full-Service-Anbieter für eine Vielzahl von infrastrukturellen und technischenDienstleistungen mit 9 Standorten in ganz Deutschland. Ein Qualitätsmanagementsystem gemäß DIN ISO 9001 und DIN ISO 14001, unterstützt durch das elektronische Qualitäts-Sicherungs-System »e-QSS« , ist tief im Unternehmen verankert.

Die angebotenen Services umfassen Gebäudereinigung, Sicherheitsdienste, Gebäudemanagement und Catering, Letzteres über das Tochterunternehmen Primus Service. Die Peterhoff Immobilien GmbH deckt außerdem verschiedenste Bereiche der Immobilienwirtschaft ab. Zudem bietet das Unternehmen seine Dienste auch über Servicegesellschaften an.

Die Reinigungsleistungen des Unternehmens werden vornehmlich in Büro- und Verwaltungsgebäuden, Kliniken, Seniorenheimen, Kaufhäusern und Produktionsstätten erbracht. Der Bereich Gebäudemanagement bündelt die Leistungen Erstellung von Betriebskonzepten, technische Betriebsführung, Analyse und Dokumentation, Wartung und Instandhaltung sowie Grün- und Graupflege.

Gepe Gebäudedienste Peterhoff GmbH
Otto-Brenner-Straße 21
52353 Düren
+49 2421 84090
info@gepe-peterhoff.de
www.gepe-peterhoff.de

Gies Dienstleistungen

Gründungsjahr:	1970
Sitz in Deutschland:	Stadtallendorf
Anzahl der Standorte in Deutschland:	15
Anzahl der Standorte im Ausland:	0
Mitarbeiter gesamt 2020:	4.650
Mitarbeiter in Deutschland 2020:	3.830
Umsatz gesamt 2020:	121,5 Mio. Euro
Umsatz in Deutschland 2020:	71,0 Mio. Euro

Inlandsumsatz inkl. Servicegesellschaften und Organschaften in 2020: 121,5 Mio. Euro.

Gies Dienstleistungen wurde gegründet als gastronomisch orientiertes Dienstleistungsunternehmen. Mit den Geschäftsfeldern Catering, Gebäudereinigung und Personaldienstleistungen deckt es den gesamten Anforderungsbereich infrastruktureller Services ab.

Die Kunden des Dienstleisters stammen vor allem aus den Bereichen Kliniken, Senioreneinrichtungen, Industrie & Verwaltung sowie öffentliche Einrichtungen. Spezialisiert auf die Gründung und Betreibung von Service-Gesellschaften, übernimmt das Unternehmen alle personalintensiven Sekundärleistungen seiner Kunden. Den Schwerpunkt bildet hierbei der Gesundheits- und Sozialmarkt.

Gies Dienstleistungen verantwortet zurzeit in 10 Service-Gesellschaften nach dem Modell »51/49 Prozent« Dienstleistungen wie Catering und Gebäudereinigung sowie Funktions- und Pflegehilfsdienste. Public-Private-Partnership-Projekte runden das Portfolio von Gies ab.

Gies Dienstleistungen GmbH
Oderstraße 21-23
35260 Stadtallendorf
+49 6428 9241-0
info@giesdl.de
www.giesdl.de

GIG Technology & Real Estate

Gründungsjahr:	1998
Sitz in Deutschland:	Berlin
Anzahl der Standorte in Deutschland:	19
Anzahl der Standorte im Ausland:	k. A.
Mitarbeiter gesamt 2020:	930*
Mitarbeiter in Deutschland 2020:	930*
Umsatz gesamt 2020:	95,0 Mio. Euro*
Umsatz in Deutschland 2020:	95,0 Mio. Euro*

* Daten teilweise geschätzt

Die mittelständische Unternehmensgruppe der GIG Technology & Real Estate GmbH ist deutschlandweit der Partner für industrielle und gewerbliche Unternehmen, für Investoren- und Fondsgesellschaften, für Verwaltungen im Industrie-, Büro und Gewerbebereich, für Wohnimmobilienportfolios und für Pharma-Unternehmen.

Als Komplettanbieter im Facility Management ist GIG der Spezialist im Technischen Facility Management und Engineering. Für Unternehmen aus den Bereichen Pharmazie, Biotechnologie und Life Science hat die GIG alle Pharma-Dienstleistungen in der GIG pharmasite technology GmbH gebündelt.

Momentan stehen mit Partnerunternehmen mehr als 600 Mitarbeiter an über 230 deutschen Immobilien-Standorten sowie in Österreich und der Schweiz den Kunden für sämtliche Herausforderungen des Facility Management zur Seite.

GIG Technology & Real Estate GmbH
Hohenzollerndamm 150
14199 Berlin
+49 30 7568777-0
info@gig24.com
www.gig24.com

Götz-Management-Holding

Gründungsjahr:	1949
Sitz in Deutschland:	Regensburg
Anzahl der Standorte in Deutschland:	über 60
Anzahl der Standorte im Ausland:	k. A.
Mitarbeiter gesamt 2020:	16.033
Mitarbeiter in Deutschland 2020:	13.600
Umsatz gesamt 2020:	307,0 Mio. Euro
Umsatz in Deutschland 2020:	254,0 Mio. Euro

Inlandsumsatz inkl. Servicegesellschaften und Organschaften in 2020: 273,0 Mio. Euro.

Seit 1949 hat sich die Firmengruppe Götz zu einem bedeutenden Dienstleistungsspezialisten in Deutschland entwickelt. Die konsequente Erweiterung des Dienstleistungsangebots und die Erschließung neuer Märkte haben das Unternehmen zum heutigen Full-Service-Anbieter gemacht.

Götz ist insgesamt an über 100 Niederlassungen und Standorten in Deutschland vertreten. Darüber hinaus sind Mitarbeiter in Österreich, der Schweiz, der Tschechischen Republik, Ungarn und Polen ansässig. Das Leistungsportfolio des Unternehmens umfasst technisches, infrastrukturelles und kaufmännisches Gebäudemanagement, Sicherheitsdienste, Personendienstleistungen und Zeitarbeit sowie Organisationsentwicklung. Weiterhin offeriert Götz Branchenlösungen für das Gesundheitswesen sowie im Hotel- und Bahnservice.

Seit 2009 ist Götz nach den Anforderungen des Arbeits- und Gesundheitsschutzmanagementsystems DIN ISO 45001 zertifiziert. Dasselbe gilt für das Qualitätsmanagementsystem (DIN EN ISO 9001) und das Umweltmanagementsystem (DIN EN ISO 14001).

Götz-Management-Holding AG
Hofer Straße 10
93057 Regensburg
+49 941 64040
service@goetz-fm.com
www.goetz-fm.com

Goldbeck Services

Gründungsjahr:	1998
Sitz in Deutschland:	Bielefeld
Anzahl der Standorte in Deutschland:	32
Anzahl der Standorte im Ausland:	17
Mitarbeiter gesamt 2020:	640
Mitarbeiter in Deutschland 2020:	620
Umsatz gesamt 2020:	142,0 Mio. Euro
Umsatz in Deutschland 2020:	138,0 Mio. Euro

Die Goldbeck Services GmbH betreut und berät bundesweit im Bereich Facility Management (technisch, kaufmännisch und infrastrukturell), Technischer Service sowie Modernisierung und Umbau. Im Bereich Property- und Center-Management ergänzt die Goldbeck Procenter GmbH die Leistungen. Beide sind Teil der europaweit tätigen Goldbeck GmbH, deren jahrzehntelange Erfahrung in der Planung und Konzeption, dem Bau und der Betreuung von Industrie- und Logistikhallen, Bürogebäuden und Parkhäusern genutzt wird. Doch Know-how ist nicht das einzige Geheimnis des Erfolges: Das Familienunternehmen Goldbeck steht für gelebte Werte. Verantwortungsbewusstsein, Leistungsbereitschaft und Menschlichkeit zeichnen das Miteinander aus.

Aktuell erbringt Goldbeck Gebäudemanagement Dienstleistungen in über 1.600 Immobilien für zufriedene Kunden aus Logistik, Produktion, Handel, Hotels sowie in Pflege- und Büroimmobilien aus gewerblicher und öffentlicher Hand.

Goldbeck Services GmbH
Ummelner Straße 4-6
33649 Bielefeld
+49 521 9488-0
info@goldbeck.de
www.goldbeck.de

Gonder Facility Services

Gründungsjahr:	1924
Sitz in Deutschland:	Frankfurt am Main
Anzahl der Standorte in Deutschland:	20
Anzahl der Standorte im Ausland:	0
Mitarbeiter gesamt 2020:	3.600
Mitarbeiter in Deutschland 2020:	3.600
Umsatz gesamt 2020:	75,0 Mio. Euro
Umsatz in Deutschland 2020:	75,0 Mio. Euro

Die Unternehmensgeschichte beginnt bereits im Jahr 1924 mit der Gründung der Gebäudereinigung Gonder. Schon damals legte Hans Gonder den Grundstein für ein Unternehmen, das sich durch Qualität, Zuverlässigkeit und kundenspezifische Serviceleistungen auszeichnen sollte. Das Unternehmen befindet sich bereits in vierter Generation in Familienbesitz. Im Jahr 1999 übernahm Hans T. Gonder die Gonder Facility Services GmbH, um gemeinsam mit seinen Mitarbeiterinnen und Mitarbeitern innerhalb kürzester Zeit daraus ein modernes, dynamisches und wachstumsstarkes Dienstleistungsunternehmen zu gestalten. Durch absolute Zuverlässigkeit, stetig steigende Kompetenz und innovative Lösungen im Bereich des professionellen Gebäudemanagements hat sich das Unternehmen bei einem festen Kundenstamm nahezu im gesamten Bundesgebiet fest etabliert.
Mit der Ausweitung der Serviceleistungen durch die Unternehmensbereiche Facility Management, Personal Services und Logistik kann Gonder Facility Services seinen Kunden ein umfassendes Komplettprogramm für alle Kundenanforderungen bieten.

Gonder Facility Services GmbH
August-Schanz-Straße 18
60433 Frankfurt am Main
+49 69 548090-0
info@gonder.de
www.gonder.de

GRG Services Group

Gründungsjahr:	1920
Sitz in Deutschland:	Berlin
Anzahl der Standorte in Deutschland:	13
Anzahl der Standorte im Ausland:	0
Mitarbeiter gesamt 2020:	3.900
Mitarbeiter in Deutschland 2020:	3.900
Umsatz gesamt 2020:	86,0 Mio. Euro
Umsatz in Deutschland 2020:	86,0 Mio. Euro

1920 gegründet, ist die GRG Services Group heute einer der führenden Gebäudereiniger in den größten Ballungszentren Deutschlands. Die GRG Services Berlin fungiert für die Unternehmensgruppe als Mutterunternehmen. Die GRG Services Potsdam, Hamburg, München, Region Passau, Hotel und Gebäudemanagement sowie die SNW Schneebeseitigung Nord Winterdienst operieren als regionale respektive spezialisierte Anbieter.

Allgemeine Leistungen bietet das Unternehmen in den Bereichen Reinigung, Service, Logistik sowie Beratung. Branchenspezifische Spezialleistungen unterteilt es in die Sektoren Hotel, Gesundheit & Soziales, Reinigungssensibel, Kultur und Freizeit, Industrie und Bauwesen. Das Qualitäts- und Umweltmanagementsystem ist nach DIN EN ISO 9001/14001 zertifiziert, das Hygienemanagement gemäß HACCP.

GRG Services Berlin GmbH & Co. KG
Fasanenstraße 7-8
10623 Berlin
+49 30 49009 200
info@grg.de
www.grg.de

Hectas Facility Services

Gründungsjahr:	1974
Hauptsitz in Deutschland:	Wuppertal
Anzahl der Standorte in Deutschland:	32
Anzahl der Standorte im Ausland:	9
Mitarbeiter gesamt 2020:	8.100
Mitarbeiter in Deutschland 2020:	6.300
Umsatz gesamt 2020:	198,1 Mio. Euro
Umsatz in Deutschland 2020:	149,4 Mio. Euro

Als eine Gesellschaft der Vorwerk-Unternehmerfamilie ist hectas ein Qualitätspartner für Facility Services. Ihr Portfolio umfasst die Gebäudereinigung, Industriereinigung, Grünflächenpflege, Sicherheitsdienste sowie weitere Gebäudedienstleistungen.

Im Dialog mit ihren Kunden entwickeln hectas-Mitarbeiterinnen und -Mitarbeiter individuell abgestimmte Lösungen für Unternehmen. Dabei wird auf das Know-how der eigenen Spezialisten und die langjährige Erfahrung aus verschiedenen Branchen zurückgegriffen. Gerne unterstützt der Dienstleister, der sich als Partner seiner Kunden versteht, auch deutschlandweit sowie in Österreich und den Niederlanden. Ein engmaschiges Netz an Standorten garantiert Kundennähe.

hectas legt großen Wert auf einen verantwortungsvollen Umgang mit Mensch und Umwelt und lebt Unternehmenswerte Wertschätzung, Zusammenarbeit, Professionalität und Innovation. Sämtliche Niederlassungen sind nach der DIN EN ISO 9001 und 14001 zertifiziert, das Arbeits- und Gesundheitsschutzmanagementsystem gemäß der DIN EN ISO 45001. Die Standorte der Sicherheitsdienste sind zusätzlich nach DIN 77200 zertifiziert.

hectas Facility Services Stiftung & Co. KG
Konsumstr. 45
42285 Wuppertal
+49 202 9479 4300
info@hectas.com
www.hectas.com

Ansprechpartner
Frank Keuper
Geschäftsleitung Deutschland
+49 202 9479 4303
frank.keuper@hectas.de

hectas FACILITY SERVICES

Infraserv Höchst

Gründungsjahr:	1997
Hauptsitz in Deutschland:	Frankfurt Höchst
Anzahl der Standorte in Deutschland:	6
Anzahl der Standorte im Ausland:	0
Mitarbeiter gesamt 2020:	656
Mitarbeiter in Deutschland 2020:	656
Umsatz gesamt 2020:	171,9 Mio. Euro
Umsatz in Deutschland 2020:	171,9 Mio. Euro

Unsere Kernkompetenz sind technisches Facility Management und die Planung und Realisierung von komplexen Gebäuden, Laboren und Infrastrukturen. Wir bewegen uns sicher im GMP-Umfeld dank einer eigenen GMP-Organisation und kennen uns bestens mit HSE-, Ver- und Entsorgungsthemen aus. Dabei begleiten wir unsere Kunden aus einer Hand: Von der Konzeption und der Planungsphase über Errichtung und Betrieb bis hin zu Um- oder Rückbau.
Unsere Ingenieure, Techniker und Handwerker sind täglich für mehr als 60 Kunden im Einsatz. Gemeinsam bilden wir ein Team von fast 656 FM-Experten, die deutschlandweit Betriebs- und Projektleistungen für unsere Kunden an den Standorten Frankfurt, Bad Homburg, Darmstadt, Hanau, im bayerischen Penzberg sowie in Wuppertal erbringen.

Infraserv GmbH & Co. Höchst KG
Brüningstr. 50
65926 Frankfurt am Main
www.infraserv.com

infraserv höchst

Element Ihres Erfolgs.

Ansprechpartner
Rouven Lorch
Bereichsleitung Facilities Services
rouven.lorch@infraserv.com

ISD Immobilien Service Deutschland

Gründungsjahr:	1983
Sitz in Deutschland:	Lüdenscheid
Anzahl der Standorte in Deutschland:	80
Anzahl der Standorte im Ausland:	0
Mitarbeiter gesamt 2020:	7.529
Mitarbeiter in Deutschland 2020:	7.529
Umsatz gesamt 2020:	139,0 Mio. Euro
Umsatz in Deutschland 2020:	139,0 Mio. Euro

1983 startete der Immobilien Service Deutschland, damals noch unter dem Namen »Deutsche Hausmeister Zentrale«, mit seiner ersten Niederlassung in Dortmund. Seitdem entwickeln sie individuelle Konzepte für Pflege und Werterhalt von Immobilien und Grundstücken für ihre Kunden – und das partnerschaftlich, tatkräftig und systematisch. Im Jahr 2018 feierte der Immobilien Service Deutschland sein 35-jähriges Bestehen und erweiterte sein Niederlassungsnetz in diesem Zeitraum auf inzwischen 80 Niederlassungen. Somit gehört der Immobilien Service Deutschland zu den großen nationalen Gebäudedienstleistern. Der Dienstleister ist für Wohn- und Gewerbeimmobilien tätig. Das Unternehmen beschäftigt sich mit den anfallenden Tätigkeiten im und am Gebäude sowie auf Grundstücken – von der Haustechnik bis zur Büro- oder Treppenhausreinigung und von der Gartenpflege bis zum Winterdienst.

ISD Immobilien Service Deutschland GmbH & Co. KG
Freisenbergstraße 31
58513 Lüdenscheid
+49 2351 950-111
kunde@isd-service.de
www.isd-service.de

245

ISS Deutschland

Gründungsjahr:	1901
Hauptsitz in Deutschland:	Düsseldorf
Anzahl der Standorte in Deutschland:	über 25
Anzahl der Standorte im Ausland:	in über 30 Ländern
Mitarbeiter gesamt 2020:	über 12.000
Mitarbeiter in Deutschland 2020:	über 12.000
Umsatz gesamt 2020:	737,0 Mio. Euro
Umsatz in Deutschland 2020:	737,0 Mio. Euro

ISS, ein führendes Unternehmen im Bereich Workplace Experience und Facility Management, schafft Raumlösungen, die zu einer besseren Unternehmensleistung beitragen und das Leben einfacher, produktiver und angenehmer machen – nach hohen Standards, geliefert von engagierten Menschen. Das erreicht ISS durch die intelligente Verknüpfung von Sensorik, KI-basierte Insight Reportings und Service Excellence.

Mit langjähriger Erfahrung im Bereich der integrierten Serviceleistungen sorgt ISS für eine hygienische Arbeitsumgebung. Damit trägt ISS zum Erhalt der Gesundheit von Gebäudenutzern bei. ISS bietet eine breite Servicepalette: Technical, Cleaning, Food, Security, Support und Workplace Services sowie Integrated Property- und Facility Management.

Weltweit ist ISS in über 30 Ländern tätig. Im Jahr 2020 belief sich der weltweite Umsatz der ISS Gruppe auf 9,39 Milliarden Euro bei fast 350.000 Mitarbeitenden. 1901 in Kopenhagen gegründet, ist ISS seit 1960 in Deutschland tätig. 2020 erzielte ISS Deutschland einen Jahresumsatz von 737 Millionen Euro und beschäftigt über 12.000 Mitarbeitende.

ISS Facility Services Holding GmbH
Theodorstr. 178
40472 Düsseldorf
+49 211 30278-0
info@de.issworld.com
de.issworld.com

Ansprechpartner
Stefan Söth
Commercial Director
+49 211 302 784 395
Stefan.Soeth@de.issworld.com

Klüh Service Management

Gründungsjahr:	1911
Hauptsitz in Deutschland:	Düsseldorf
Anzahl der Standorte in Deutschland:	52
Anzahl der Standorte im Ausland:	10
Mitarbeiter gesamt 2020:	49.341
Mitarbeiter in Deutschland 2020:	19.707
Umsatz gesamt 2020:	807,1 Mio. Euro
Umsatz in Deutschland 2020:	631,3 Mio. Euro

Umsatz in Deutschland exklusive Servicegesellschaften 2020: 531,5 Mio. Euro

Die Klüh Service Management GmbH ist ein international agierender Multiserviceanbieter, der sich aus dem 1911 gegründeten Reinigungsunternehmen heraus entwickelt hat. Heute bietet Klüh in spezialisierten Fachunternehmen innovative Dienstleistungen in den Bereichen Cleaning, Catering, Clinic Service, Security, Personal Service, Airport Service und Integrated Services.

In allen Sparten ist Klüh für exzellente Services bekannt und als Dienstleistungspartner geschätzt. Ob es um spezialisierte Einzeldienstleistungen oder integrierte Servicekonzepte geht, Klüh hat immer die zuverlässige Entlastung und aktive Unterstützung rund um die Kernprozesse der Kunden im Fokus. Dabei werden die Leistungen lückenlos dokumentiert und Prozesse permanent weiterentwickelt.

So bietet Klüh auf der Basis von intelligenten Prozessstrukturen mit innovativen Hilfsmitteln und digitalen Tools zu jeder Zeit den bestmöglichen Service für individuelle Kundenanforderungen und sorgt für höhere Wirtschaftlichkeit.

Klüh Service Management GmbH
Am Wehrhahn 70
40211 Düsseldorf
+49 211 9068-0
info@klueh.de
www.klueh.de

Ansprechpartner
Frank Theobald
Sprecher der Geschäftsfühung
+49 211 9068-502
f.theobald@klueh.de

Kötter Unternehmensgruppe

Gründungsjahr:	1934
Hauptsitz in Deutschland:	Essen
Anzahl der Standorte in Deutschland:	über 50
Anzahl der Standorte im Ausland:	0
Mitarbeiter gesamt 2020:	17.600
Mitarbeiter in Deutschland 2020:	17.600
Umsatz gesamt 2020:	571,0 Mio. Euro
Umsatz in Deutschland 2020:	571,0 Mio. Euro

Die KÖTTER Unternehmensgruppe ist eine moderne und innovative Firmengruppe mit Stammsitz in Essen. Als professioneller Facility-Services-Anbieter hält das seit über 85 Jahren bestehende Familienunternehmen maßgeschneiderte Systemlösungen bereit.

Diese umfassen Sicherheitsdienstleistungen und -technik genauso wie Reinigungs- und Personaldienstleistungen und sind auf die spezifischen Anforderungen der jeweiligen Branche zugeschnitten. Zusätzlich erweitern passgenaue digitale Bausteine, z. B. das digitale »Wachbuch« mit Echtzeit-Meldungen zur Sicherheitslage in Unternehmen oder onlinegestützte Qualitätskontrollen in der Reinigung, diese Systemlösungen zu Smart Service Solutions. Höchste Qualitätsstandards gewährleisten u. a. die Zertifizierungen gemäß DIN EN ISO 9001 (Qualitätsmanagement), DIN EN ISO 14001 (Umweltmanagement), SCC (Safety Certificate Contractors) oder auch AMS (Arbeitsschutz mit System).

Gleichzeitig hält die die KÖTTER Akademie, die u. a. als Sicherheitsfachschule vom Bundesverband der Sicherheitswirtschaft (BDSW) zertifiziert ist, umfangreiche Aus- und Weiterbildungen für Kunden und eigene Mitarbeiter bereit.

KÖTTER Unternehmensgruppe
Wilhelm-Beckmann-Straße 7
45307 Essen
+49 201 2788-388
info@koetter.de
www.koetter.de

KÖTTER Services

Leadec

Gründungsjahr:	1962
Hauptsitz in Deutschland:	k.A.
Anzahl der Standorte in Deutschland:	58
Anzahl der Standorte im Ausland:	>300
Mitarbeiter gesamt 2020:	18.000
Mitarbeiter in Deutschland 2020:	k.A.
Umsatz gesamt 2020:	830,0 Mio. Euro
Umsatz in Deutschland 2020:	k.A.

Leadec ist der global führende Servicespezialist entlang dem gesamten Lebenszyklus der Fabrik und der dazugehörigen Infrastruktur. Das 1962 gegründete Unternehmen hat seinen Hauptsitz in Stuttgart. Leadec ist an mehr als 300 Standorten auf vier Kontinenten ansässig, oft direkt in den Anlagen der Kunden. Im Jahr 2020 erzielte die Leadec-Gruppe einen Umsatz von rund 830 Mio. Euro und beschäftigte weltweit etwa 18.000 Mitarbeiter.

Die globalen Services umfassen Engineering (Fabrikplanung und -optimierung, Automatisierung und Produktions-IT), Installing (Elektroinstallation, mechanische Installation und Maschinenumzüge), Maintaining (Produktionsinstandhaltung und technische Reinigung), Support (technisches Facility Management, infrastrukturelles Facility Management und Logistik) sowie weitere Leistungen.

Im Bereich Digitalisierung ist Leadec ein Vorreiter in seinem Marktumfeld. Über die digitale Geschäftsplattform Leadec.os werden sämtliche Prozesse erfasst und digitale Services integriert. Die gewonnenen Daten bilden die Basis, um Abläufe innerhalb und rund um die Produktion weiter in Richtung »Fabrik der Zukunft« zu transformieren.

Leadec Holding BV & Co. KG
Meitnerstrasse 11
70563 Stuttgart
+49 711 7841-0
info@leadec-services.com
www.leadec-services.com

Ansprechpartner
Dr. Christoph Jaschinski
Senior Vice President
+49 711 7841 216
christoph.jaschinski@
leadec-services.com

Niederberger Gruppe

Gründungsjahr:	1924
Sitz in Deutschland:	Köln
Anzahl der Standorte in Deutschland:	32
Anzahl der Standorte im Ausland:	0
Mitarbeiter gesamt 2020:	3.811
Mitarbeiter in Deutschland 2020:	3.811
Umsatz gesamt 2020:	82,1 Mio. Euro
Umsatz in Deutschland 2020:	82,1 Mio. Euro

Die Niederberger Gruppe bietet neben dem Schwerpunkt Gebäudereinigung Leistungen aus dem infrastrukturellen und technischen Gebäudemanagement an, wie unter anderem Hausmeisterservice, Kurierdienste, Straßen-, Fußweg und Parkplatzreinigung, Trinkwasseranalysen, RLT-Reinigungen (Raumlufttechnik), Elektroprüfungen und Wartung von Industrieanlagen. Zu den besonderen Leistungen gehören Baureinigung, Graffitibeseitigung, Reinigung mit Trockeneis, die Reinigung von Glas-, Stein- und Metallfassaden sowie Industriereinigungen für verschiedene Bereiche. Die Unternehmen der Niederberger Gruppe bilden jährlich mehr als 70 Auszubildende aus. Für dieses besondere Engagement in der Ausbildung wurde die Niederberger Gruppe im Jahr 2006 mit dem Ausbildungspreis des Bundesinnungsverbandes des Gebäudereinigerhandwerks ausgezeichnet. Die Führung der einzelnen Niederberger Betriebe liegt ausschließlich in den Händen qualifizierter Meister des Gebäudereinigerhandwerks. Das garantiert die hohe technische Qualität.

Niederberger Gruppe Verwaltungs-GmbH
Brohler Straße 13
50968 Köln
+49 221 29 21 74-0
info@niederberger.de
www.niederberger-gruppe.de

Peter Kattenbeck

Gründungsjahr:	1963
Sitz in Deutschland:	Nürnberg
Anzahl der Standorte in Deutschland:	5
Anzahl der Standorte im Ausland:	1
Mitarbeiter gesamt 2020:	2.600*
Mitarbeiter in Deutschland 2020:	2.600*
Umsatz gesamt 2020:	35,0 Mio. Euro*
Umsatz in Deutschland 2020:	35,0 Mio. Euro*

* Daten teilweise geschätzt.

Seit 1963 erbringt die Peter Kattenbeck GmbH ihre Facility Services. Das Unternehmen operiert in Deutschland und Österreich ausgehend von sechs Standorten und 48 Kompetenzzentren. Das Leistungsspektrum der Gesellschaft ist untergliedert in die Sparten Gebäudereinigung, Fassadenpflege, Personalleasing und Hotelservice. Im Bereich Wartung werden neben weiteren die Leistungen Instandsetzung, Stördienst, Bereitschaftsdienst, Inspektion, Hausmeisterdienste sowie innerbetriebliche Logistik offeriert. Die Gebäudereinigung umfasst unter anderem die Angebote Unterhaltsreinigung, Glasreinigung, Industriereinigung, Teppichreinigung, Baureinigung, Hotelreinigung, Außenanlagen und Winterdienst. Der Dienstleister betreut Handelsimmobilien, Hotels, öffentliche Einrichtungen, Immobilien des Gesundheitswesens, Unternehmensgebäude und Industrieanlagen. Für das Qualitätsmanagementsystem des Unternehmens hat die Peter Kattenbeck GmbH eine Zertifizierung nach DIN ISO 9001 und DIN IS0 14001 erreicht.

Peter Kattenbeck GmbH
Thomas-Mann-Straße 62
90471 Nürnberg
+49 911 8127-0
info@kattenbeck.de
www.kattenbeck.de

Piepenbrock

Gründungsjahr:	1913
Sitz in Deutschland:	Osnabrück
Anzahl der Standorte in Deutschland:	70
Anzahl der Standorte im Ausland:	0
Mitarbeiter gesamt 2020:	27.100
Mitarbeiter in Deutschland 2020:	27.100
Umsatz gesamt 2020:	633,7 Mio. Euro
Umsatz in Deutschland 2020:	633,7 Mio. Euro

Piepenbrock ist ein in vierter Generation inhabergeführtes Familienunternehmen. Der 1913 gegründete Gebäudedienstleister stärkt seine Kunden mit einem breiten Dienstleistungsspektrum in den Geschäftsbereichen Facility Management, Gebäudereinigung, Instandhaltung und Sicherheit. Die Tochterunternehmen LoeschPack und Hastamat sind im Verpackungsmaschinenbau, Planol in der Chemieproduktion erfolgreich.
Rund 800 Standorte, 70 Niederlassungen und mehr als 27.100 Mitarbeiter in ganz Deutschland – wenn es um die Integration unterschiedlicher Aufgaben geht, ist Piepenbrock ein Partner, der durch Fachkompetenz, geografische Nähe und große Eigenleistungstiefe überzeugt. Das Unternehmen bietet alle Services rund um die Immobilie sowohl für Auftraggeber mit lokaler Ausrichtung als auch für Großkunden mit weitverzweigtem Standortnetz.
Die Services werden optimal gebündelt, kundenspezifisch zugeschnitten und im Rahmen einer partnerschaftlichen Zusammenarbeit gemeinsam weiterentwickelt. So entstehen Kosten- und Leistungssynergien, von denen die Auftraggeber direkt profitieren.

Piepenbrock Service GmbH + Co. KG
Hannoversche Straße 91-95
49084 Osnabrück
+49 541 584-10
info@piepenbrock.de
www.piepenbrock.de

Ray Facility Management Group

Gründungsjahr:	1996
Hauptsitz in Deutschland:	Holdorf
Anzahl der Standorte in Deutschland:	18
Anzahl der Standorte im Ausland:	Partnernetzwerk
Mitarbeiter gesamt 2020:	2.800
Mitarbeiter in Deutschland 2020:	2.800
Umsatz gesamt 2020:	46,0 Mio. Euro
Umsatz in Deutschland 2020:	46,0 Mio. Euro

Ganzheitliches Facility Management (FM) ist die Profession der ray facility management group. Aus den Bausteinen des infrastrukturellen, technischen und kaufmännischen FM schnürt das Familienunternehmen maßgeschneiderte FM-Konzepte für Immobiliennutzer, -wirtschafter und -eigentümer. Mit über 2.800 deutschlandweit tätigen MitarbeiterInnen sowie einem europäischen FM-Servicepartnernetzwerk bündelt ray ein zukunftsweisendes FM-Kompetenzprofil. Von der Gebäudereinigung über Hausverwaltung bis hin zu technischen FM-Services im Heizungs-, Lüftungs-, Klima- und Sanitärbereich deckt ray bereichs- und branchenübergreifend mit seinem innovativen 360° Serviceansatz alle Gewerke des FM mit Einzel- und Paketlösungen ab.

Bei der FM-Serviceumsetzung orientiert sich das Familienunternehmen dabei an seinem professionell zertifizierten TQM-System: ISO-9001, -14001, -26000, SCCp und GWÖ. Im Rahmen der Nachhaltigkeit werden ökologische, soziale und ökonomische Themen gleichermaßen berücksichtigt und im Nachhaltigkeitsbericht reflektiert. So wurde ray bereits vielfacht für seine Leistungen ausgezeichnet, aktuell mit dem »Top Service Preis Deutschland 2020«.

ray facility management group | Nils Bogdol GmbH
Bahnhofsallee 1
49451 Holdorf
+49 5494 98750
info@ray.de
www.ray.de

Ansprechpartner
Nils Bogdol
Geschäftsführer
+49 5494 98750
info@ray.de

Rud. Otto Meyer Technik

Gründungsjahr:	1858
Sitz in Deutschland:	Stuttgart
Anzahl der Standorte in Deutschland:	24
Anzahl der Standorte im Ausland:	0
Mitarbeiter gesamt 2020:	918
Mitarbeiter in Deutschland 2020:	918
Umsatz gesamt 2020:	136,2 Mio. Euro
Umsatz in Deutschland 2020:	136,2 Mio. Euro

Nur Umsätze und Mitarbeiter mit Facility Services in Deutschland

Die ROM Technik bietet zusammen mit seinen Schwestergesellschaften ihren Kunden das gesamte Spektrum der Gebäudetechnik an – aus einer Hand – deutschlandweit vor Ort.

Die rund 2.700 qualifizierten Mitarbeiter verfügen über sehr gute Ausbildungen und langjährige Erfahrung in der Planung, der Ausführung, der Instandsetzung und dem Betrieb von Gebäudetechnik. Mit dem umfassenden Know-how kann die Rud. Otto Meyer Technik den Kunden über alle Gewerke der Technischen Gebäudeausrüstung bei ihren Projekten begleiten, egal ob in Teilaufträgen oder als Partner für die gesamte Wertschöpfungskette. Mit ihrem großen Spektrum und ihrer Leistungskraft ist die ROM nicht nur Planer und Errichter sondern auch Instandsetzer und Betreiber – der Kunde bekommt alle Leistungen aus einer Hand.

Der Bereich »Forschung & Entwicklung« der ROM Technik zählt zu den führenden unternehmenseigenen Einrichtungen für Gebäudetechnik in Europa. Zudem bietet die ROM-Technik spezielle digitale Gebäudedienstleistungen an, die einen zeitgemäßen und modernen digitalen Gebäudebetrieb ermöglichen. Gesamtumsatz der Gesellschaft mit allen Schwestergesellschaften ca. € 800 Mio.

Rud. Otto Meyer Technik GmbH & Co. KG
Motorstraße 62
70499 Stuttgart
+49 711 1393-00
info@rom-technik.de
www.rom-technik.de

Dr. Sasse

Gründungsjahr:	1976
Hauptsitz in Deutschland:	München
Anzahl der Standorte in Deutschland:	27
Anzahl der Standorte im Ausland:	16
Mitarbeiter gesamt 2020:	6.900
Mitarbeiter in Deutschland 2020:	4.500
Umsatz gesamt 2020:	250,0 Mio Euro
Umsatz in Deutschland 2020:	188,0 Mio Euro

Die Dr. Sasse Gruppe ist ein familiengeführtes, international tätiges Unternehmen. Als Anbieter von integrierten Facility-Management-Dienstleistungen sind wir seit 45 Jahren Kompetenzpartner für die Immobilienwirtschaft, für Industrie- und Freizeitunternehmen, den Handel sowie für das Luftverkehrs- und Transportwesen.
Unsere Kunden in diesen Branchen überzeugen wir durch konsequente Ausrichtung unserer Dienstleistungen am Mehrwert für die Immobilienbewirtschaftung. Intelligenter Einsatz von energie- und ressourcenschonender Technik und in der täglichen Praxis geteiltes Anwendungswissen sind dabei die Treiber kontinuierlicher Innovation. Nicht zuletzt unterstützen wir so über 1.500 Auftraggeber beim Erreichen der eigenen Nachhaltigkeitsziele.
Den Raum für konstruktive Dialoge mit unseren Kunden und die gemeinsame Entwicklung von Ideen und Projekten schaffen wir durch konsequente Nutzung digitaler Werkzeuge und Kommunikation. Langjährige Kundenbeziehungen von mehr als 10 Jahren zu über 60 Prozent unserer Kunden zeigen, dass gelebte Service-Excellence, Beständigkeit und Kreativität am Markt gut ankommen.

Dr. Sasse AG
Am Westpark 1
81373 München
+49 89 212 113 23
sasseag@sasse.de
www.sasse.de

Ansprechpartner
Ralph Englert
Chief Sales Officer
+49 89 212 113 35
ralph.englert@sasse.de

Sauter FM

Gründungsjahr:	2004
Hauptsitz in Deutschland:	Augsburg
Anzahl der Standorte in Deutschland:	38
Anzahl der Standorte im Ausland:	k. A.
Mitarbeiter gesamt 2020:	k. A.
Mitarbeiter in Deutschland 2020:	1.407
Umsatz gesamt 2020:	k. A.
Umsatz in Deutschland 2020:	265,0 Mio. Euro

Die SAUTER FM GmbH mit Hauptsitz in Augsburg und 38 Niederlassungen in Deutschland ist ein Unternehmen der SAUTER Gruppe mit Konzernsitz in Basel, Schweiz. Das Leben, Wohnen und Arbeiten in Gebäuden so angenehm, energieeffizient und umweltfreundlich wie möglich zu gestalten, ist eines der wichtigsten Ziele der SAUTER Gruppe mit all ihren Geschäftsbereichen.

Als ganzheitlicher Systemanbieter steht die SAUTER FM GmbH ihren Kunden von der Planungs-, über die Realisierungs- bis hin zur gesamten Nutzungs- und Bewirtschaftungsphase einer Immobilie mit maßgeschneiderten Lösungen und Dienstleistungen zur Seite. Kaufmännisches, technisches, infrastrukturelles und energiebewusstes Facility Management bilden die modularen Bestandteile des umfassenden Leistungssortiments, in dem die SAUTER FM GmbH gleichermaßen die Interessen von Nutzern, Eigentümern, Investoren und Bewirtschaftern einer Immobile berücksichtigt. Gemeinsam mit einem Tochterunternehmen von SAUTER Deutschland, der Pandomus GmbH, einem Full-Service-Anbieter für Gebäudetechnik, betreut die SAUTER FM GmbH ihre Kunden zuverlässig und individuell.

Sauter FM GmbH
Werner-Haas-Straße 8–10
86153 Augsburg
+49 821 90673-0
info@sauter-fm.de
www.sauter-fm.de

Ansprechpartner
Werner Ottilinger
Geschäftsführer
+49 761 5105-192
werner.ottilinger@sauter-fm.de

SAUTER
Für Lebensräume mit Zukunft.

Servico

Gründungsjahr:	2007
Sitz in Deutschland:	Dinslaken
Anzahl der Standorte in Deutschland:	15
Anzahl der Standorte im Ausland:	0
Mitarbeiter gesamt 2020:	4.000
Mitarbeiter in Deutschland 2020:	4.000
Umsatz gesamt 2020:	53,5 Mio. Euro
Umsatz in Deutschland 2020:	53,5 Mio. Euro

Die Servico Holding ist seit 2007 dem international tätigen Vebego-Konzern angeschlossen, einem niederländischen Familienunternehmen mit mehr als 36.000 Mitarbeitern. Europaweit im Dienstleistungssektor öffentlicher und privater Einrichtungen und Unternehmen verankert, ermöglicht diese Zusammenarbeit den Zugriff auf die Ressourcen und das Know-how des internationalen Marktes. 2019 betrug der Gesamtumsatz der Vebego über 1 Milliarde Euro. In Deutschland arbeiten die Unternehmen der Servico schwerpunktmäßig in unterschiedlichen Bereichen, die an manchen Stellen Überschneidungen aufweisen.

Die Servico FM, die Hago sowie die HCS sind hauptsächlich im klassischen Facility Management tätig, während die Servico HDG sich ausschließlich um Hoteldienstleistungen kümmert. Die Eccos ist spezialisiert auf alle Dienstleistungen im Handel und bietet hier sowohl Gebäudedienstleitungen, als auch Logistik- und Personal-Dienstleistungen, wie beispielsweise Warenservice und Geschenkverpackungsservice, an. Die Servico EDA – Europäische Dienstleistungsakademie – schult und coacht Mitarbeiter und ist zudem extern für namhafte Firmen bundesweit unterwegs.

Servico Holding GmbH
Schöttmannshof 14
46539 Dinslaken
+49 2064 828240
info@servico-holding.de
www.servico-holding.de

Sodexo Deutschland

Gründungsjahr:	1991
Sitz in Deutschland:	Rüsselsheim
Anzahl der Standorte in Deutschland:	15
Anzahl der Standorte im Ausland:	k. A.
Mitarbeiter gesamt 2020:	10.800
Mitarbeiter in Deutschland 2020:	8.400
Umsatz gesamt 2020:	580,0 Mio. Euro*
Umsatz in Deutschland 2020:	510,0 Mio. Euro*

* Daten teilweise geschätzt — Inlandsumsatz inkl. Servicegesellschaften und Organschaften

Sodexo, eines der weltweit größten Catering-Unternehmen, wurde 1966 in Marseille gegründet. In Deutschland ist das Unternehmen seit dem Erwerb der Eiring Catering GmbH im Jahr 1991 tätig. Deutschlandweit unterhält das Unternehmen 15 Niederlassungen.

Die Kernkompetenz von Sodexo liegt bei Verpflegung und Dienstleistungen in den Geschäftsbereichen Wirtschaft & Industrie, Gesundheit & Senioren, Schulen & Universitäten, Verteidigung & Justiz sowie Veranstaltungen & Kultur. Sodexo Deutschland betreut mit den Unternehmen Zehnacker, einem Full-Service-Anbieter im Gesundheitswesen, und GAtec, einem Spezialisten für technisches Gebäudemanagement, Menschen in Wirtschaftsunternehmen und Behörden, Kliniken und Senioreneinrichtungen, Schulen und Kinderbetreuungsstätten mit Service-Lösungen für technisches, kaufmännisches und infrastrukturelles Facility Management.

Insgesamt ist die Sodexo Gruppe in 64 Ländern auf der ganzen Welt aktiv und beschäftigt 420.000 Mitarbeiter bei einem konsolidierten Gesamtumsatz von 19,3 Milliarden Euro (Stand 2020).

Sodexo Services GmbH
Elisenstraße 9a
65428 Rüsselsheim
+49 6142 1625-0
info.de@sodexo.com
www.de.sodexo.com

SPIE Deutschland & Zentraleuropa

Gründungsjahr:	1900 SPIE Gruppe
Hauptsitz in Deutschland:	Ratingen
Anzahl der Standorte in Deutschland:	ca. 200
Anzahl der Standorte im Ausland:	ca. 600
Mitarbeiter gesamt 2020:	ca. 15.000
Mitarbeiter in Deutschland 2020:	ca. 13.000
Umsatz gesamt 2020:	ca. 6,6 Mrd. Euro*
Umsatz in Deutschland 2020:	ca. 2,0 Mrd. Euro

*SPIE Gruppe, davon ca. 1/3 SPIE Deutschland & Zentraleuropa

Als unabhängiger europäischen Marktführer für multitechnische Dienstleistungen macht sich SPIE gemeinsam mit seinen Kunden für die Energiewende und Digitalisierung stark.

SPIE Deutschland & Zentraleuropa, eine Tochtergesellschaft der SPIE Gruppe, ist der führende Multitechnik-Dienstleister für Gebäude, Anlagen und Infrastrukturen in Deutschland, Österreich, Polen, Tschechien, der Slowakei und Ungarn. Das Unternehmen beschäftigt rund 15.000 Mitarbeiterinnen und Mitarbeiter an über 200 Standorten. Das Leistungsspektrum umfasst Systemlösungen im Technischen Facility Management, Energieeffizienz-Lösungen, technische Dienstleistungen bei der Energieübertragung und -verteilung, Services für Industriekunden und Dienstleistungen auf den Gebieten der Elektro- und Sicherheitstechnik, der Heizungs-, Klima- und Lüftungstechnik sowie der Informations-, Kommunikations-, Netzwerk- und Medientechnik.

Die SPIE Gruppe erwirtschaftete im Jahr 2020 mit rund 45.500 Mitarbeiterinnen und Mitarbeitern und einer starken lokalen Präsenz einen konsolidierten Umsatz von 6,6 Milliarden Euro und ein konsolidiertes EBITA von 339 Millionen Euro.

SPIE Deutschland & Zentraleuropa GmbH
Balcke-Dürr-Allee 7
40882 Ratingen
+49 2102 370-0
kontakt@spie.de
www.spie.de

Ansprechpartner
Markus Holzke
Geschäftsführer/CEO
+49 2102 370 8800
markus.holzke@spie.com

SPIE

Stölting Service Group

Gründungsjahr:	1899
Hauptsitz in Deutschland:	Gelsenkirchen
Anzahl der Standorte in Deutschland:	über 40
Anzahl der Standorte im Ausland:	unter 5
Mitarbeiter gesamt 2020:	13.820
Mitarbeiter in Deutschland 2020:	13.600
Umsatz gesamt 2020:	331,0 Mio. Euro
Umsatz in Deutschland 2020:	326,0 Mio. Euro

Die Stölting Service Group ist deutschlandweit einer der führenden Anbieter von Serviceleistungen in den Bereichen Security, Personal und Cleaning. Seit 1899 ist der Dienstleister als familiengeführtes Unternehmen mit Hauptsitz in Gelsenkirchen für seine Kunden tätig. Die Stölting Service Group entwickelt individuelle, maßgeschneiderte Lösungen für und mit den Kunden, damit sich diese besser auf Ihr Kerngeschäft konzentrieren können. Erfahrung und Kompetenz kennzeichnen die Geschäftsprozesse. Ausgezeichnet zertifizierte Standards sichern die Erfüllung höchster Ansprüche bei den Kunden. Gelebter Stölting-Service und werteorientiertes, zugleich sozial-ethisches Handeln bestimmen die Dynamik des Erfolgs. Bundesweit ist das Unternehmen mit mehr als 40 Niederlassungen aufgestellt, aktuell wird die Expandierung ins europäische Ausland geplant.

Stölting Service Group GmbH
Johannes-Rau-Allee 15–19
Stölting Harbor
D-45889 Gelsenkirchen
+49 20970279-0
info@stoelting-gruppe.de
www.stoelting-gruppe.de

Ansprechpartner
Nicole Eßlinger-Rüth
Assistenz der
Geschäftsführung
+49 20970279-19994
nicole.esslinger-rueth@
stoelting-gruppe.de

Strabag Property and Facility Services

Gründungsjahr:	1996
Hauptsitz in Deutschland:	Frankfurt am Main / Münster
Anzahl der Standorte in Deutschland:	250
Anzahl der Standorte im Ausland:	28
Mitarbeiter gesamt 2020:	9.000
Mitarbeiter in Deutschland 2020:	7.100
Umsatz gesamt 2020:	549,0 Mio. Euro
Umsatz in Deutschland 2020:	491,0 Mio. Euro

STRABAG Property and Facility Services (STRABAG PFS) ist eine führende Immobilien- und Industriedienstleisterin mit hoher Eigenleistungstiefe entlang der Wertschöpfungskette für das technische und betriebswirtschaftliche Management von kompletten Standorten und ganzen Portfolien von Industrieunternehmen und Immobiliengesellschaften.

Das Leistungsportfolio umfasst Real Estate Management, Technisches und Infrastrukturelles Facility Management, Bauen im Bestand sowie spezielle Services wie Industriewartung und Industriereinigung.

STRABAG PFS ist in ganz Deutschland flächendeckend mit eigenen Standorten und eigenen Mitarbeiterinnen und Mitarbeitern auch an B- und C-Standorten präsent. Die Gruppe ist über die Einbindung in den STRABAG-Konzern in der Lage, ihre Kunden grenzüberschreitend auch in Europa mit Dienstleistungen zu versorgen.

STRABAG Property and Facility Services GmbH
Europa-Allee 50
60327 Frankfurt
+49 69 13029-0
info@strabag-pfs.com
www.strabag-pfs.de

Vinci Facilities Deutschland

Gründungsjahr:	2010
Sitz in Deutschland:	Mannheim
Anzahl der Standorte in Deutschland:	70
Anzahl der Standorte im Ausland:	k. A.
Mitarbeiter gesamt 2020:	1.527
Mitarbeiter in Deutschland 2020:	1.423
Umsatz gesamt 2020:	280,5 Mio. Euro
Umsatz in Deutschland 2020:	240,8 Mio. Euro

Im April 2010 erwarb der Baukonzern Vinci von Apax Partners S.A. den Facility-Management-Anbieter Faceo. Dieser sowie die im Besitz des Konzerns befindliche SKE Group bilden den deutschen Grundstock der im Juli 2010 neu gegründeten Geschäftssparte Vinci Facilities.

Von 70 Standorten aus betreuen knapp 1.500 Mitarbeiter Kunden in ganz Deutschland. Vinci Facilities besteht aus Unternehmen im Facility Management, Kühllager- und Industriebau, in der Sanitärtechnik, im Heizungsbau sowie in der Luft-, Klima- und Kältetechnik. Erweitert wird das Portfolio durch Dienstleistungen wie Konzeption, Planung, Erstellung und Betreiben von PPP-Bauvorhaben.

Das Unternehmen ist spezialisiert auf FM-Dienstleistungen, Gebäudetechnik, Public Private Partnership, Bau/Sanierung, Bauplanung sowie US Government Services. Der Großteil der Aufträge stammt aus den Branchen Öffentlicher Dienst/Behörden, Maschinenbau, Chemie und Pharma, Automotive und dem Industriesektor. Das Unternehmen gehört zum französischen Baukonzern Vinci S.A.

Vinci Facilities Deutschland GmbH
August-Borsig-Straße 6
68199 Mannheim
+49 621 85097100
mail@vinci-facilities.de
www.vinci-facilities.de

Wackler Holding

Gründungsjahr:	1909
Sitz in Deutschland:	München
Anzahl der Standorte in Deutschland:	35
Anzahl der Standorte im Ausland:	0
Mitarbeiter gesamt 2020:	6.100
Mitarbeiter in Deutschland 2020:	6.100
Umsatz gesamt 2020:	120,0 Mio. Euro
Umsatz in Deutschland 2020:	120,0 Mio. Euro

Friedrich Wackler eröffnete am 12. Juni 1909 einen Fensterreinigungsbetrieb und legte so den Grundstein für die heutige Wackler Holding SE mit Sitz in München. Die Tochtergesellschaften erbringen hauptsächlich technische, infrastrukturelle und kaufmännische Gebäudedienstleistungen. Dazu zählen Reinigungsdienstleistungen wie Bio-clean oder Green Clean, Healthcare- und Hotel-Dienstleistungen sowie die Lieferung von Sanitär- und Hygieneartikeln.
Zum Leistungsspektrum gehören weiterhin Garten- und Landschaftspflege sowie Hausmeister-, Winter-, Notruf- und Sicherheitsdienstleistungen. Die Wackler Personal-Service GmbH bietet gewerblich technisches und kaufmännisches Personal in Form der Arbeitnehmerüberlassung an und betreibt Personalvermittlung für diese Bereiche.
Die unternehmenseigene Akademie dient der Aus- und Weiterbildung sowohl des eigenen Personals als auch der Mitarbeiter von Kundenunternehmen.

Wackler Holding SE
Schatzbogen 39
81829 München
+49 89 420490-0
service@wackler-group.de
www.wackler-group.de

Weidemann-Gruppe

Gründungsjahr:	1993
Sitz in Deutschland:	Magdeburg
Anzahl der Standorte in Deutschland:	5
Anzahl der Standorte im Ausland:	0
Mitarbeiter gesamt 2020:	3.412
Mitarbeiter in Deutschland 2020:	1.060
Umsatz gesamt 2020:	83,3 Mio. Euro
Umsatz in Deutschland 2020:	22,6 Mio. Euro

Inlandsumsatz inkl. Servicegesellschaften und Organschaften in 2020: 83,3 Mio. Euro.

Die Weidemann Gruppe ist Dienstleister für infrastrukturelles Gebäudemanagement und Catering. Der Gesundheits- und Sozialmarkt bildet die Kernkompetenz des Unternehmens. Es betreut Wohnstätten für Senioren, Krankenhäuser und Rehabilitationskliniken sowie Kinder- und Jugendeinrichtungen in ganz Deutschland. Die Weidemann-Gruppe zählt zu den größten Betreibern von Service-Gesellschaften/Organschaften.

Seit ihrer Gründung 1993 steht die Weidemann-Gruppe mit den Geschäftsführern Robert Weidemann und Dominik Schröter für hohe Qualität, Service und Kundenorientierung. Fast zwei Jahrzehnte Erfahrung, hochqualifiziertes Fachpersonal und eine kontinuierliche Entwicklung bürgen für langjährige zufriedene Partnerschaften.

Die Weidemann-Gruppe setzt auf unabhängig geprüfte Prozessqualität. Sämtliche infrastrukturellen Dienstleistungen unseres Unternehmens werden regelmäßig vom TÜV bewertet und sind nach DIN EN ISO 9001 zertifiziert.

Weidemann-Gruppe GmbH
Am Alten Theater 2
39104 Magdeburg
+49 391 609 99-0
info@weidemann-gruppe.de
www.weidemann-gruppe.de

Wisag Facility Service Holding

Gründungsjahr	1965
Hauptsitz in Deutschland	Frankfurt am Main
Anzahl der Standorte in Deutschland	190
Anzahl der Standort im Ausland	0
Mitarbeiter gesamt 2020	31.275
Mitarbeiter in Deutschland 2020	31.275
Umsatz gesamt 2020	1.176,9 Mio. Euro
Umsatz in Deutschland 2020	1.176,9 Mio. Euro

Das Kerngeschäft der WISAG Facility Service sind technische und infrastrukturelle Dienstleistungen für Immobilien: Facility Management, Gebäudetechnik, Gebäudereinigung, Sicherheit & Service, Catering, Garten- & Landschaftspflege sowie Consulting & Management.

Da Kunden – je nach Branche – ganz unterschiedliche Anforderungen an die Bewirtschaftung ihrer Immobilie stellen, bietet die WISAG spezialisierte Dienstleistungs- und Servicepakete an. So zum Beispiel für das Gesundheits- und Sozialwesen, für Hotels, Logistik, Retail Service, Shoppingcenter und für die Wohnungswirtschaft. Kunden profitieren nicht nur von der intelligenten Verzahnung der für sie relevanten Dienstleistungen, sondern auch von der flächendeckenden Präsenz des Immobilienexperten.

Seine Dienstleistungen erbringt das Unternehmen überwiegend mit eigenen Mitarbeitern. Darin spiegelt sich das besondere Dienstleistungsverständnis der WISAG wider: Fachwissen und Kompetenz im eigenen Unternehmen sichern Flexibilität und Qualität der Services.

WISAG Facility Service Holding GmbH
Herriotstraße 3
60528 Frankfurt am Main
+49 69 505044-0
www.wisag.de

Ansprechpartner
Michael Moritz
Geschäftsführer
michael.moritz@wisag.de

20 führende Berater

AIS Management

Gründungsjahr	1998
Sitz in Deutschland	München
Anzahl der Standorte in Deutschland	5
Anzahl der Standorte im Ausland	0

Die in München ansässige AIS Management versteht sich als Dienstleister in den Bereichen Consulting, Benchmarks und E-Solutions. Die Themenfelder FM-Beratung und FM-gerechtes Planen und Bauen sind feste Bestandteile der Consulting-Abteilung des Unternehmens. Die Expertise in der FM-Beratung reicht dabei von infrastrukturellem und technischem Gebäudemanagement über Instandhaltungspolitik bis hin zu Umzug, Energiemanagement, Brandschutz, Catering, Postdiensten und Inhouse-Logistik.
In der Sparte FM-gerechtes Planen und Bauen gehören zum Leistungsangebot unter anderem die Definition FM relevanter Planer- und Errichtervorgaben, Planreviews, Troubleshooting, Quick-Checks, Auditierungen, die Identifikation von Kostentreibern, Lifecycle-Fokussierung sowie die Ausarbeitung von Betriebs und FM-Konzepten. Die Spezifikation, Ausschreibung und Vergabe von Facility Services sowie die Entwicklung von FM-Standards ergänzen die Aufgabengebiete des Unternehmens.
Zur Klientel von AIS Management gehören Immobilienunternehmen, Banken und Versicherungen, Industrieunternehmen, Versorgungs- und Energieunternehmen, Handels und Dienstleistungsunternehmen und Auftraggeber der Öffentlichen Hand.

AIS Management GmbH
Ganghoferstraße 66b
80339 München
+49 89 628170-0
info@ais-management.de
www.ais-management.com

Alpha IC

Gründungsjahr	1969
Sitz in Deutschland	Bamberg
Anzahl der Standorte in Deutschland	5
Anzahl der Standorte im Ausland	2

Die Alpha Immobilien Consulting GmbH arbeitet seit nunmehr 50 Jahren als Schnittstelle zwischen Bauherren, Investoren und Nutzern. Unter einem Dach werden Spezialisten wie Architekten, Ingenieure, Gebäudeklimatiker, Facility Manager etc. zusammengebracht, Kompetenzen gebündelt und in Projekte eingebracht.

Das Angebotsportfolio setzt sich dabei aus den neun Bereichen Strategie und Organisation, Facility Management, Green Building, Energie und Technik, Inbetriebnahmemanagement, Klima und Bauphysik, Workspace Performance, Digitalisierung sowie Technische Due Diligence.

2012 weitete das Unternehmen seine Grenzen aus und gründete eine Unternehmenseinheit in Wien, seit 2020 sind sie auch in Zürich (Schweiz) zu finden. Die Alpha IC betreut ihre Kunden, die aus den Bereichen Projektentwicklung, Asset und Property Management, öffentliche Hand, Industrie stammen oder Nutzer/Eigentümer sind. Zu ihnen gehören unter anderem die Allianz, die TU München, Merck und Linde.

Alpha IC GmbH
Herzog-Max-Straße 44
96047 Bamberg
+49 951 91768330
info@alpha-ic.com
www.alpha-ic.com

Ambrosia FM

Gründungsjahr	2005
Sitz in Deutschland	Bad Oeynhausen
Anzahl der Standorte in Deutschland	1
Anzahl der Standorte im Ausland	0

Die Ambrosia FM Consulting & Services GmbH ist als Facility-Management-Lösungsanbieter im digitalen Prozess- und Datenmanagement entlang des gesamten Immobilien-Lebenszyklusmanagements aufgestellt. Ihr Leistungsfeld ist eine Kombination aus Beratung für FM-gerechte Planung und Realisierung, FM-Beratung, Weiterbildung und Service-Bausteinen.

Das Unternehmen betreut Kunden aus den Bereichen Wirtschaft, Industrie, Verwaltung und Gesundheitswesen. Das 2005 von den geschäftsführenden Gesellschaftern gegründete Unternehmen umfasst heute einen dreistelligen Mitarbeiterstamm.

Das mittelständische Ambrosia ist in diverse Geschäftsbereiche aufgegliedert. Sie bieten Leistungen entlang des gesamten Prozesses. Diese Unternehmensbereiche sind ambrosia consulting (Facility Management Beratung), ambrosia service (Umsetzungs- und Prüfdienstleistungen) sowie ambrosia academy (Referenten und Seminare).

Ambrosia FM Consulting & Services GmbH
Bergkirchener Straße 228
32549 Bad Oeynhausen
+49 5734 9170000
info@ambrosia-fm.de
www.ambrosia-fm.de

Arcadis Deutschland

Gründungsjahr	1888
Sitz in Deutschland	Darmstadt
Anzahl der Standorte in Deutschland	18
Anzahl der Standorte im Ausland	0

Arcadis N. V., gegründet 1888, ist ein internationaler Anbieter von Beratungs-, Projektmanagement- und Ingenieurleistungen. Arcadis Deutschland ist eingebunden in das weltweite Netzwerk der niederländischen Arcadis N. V. Die Kompetenzfelder des Unternehmens umfassen die Bereiche Infrastruktur, Wasser, Umwelt und Immobilien.

Im Bereich Immobilien konzentriert sich das Unternehmen vornehmlich auf die Beratung in den Segmenten Health Care, Commercial Real Estate, Public Facilities und Industrie. Das Portfolio des Unternehmens besteht im Bereich Immobilien aus Beratungsleistungen im Lifecycle Management, im Nachhaltigen Bauen, im Projektmanagement, bei Site Development und bei Transactional Services.

Zu den Kunden der Immobiliensparte zählen zahlreiche Auftraggeber aus dem öffentlichen Sektor, Krankenhäuser und Kliniken sowie Industrieunternehmen. Die genannten Leistungen erbringt das Unternehmen gemäß der Zertifizierung nach DIN EN ISO 9001:2008 im Qualitätsmanagement.

Arcadis Deutschland GmbH
Europaplatz 3
64293 Darmstadt
+49 6151 3880
info-de@arcadis.com
www.arcadis.com

Canzler

Gründungsjahr	1861
Sitz in Deutschland	Frankfurt am Main
Anzahl der Standorte in Deutschland	8
Anzahl der Standorte im Ausland	0

Als unabhängige Architekten und Ingenieure entwickelt Canzler wirtschaftsfähige Lösungen und versteht sich dabei als Berater seiner Klienten. Canzler blickt auf über 50 Jahre Unternehmens- und Projekterfahrung zurück. In Dresden 1861 gegründet, wuchs das Unternehmen stetig weiter, bis es 2008 eine strategische Partnerschaft mit SOSOTEC einging.

Das Leistungsspektrum umfasst Ingenieursarbeit, FM-Solutions sowie Konzeption. Im ersten Schritt werden Lösungen entwickelt, geplant und überwacht. Danach ermittelt das Unternehmen zusammen mit seinen Kunden individuelle Strategien, abgestimmt auf die jeweiligen Hauptaktivitäten. Zum Schluss wird ein Konzept erstellt, das Standorte und Nutzung umfasst und welches bei der Realisierung durch Canzler unterstützt wird. Zu den Referenzen zählen unter anderem Gebäude für Finanzdienstleister, Bürogebäude, Krankenhäuser und Laborgebäude, Verkehrsbauten. Canzler ist ein langjähriges Mitglied in Fach- und Berufsverbänden.

Canzler GmbH
Wiesenhüttenplatz 25
60329 Frankfurt am Main
+49 69 13384130
frankfurt@canzler.de
www.canzler.de

Drees & Sommer

Gründungsjahr	1970
Sitz in Deutschland	Stuttgart
Anzahl der Standorte in Deutschland	18
Anzahl der Standorte im Ausland	40

Als führendes europäisches Beratungs-, Planungs- und Projektmanagementunternehmen begleitet Drees & Sommer private und öffentliche Bauherren sowie Investoren seit fast 50 Jahren in allen Fragen rund um Immobilien und Infrastruktur – analog und digital. Dadurch entstehen wirtschaftliche und nachhaltige Gebäude, rentable Immobilienportfolios, menschenorientierte Arbeitswelten sowie visionäre Mobilitätskonzepte.

In interdisziplinären Teams unterstützen die 3.200 Mitarbeiterinnen und Mitarbeiter an weltweit 40 Standorten Auftraggeber unterschiedlichster Branchen. Alle Leistungen erbringt das partnergeführte Unternehmen unter der Prämisse, Ökonomie und Ökologie zu vereinen. Diese ganzheitliche Herangehensweise heißt bei Drees & Sommer »the blue way«.

Drees & Sommer SE
Obere Waldplätze 11
70569 Stuttgart
+49 711 1317-0
info@dreso.com
www.dreso.com

Facility Consultants

Gründungsjahr:	2001
Hauptsitz in Deutschland:	Nufringen
Anzahl der Standorte in Deutschland:	1
Anzahl der Standorte im Ausland:	0
Mitarbeiter gesamt 2020:	20
Mitarbeiter in Deutschland 2020:	20
Umsatz gesamt 2020:	1,2 Mio. Euro
Umsatz in Deutschland 2020:	1,2 Mio. Euro

Die Leistungen der Facility Consultants GmbH reichen von einem gut strukturierten Facility Management des Personals und der Gebäudedaten über fachlich versierte Aufgaben wie Datenaufnahmen und Ausschreibungen bis zum Einsatz der im Hause entwickelten Software getFM. Dabei arbeiten die Projektmanager eng mit den Entwicklern zusammen, um so die bestmögliche Verzahnung der Leistungen zu erreichen.

Die Mitarbeiter der Facility Consultants analysieren, beraten und liefern die nötige Dokumentation rund um den Gebäudebetrieb, um den Unternehmer und die verantwortlichen Mitarbeiter stets auf der sicheren Seite in Bezug der Betreiberverantwortung zu wissen. Dabei geht es um die vollständige Sicherstellung der rechtlich nötigen Aspekte wie Einhaltung der Prüfpflichten, Wartung der technischen Anlagen sowie Schulungen.

Dass die Facility Consultants mit ihrem seit 20 Jahren gehenden Weg, dem Kunden aus einer Hand strategische Beratung, entlastende Dienstleistungen sowie unterstützende Software zu bieten, richtig liegen, zeigt sich auch in der bereits siebten Auszeichnung zum TOP CONSULTANT, die die Firma inzwischen erhalten hat.

Facility Consultants GmbH
Rudolf-Diesel-Straße 35/1
71154 Nufringen
+49 7032 95532-0
info@facility-consultants.com
www.facility-consultants.de

Ansprechpartner
Alexander Gerlach
Geschäftsführer
+49 7032 95532-22
gerlach@
facility-consultants.de

FACILITY CONSULTANTS

Facility Management Consulting (FMC)

Gründungsjahr	1988
Sitz in Deutschland	München
Anzahl der Standorte in Deutschland	1
Anzahl der Standorte im Ausland	0

Seit 1988 erbringt die Facility Management Consulting GmbH FM-Beratungsleistungenfür Unternehmen aus den verschiedensten Branchen. Unter anderen die BMW Group, die Deutsche Lufthansa, die Credit Suisse, Siemens und Carl Zeiss gehören zur Klientel des Unternehmens.

Das Leistungsportfolio des Beratungsunternehmens deckt folgende Bereiche ab: Organisationsberatung, FM-Planung und -Realisierung, Ausschreibung, Vergabe und Implementierung von externen Facility Services, Bündelung von Facility Services, Neuausrichtung des Facility Management, Due Dilligence und Qualitäts-Audits.

Die Facility Management Consulting GmbH versteht Beratung als Integration in die Organisation des Auftraggebers, Sammeln und Ordnen von Informationen und Einschätzen des Machbaren. Veränderungen sollen nicht um jeden Preis erzwungen, sondern praktizierbare und realisierbare Schritte definiert werden.

FMC Facility Management Consulting GmbH
Dachauer Straße 433
80992 München
+49 89 93948630
info@fmc-consult.de
www.fmc-consult.de

ikl

Gründungsjahr	2001
Sitz in Deutschland	Karlsruhe
Anzahl der Standorte in Deutschland	1
Anzahl der Standorte im Ausland	0

Die ikl GmbH ist das Ingenieurbüro von Prof. Dr.-Ing. Kunibert Lennerts, der am Karlsruher Institut für Technologie (KIT) den Lehrstuhl für Facility Management innehat. Seit 2001 realisieren die Immobilieningenieure Konzepte für die Immobilienwirtschaft, den öffentlichen Sektor, Betreiber von Krankenhäusern sowie Wirtschaftsunternehmen, deren Kerngeschäft nicht der Immobilienbereich ist. Die Geschäftsbereiche umfassen ein breites Spektrum von Energie- und Ingenieursdienstleistungen über Immobilien- und Facility Management sowie Nachhaltigkeit und Zertifizierung bis hin zum Krankenhausmanagement. Das Unternehmen bleibt am Puls der Zeit und ist Mitglied verschiedener Gremien wie der DGNB, der ipv dem VBI sowie der GEFMA. ECE Projektmanagement, Fresenius, verschiedene Bistümer und Erzbistümer, Allianz und die Deutsche Bahn.

ikl Ingenieurbüro Prof. Dr.-Ing. Kunibert Lennerts GmbH
Reinhold-Frank-Straße 66
76133 Karlsruhe
+49 721 61906500
kontakt@ikl-gmbh.de
www.ikl-gmbh.de

intep

Gründungsjahr	1978
Sitz in Deutschland	München
Anzahl der Standorte in Deutschland	4
Anzahl der Standorte im Ausland	4

Intep wurde 1978 in Zürich gegründet und ist ein Beratungsunternehmen in der Management- und Immobilienberatung für private Unternehmen sowie die öffentliche Hand. Das Unternehmen ist eine operative Einheit der Intep Integrale Beratung und Planung AG. Mit den Standorten in Deutschland, Schweiz, USA und China ist Intep seinen Kunden nahe und bietet internationalen Weitblick.

Innerhalb des Beratungsfelds der Managementberatung hilft Intep seinen Kunden, Entscheidungen über unternehmerische Ausrichtung, Ertragskraft und Risiken zu fällen. Im Rahmen der Immobilienberatung entwickelt Intep für seine Kunden Lösungen für Immobilienstrategien, Bewirtschaftungs- und Bauaufgaben.
Weitere Beratungsfelder sind unter anderem Organisationsentwicklung, Prozessmanagement, Qualitäts-/Risiko-/Umweltmanagement, Real Estate Management, Nachhaltigkeitsberatung sowie Energie- und Bauphysikberatung. Zu den Kunden zählen beispielsweise die Europäische Zentralbank, BMW, Rhein-Energie, Stadtwerke München, Swisscom, Siemens Real Estate und die Versicherungskammer Bayern.

Intep Integrale Planung GmbH
Innere Wiener Straße 11a
81667 München
+49 89 4599490
www.intep.com

ISFM

Gründungsjahr	2004
Sitz in Deutschland	Ahlen
Anzahl der Standorte in Deutschland	2
Anzahl der Standorte im Ausland	0

Seit der Gründung im Jahr 2004 ist die ISFM als transgerorientiertes sowie unabhängiges Forschungs- und Beratungsunternehmen im Immobilien- und Facility Management für die öffentliche Hand und die private Wirtschaft tätig. ISFM analysiert zusammen mit den Kunden die Ausganssituation, leitet Optimierungsvorschläge ab und setzt sie mit den Kunden um. Dabei ist eine ganzheitliche Betrachtungs- und Herangehensweise immer im Vordergrund. So werden passgenaue Maßnahmen entwickelt, welche in der Praxis standhalten und ein wünschenswertes Kosten-Nutzen-Verhältnis bieten. Ziel ist es, die interne Wertschöpfung des Kunden zu erhöhen und somit das oft genutzte »Outsourcing« zu unmgehen.

Zum Leistungsspektrum des Unternehmens gehören Beratungen in den Bereichen Architektur & Planung, Ausschreibung & Vergabe, Strategie & Organisation und Forschung & Wissenschaft. Als Referenzen präsentiert die ISFM R+V, Berliner Immobilienmanagement GmbH, Esprit Europe sowie den Bau- und Liegenschaftsbetrieb NRW.

ISFM – Institut für Site und Facility Management GmbH
Johann-Krane-Weg 48
D-48149 Münster
+49 251 922663-40

M.O.O.CON

Gründungsjahr	1992
Sitz in Deutschland	Frankfurt am Main
Anzahl der Standorte in Deutschland	3
Anzahl der Standorte im Ausland	2

M.O.O.CON ist ein Strategieberater für identitätsstiftende und nachhaltige Objekte und Services. Sie unterstützen Unternehmen dabei, ihre wesentlichen Werte zu optimieren und eine höhere Wertschöpfung zu erzielen.
M.O.O.CON versteht die aktuellen und zukünftigen Anforderungen eines Unternehmens und übersetzt diese in identitätsstiftende und nachhaltige Objekte und Services. Das Zusammenwirken von Mensch, Organisation und Objekt wirkt auf den Erfolg der Kunden. Dabei beschäftigen sie sich mit Unternehmenswerten, die sich sowohl am Objekt festmachen aber auch durch die Menschen als Leistungsträger und durch die Organisation von Abläufen und Prozessen definieren. Diese Werte fördert und entwickelt der Strategieberater. M.O.O.CON wirkt in wirtschaftlicher, kultureller, organisatorischer und sozialer Hinsicht. Umfassend und nachhaltig. Auf strategischer, organisatorischer und auf operativer Ebene. Das Zusammenwirken von Mensch, Organisation und Objekt trägt wesentlich zum Unternehmenserfolg bei.

M.O.O.CON GmbH
Leipziger Straße 8
60487 Frankfurt am Main
+49 69 714 0160
office@moo-con.com
www.moo-con.com

M&P

Gründungsjahr	1989
Sitz in Deutschland	Braunschweig
Anzahl der Standorte in Deutschland	12
Anzahl der Standorte im Ausland	3

Mit über 315 Mitarbeitern arbeitet M & P daran, Mehrwert für die Kunden zu schaffen. In den Bereichen Engineering, Consulting, Energie und IT-Lösungen verknüpfen sie die verschiedenen Fachkompetenzen zu einem ganzheitlichen Lösungsansatz. Das Unternehmen ist in Deutschland, Österreich und der Schweiz tätig.

M & P bietet im Geschäftsbereich Consulting Lösungen im Facility Management bis hin zur Geschäftsmodellentwicklung. Der Bereich Engineering deckt unter anderem Themen wie Green-Building-Design, Systemengineering und Qualitätssicherung ab. Über Energiedienstleistungen spricht M&P mit seinen Kunden im Rahmen der Energie-Geschäftssparte. Auch Performance Engineering und Energieaudit gehört dazu. Zudem bietet M & P den Klienten Software-Lösungen. Kunden wie Aribus, Apleona, BMW, Commerzbank oder Covestro vertrauen auf M & P.

M&P Management
Gablonzerstraße 2
38114 Braunschweig
+49 531 25602-0
info@mp-gruppe.de
www.mp-gruppe.de

Nord/FM

Gründungsjahr	1974
Sitz in Deutschland	Hannover
Anzahl der Standorte in Deutschland	5
Anzahl der Standorte im Ausland	0

Als eines der größten Management- und Consulting-Unternehmen in Deutschland bietet die NORD/FM ihren Kunden ein vielfältiges Leistungsangebot für den gesamten Gebäudelebenszyklus in allen Bereichen des kaufmännischen, technischen und infrastrukturellen Facility Managements sowie im Baumanagement an. Fest verankert im Norden Deutschlands ist die NORD/FM bundesweit tätig.
Umfassendes Know-how der Mitarbeiter, in Verbindung mit praxisorientierten Dienstleistungen und Tools, sind Grundlage bei der Entwicklung individueller Lösungen und Konzepte. Philosophie ist dabei die ganzheitliche und nachhaltige Betrachtung der Immobilien bei der Planung, Realisierung und Bewirtschaftung, sowie den damit in Zusammenhang stehenden Management- und Beratungsleistungen.

Norddeutsche Facility-Management GmbH
Hans-Böckler-Allee 1
30173 Hannover
+49 511 3619979
info@nordfm.de
www.nordfm.de

pom+Consulting

Gründungsjahr	1996
Sitz in Deutschland	Frankfurt am Main
Anzahl der Standorte in Deutschland	1
Anzahl der Standorte im Ausland	5

pom+, ein Beratungsunternehmen mit Hauptsitz in der Schweiz, erbringt Dienstleistungen für Immobilien, Infrastrukturen, Unternehmen und Organisationen aus den Bereichen Bau-, Facility-, Property-, Portfolio- und Asset-Management.

Die Kernkompetenzen von pom+ umfassen Performancemessung, Strategieentwicklung, Ressourcenoptimierung, Technologieeinsatz und Digitalisierungsstrategien – und Lösungen mit Rücksicht auf den Lebenszyklus der Immobilien und Infrastrukturen. Über 80 Mitarbeiterinnen und Mitarbeiter, die meisten Hoch- und Fachhochschulabsolvierende verfügen über ausgewiesene Erfahrung und Know-how aus rund 6.000 Projekten.

Mit Hauptsitz in Zürich und Niederlassungen in Basel, Bern, Lausanne, St. Gallen und Frankfurt beriet pom+, 1996 als Spin-off der ETH Zürich gegründet, seit der Unternehmensgründung über 600 Kunden im In- und Ausland.

pom+Deutschland GmbH
60313 Frankfurt am Main
30159 Hannover
+49 176 211 55 244
info@pom.ch
www.pom.ch/de

Dr. Odin

Gründungsjahr	1997
Sitz in Deutschland	Hamburg
Anzahl der Standorte in Deutschland	1
Anzahl der Standorte im Ausland	0

Dr. Odin GmbH ist eine inhabergeführte Unternehmensberatung in der zweiten Generation, mit dem Schwerpunkt Facility Management, die in allen Fachbereichen der klassischen Beratung, wie der Strategie-, der Marken-, Produkt- und der Organisationsberatung zu Hause ist und über langjährige Referenzen im Outsourcing und Ausgründung von FM-Unternehmen verfügt. Die Dr. Odin GmbH entwickelt Dienstleistungsprodukte für Anbieter und bringt hier ihr FM-Tiefenwissen in vielen Branchen, wie Gesundheitswesen, Pharmazie, Industrie, Handel und Wohnungswirtschaft ein. Die Dr. Odin GmbH unterstützt operativ bei der Ausschreibung und Vergabe ergebnisorientierter Systemdienstleistungen und kann auf langjährige Erfahrungen im öffentlichen Vergaberecht verweisen. Die Berater mit Contracting-Erfahrung begleiten zudem in allen Bereichen des Energiemanagements. Auftraggeber schätzen die konkrete Fachunterstützung in der Umsetzung von Beratungsprojekten. Die Dr. Odin GmbH verfügt über Eigenentwicklungen an professionellen Werkzeugen, die auch bereits digitalisiert stetig aktualisiert, verbessert und in Facharbeitskreisen der Allgemeinheit zur Verfügung gestellt werden.

Dr. Odin GmbH
Waldweg 30
22393 Hamburg
+49 40 60097214
info@dr-odin.de
www.dr-odin.de

RESULT Real Estate Management

Gründungsjahr	1998
Sitz in Deutschland	Hannover
Anzahl der Standorte in Deutschland	2
Anzahl der Standorte im Ausland	0

Seit 1998 ist Result ein Beratungsdienstleister an den Schnittstellen zwischen Anbietern und Nachfragern im Immobilien- und Facility Management und berät seit über 15 Jahren aus strategisch-organisatorischer Sicht. Dabei war und ist die Result sowohl auf Anbieter als auch auf Nachfragerseitein viele Outsourcing- und Akquisitionsthemen eingebunden.

Mit der frühen Etablierung von FM-Organisationen in der Automobil-, Finanz- und Telekommunikationsbranche über die Begleitung der Gründung und Ertüchtigung von rund einem Viertel aller Immobilienlandesbetriebe der Bundesrepublik bis hin zur Begleitung von Post-Merger-Integrationen auf der Anbieterseite sind sämtliche denkbaren Problemstellungen strategisch-organisatorisch behandelt worden. Insbesondere Schnittstellenprobleme gehören zum Leistungsportfolio des Unternehmens, von der Organisations- und Prozessentwicklung über die Beziehungsgestaltung inklusive Vertragsgestaltung bis hin zur wirtschaftsmediatorischen Konfliktlösung. Dabei richten sich die Beratungsleistungen nach den Elementen »Kreativ Strategien entwickeln«, »Konsequent Konzepte umsetzen« und »Kontinuierlich Erfolg überprüfen«.

RESULT Real Estate Management Consultants GmbH
Bertastraße 3
30159 Hannover
+49 511 844894-0
info@result-rem.de
www.result-rem.de

Ritterwald Unternehmensberatung

Gründungsjahr	2011
Sitz in Deutschland	Berlin
Anzahl der Standorte in Deutschland	2
Anzahl der Standorte im Ausland	1

Die Ritterwald Unternehmensberatung mit Sitz in Berlin und Frankfurt am Main wurde im Jahr 2011 gegründet. Ritterwald verfügt über Kenntnisse der Immobilienwirtschaft entlang der gesamten Wertschöpfungskette und ist erfahren in der Ausgestaltung von Modellen zur Performancesteigerung. An der Schnittstelle von Wohnungsunternehmen und ihren Auftragnehmern aus der Energie-, Facility-Management- und Property-Management-Branche optimiert Ritterwald Kosten, Prozesse und Organisationen und entwickelt individuelle Geschäftsmodelle. Die Berater sind Partner für strategische Unternehmensentwicklung, Planung und Aufbau von Unternehmensorganisationen, Digitalisierungsprojekte und innovative Smart-City-Konzepte, die Optimierung von Einkaufsprozessen sowie europaweite Fördermittelakquise. Ritterwald berät Kunden zusätzlich bei M&A-Prozessen und sämtlichen Corporate-Finance-Fragen. Das Unternehmen betreut Unternehmenskäufe und -verkäufe, übernimmt die strukturierte Prozessführung und koordiniert alle Dienstleistungen bis zum erfolgreichen Abschluss.

RITTERWALD Unternehmensberatung GmbH
Kranzler Eck Berlin
Kurfürstendamm 22
10719 Berlin
+49 30 609 85 82 40
info@ritterwald.de
www.ritterwald.de

rotermund.ingenieure

Gründungsjahr	2007
Sitz in Deutschland	Höxter
Anzahl der Standorte in Deutschland	3
Anzahl der Standorte im Ausland	1

Die Rotermund Ingenieursgesellschaft zeichnet sich durch Spezialisierung im Bereich der Ausschreibungen von Facility Management sowie des Benchmarking aus. Des Weiteren bietet das Unternehmen Berechnungen zu Lebenszykluskosten und Dienstleistungen im Bereich Controlling an. Beim Benchmarking kann das Unternehmen auf einen Datenpool an Vergleichswerten auf Vollkostenbasis von fast 100 Millionen Quadratmeter ausgewerteter Bruttogrundfläche zurückgreifen.

Die Ingenieure und Fachwirte in der Facility-Management-Sparte des Unternehmens arbeiten an Themen wie Ausschreibungen im FM und der Erstellung von Betriebskonzepten sowie Betriebsführungsstrategien, Gebäudenutzungskosten und Immobilienlebenszykluskostenberechnungen.

Zu den Kunden von rotermund.ingenieure gehören Unternehmen aus einem breiten Spektrum von Branchen: öffentliche Auftraggeber, Banken und Versicherungen, Industrieunternehmen, Medienunternehmen und andere. rotermund.ingenieure ist hauptsächlich für Kunden im deutschsprachigen Raum tätig.

Prof. Uwe Rotermund Ingenieurgesellschaft mbH & Co KG
In der Mönchemühle – Pfennigbreite 8
37671 Höxter
+49 5271 6979998
info@rotermundingenieure.de
www.rotermundingenieure.de

TÜV SÜD Advimo

Gründungsjahr:	1993
Hauptsitz in Deutschland:	München
Anzahl der Standorte in Deutschland:	12
Anzahl der Standorte im Ausland:	k. A.
Mitarbeiter gesamt 2020:	235
Mitarbeiter in Deutschland 2020:	235
Umsatz gesamt 2020:	18,8 Mio. Euro
Umsatz in Deutschland 2020:	18,8 Mio. Euro

TÜV SÜD Advimo bietet optimale Wertschöpfung für Immobilien und ist mit mehr als 230 Mitarbeitern an 12 Standorten in Deutschland einer der führenden Consulting- & Dienstleistungspartner für professionelle Immobilieninvestoren, -bestandshalter, -nutzer, und -betreiber über den gesamten Lebenszyklus hinweg.

Das Experten-Know-how erstreckt sich über Technical Advisory Services, Smart Building & Sustainability Consulting, Real Estate Management Consulting, Asset & Property Management Services, Liftmanagement, Building Information Modeling Strategy, BIM Consulting sowie BIM Management.

Mit einem ausgeprägten Fokus auf Nachhaltigkeit und Digitalisierung unterstützt und berät das Unternehmen seine Kunden, zukunftsfähig zu planen, bauen und bewirtschaften und behält dabei stets die individuellen Anforderungen, Bedürfnisse und Ziele der Auftraggeber im Blick.

TÜV SÜD Advimo GmbH
Westendstraße 199
80686 München
+49 89 4110968-0
advimo@tuvsud.com
www.tuvsud.com/advimo

Ansprechpartner
Alexandra Massuthe
Head of Operations
+49 89 4110968-50
Alexandra.Massuthe@
tuvsud.com

Teil IV – Anhang

Herausgeber

Thomas Ball ist Partner der Lünendonk & Hossenfelder GmbH. Der gelernte Politikwissenschaftler (Universität Frankfurt am Main) ist seit 2013 für Lünendonk tätig. Seit 2020 verantwortet er für das Unternehmen Marktanalysen und Beratungsprojekte für die Märkte Facility Management, industrielle Instandhaltung und Zeitarbeit/Personaldienstleistungen.

Jörg Hossenfelder ist seit 2009 geschäftsführender Gesellschafter der Lünendonk & Hossenfelder GmbH. Der gelernte Kommunikations- und Politikwissenschaftler (Universitäten Mainz und Bologna) mit den Schwerpunkten Empirische Sozial- und Umfrageforschung sowie Öffentliche Meinung verantwortet seit 2004 die Marktanalysen und Beratungskonzepte bei Lünendonk. Er zeichnet zudem verantwortlich für die Marktsegmente Managementberatung sowie Wirtschaftsprüfung und Steuerberatung.

Autoren

Francisco J. Bähr ist innerhalb der Four Parx Gruppe für Strategie, Neuentwicklung, Investment und die Projekte Smart City Loop, City, Urban und qprem verantwortlich. Seit rund 26 Jahren arbeitet der Diplom-Betriebswirt und Logistikexperte im Markt für Gewerbe- und Logistikimmobilien. Während seiner Karriere leitete er verschiedene Immobilienbereiche von Unternehmen (u. a. TNT Express) und verantwortete das Corporate Real Estate Management. Francisco J. Bähr ist langjähriges Mitglied im Club of Logistics sowie Gründer und Geschäftsführer der Initiative Logistikimmobilie (LOGIX).

Thomas Ball ist Partner der Lünendonk & Hossenfelder GmbH. Er betreut Marktforschungs- und Beratungsprojekte für die Märkte Facility Service, Industrieservice und Zeitarbeit.

Tobias Blattmann verantwortet als CTO und Leiter Strategie & Geschäftsentwicklung des Geschäftsbereichs Information & Communication Services von SPIE Deutschland & Zentraleuropa die technologische Entwicklung und strategische Ausrichtung des Geschäftsbereichs.

Susann Bollmann ist Mitglied der Geschäftsleitung und Leiterin Projekte bei der DENEFF. Sie beschäftigt sich als Bankkauffrau und Kommunikationswirtin intensiv mit dem Zusammenspiel von Real- und Finanzwirtschaft zum Erreichen der Klimaschutzziele.

Frank Born ist seit 2001 Head of Marketing bei ISS Deutschland. Er begleitet die Entwicklung von Digital Facility Management mit Kommunikationsstrategien und Change Management bei ISS.

Thomas Braun absolvierte sein Studium als Diplom-Kaufmann (Univ.) an der Universität Bamberg. Nach seinem Berufseinstieg bei einem Privatbankhaus in Düsseldorf und mehreren Stationen bei einem FM-Dienstleister in Berlin ist er nun bereits seit 15 Jahren bei Geiger FM als Geschäftsführer tätig.

Johanna Brückner ist seit 2015 im Facility Management der DATEV tätig und betreut mit ihrem Team FM-spezifische Software. Sie und ihr Team begleiteten den CAFM-Umstieg auf wave und sind nun schwerpunktmäßig für die Weiterentwicklung der FM-spezifischen Software im Rahmen der DATEV-Vorgaben und die Sicherheits-Policies verantwortlich. Brückner ist Diplom-Sozialwissenschaftlerin und setzt ihren Fokus auf Kundenorientierung, Komfort und Praktikabilität, um Software und FM-Services der Zukunft optimal zu gestalten.

Cem Cakrak studierte Projektmanagement (Bau) an der Hochschule Biberach. Von 2013 bis 2016 unterstützte er die Projektleitung beim Neubau des ITCampus der DATEV in Nürnberg. Anschließend führte er zusammen mit Dr. Markus Haushahn ein neues CAFM-System im Facility Management der DATEV ein, dass die meisten Digitalisierungsthemen in diesem Bereich bündelt. Seit 2019 ist er Assistent der Bereichsleitung im Facility Management.

Sipho Fuhr, Prokurist bei der Bauakademie Performance Management GmbH, arbeitete von 2014 bis 2015 als Technical Property Manager bei der WBM Wohnungsbaugesellschaft Berlin Mitte mbH, bevor er im Jahr 2016 eine Stelle als Project Manager in der Bauakademie übernahm. 2019 wurde er innerhalb der Gesellschaft zum Head of Data Analytics berufen. Seit 2018 ist Herr Fuhr zudem als Lehrbeauftragter an der Beuth Hochschule für Technik und Wirtschaft in Berlin tätig.

Sascha Hartmann ist Leiter der Competence-Center-Experten Gebäudereinigung bei der Dussmann Service Deutschland GmbH. Als Meister Gebäudereinigung und Master of Science Facility Management, war er mehrere Jahre im operativen Dienstleistungsgeschäft des Gebäudereiniger-Handwerks in der Managementebene tätig bis sich sein Arbeitsschwerpunkt veränderte und er heute für die Produktentwicklung bei Dussmann verantwortlich ist. Robotik, Nachhaltigkeit und digitale Lösungen sind nur einige Themengebiete.

Bruno Hattayer ist Bereichsleiter für Real Estate Consulting & Advisory bei der TÜV SÜD Advimo GmbH. Der gelernte Betriebswirt hat unter anderem als Vertriebs- und Niederlassungsleiter sowie Leiter Key Account Management ausgeprägte Berufserfahrung in der Gebäudewirtschaft gesammelt. In seiner jetzigen Funktion liegt sein Fokus neben der Facility-Management-Beratung auf Strategieentwicklung und der Organisations- und Prozessoptimierung (inkl. CAFM-Systemauswahl und -Implementierung) im Bereich Facility Management. Weitere thematische Beratungsschwerpunkte sind die Digitalisierung und Nachhaltigkeit im Gebäudemanagement.

Dr. Markus Haushahn studierte zunächst VWL an der FAU in Erlangen/Nürnberg und promovierte anschließend ebenfalls dort am Lehrstuhl für Wirtschaftsinformatik III. Ab 2011 war er als Assistent des Bereichsleiters Facility Management tätig. Hierbei trieb er die strategische Neuausrichtung des Bereichs mit voran. Später übernahm er die Projektleitung zur Einführung eines neuen CAFM-Systems bei DATEV. Seit 2019 arbeitet er als Teamleiter im Facility Management und ist für Datenmanagement und Business Analytics zuständig.

Rainer Hollang ist Mitglied der Geschäftsleitung von SPIE Deutschland & Zentraleuropa. Als Leiter des Geschäftsbereichs Efficient Facilities und Geschäftsführer/COO der SPIE GmbH verantwortet er das TechFM-Geschäft in Deutschland.

Markus Holzke verantwortet seit 2014 als Geschäftsführer/CEO von SPIE Deutschland & Zentraleuropa und Mitglied des Executive Committee der SPIE Gruppe die zukunftsorientierte Weiterentwicklung und den Wachstumskurs des Multitechnikdienstleisters in Deutschland, Österreich, Polen, der Slowakei, Tschechien und Ungarn.

Prof. Dr. Klaus Homann leitet an der DHBW Stuttgart den Studiengang Facility Management (Wirtschaftsingenieurwesen). Er engagiert sich in nationalen und internationalen Verbänden im Bereich der Aus- und Weiterbildung im Facility Management und leitet das Projekt FMgoesDIGI.

Ingo Hüttemeyer ist Leiter des Bereichs Digital Excellence (DEX) bei ISS Deutschland. Zuvor war er 20 Jahre bei Psion, einem Marktführer für mobile Datenerfassung im Bereich Supply Chain Logistics, beschäftigt – zuletzt als Manager Global Customer Care. Seit Ende 2012 betreut er bei ISS Deutschland den Aufbau zentraler Helpdesks und DEX-Anwendungen.

Dr. Christoph Jaschinski hat an der RWTH Aachen Maschinenbau und BWL studiert und am Forschungsinstitut für Rationalisierung promoviert. Nach Tätigkeiten im Maschinen- und Anlagenbau ist er seit 2002 für Unternehmen im Industrieservice und Facility Management im In- und Ausland in leitenden Managementfunktionen tätig. In der Leadec Holding ist er als Senior Vice President Global Business Development für das globale Key Account Management und die Expansion von Facility Services zuständig.

Frank Katzemich studierte Versorgungs-, Kommunal- und Umwelttechnik an der FH Köln. Als Beauftragter für Energie- und Umweltmanagement leitete er die FM Operation Südost/Ost Europa eines internationale Key Accounts und übernahm später die Funktion des Program Managers Energy & Sustainability für große Key Accounts. Als Head of Solution Development war er für das Lösungsgeschäft Energy Efficiency der E.ON. verantwortlich. Heute ist Frank Katzemich als Geschäftsbereichsleiter Energy Efficiency sowie als Leiter des Kompetenzcenters Energy & Sustainability und als Geschäftsführer der savemaxx contracting GmbH von Apleona tätig.

Lena Krumm ist Junior Consultant der Lünendonk & Hossenfelder GmbH und in den Märkten Zeitarbeit, IT-Staffing und Facility Service tätig.

Enzo Lagrasta ist seit Januar 2019 Leiter des Produktmanagements und Marketings für die deutsche CWS Landesorganisation der Division Hygiene. Zuvor verantwortete er die Zusammenführung der Vertriebsmannschaften und des Dienstleistungsportfolios während des Joint Ventures mit dem Unternehmen Initial. Seine Karriere begann Enzo Lagrasta bei CWS und begleitete seither verschiedene Produktmanagement- und Marketingpositionen innerhalb der CWS Gruppe.

Rouven Lorch ist seit 2014 Leiter der Facilities Services von Infraserv Höchst und seit 2019 Geschäftsführer der Infraserv-Tochterfirma Infrasite Monheim. Nach seinem erfolgreich abgeschlossenen Master of Business Administration begann er seine Karriere 2005 bei Infraserv Höchst als Projektingenieur im Facility Management und hatte seitdem zahlreiche leitende Positionen inne, vom Produktmanagement bis zum Gebäudemanagement. Er hat das Wachstum des FM-Segments von Infraserv Höchst maßgeblich vorangetrieben.

Peter Lübkert ist Senior Management Professional mit 30 Jahren Berufserfahrung im internationalen Kontext. Er hat zahlreiche Großprojekte in verschieden Servicebereichen geführt und leitet heute die für Gebäude, Logistik und Dienstleistungen zuständige Abteilung in der OECD, Paris. Er war federführend bei der Gründung einer Umweltvision für das Management der OECD Liegenschaften und befasst sich derzeit besonders mit Raummanagementkonzepten zur Unterstützung neuer Arbeitsplatzphilosophien. Peter studierte Informatik an der Universität Hamburg.

David Martinez, PhD, ist CEO & Global Director des internationalen FM-Beratungs- und Schulungsunternehmens im Bereich Real Estate und Facility Management, FM-HOUSE. Er ist anerkannter Experte in den europäischen und internationalen Standardisierungsprozessen des Asset und Facility Managements.

Felix Mathiowetz verantwortet als Executive Managing Director den Geschäftsbereich Global Workplace Solutions (GWS) von CBRE in Deutschland und Österreich, der integriertes Facility Management, Projektmanagement und Corporate-Real-Estate-Dienstleistungen länderübergreifend erbringt. In verschiedenen operativen und strategischen Führungsrollen in der Immobilienbranche hat Felix Mathiowetz viele Transformationsprogramme erfolgreich vorangetrieben.

Michael Moritz ist Geschäftsführer der WISAG Facility Service Holding GmbH, einem der führenden Immobiliendienstleister in Deutschland. Der Diplom-Ingenieur startete 1994 – nach sieben Jahren im Dienste der Deutschen Luftwaffe – als Projektleiter seine Laufbahn bei der WISAG. Zwei Jahre später wurde er in die Geschäftsführung einer Regionalgesellschaft berufen, danach führte er über viele Jahre die Geschäfte der WISAG Facility Management Holding. Seit 2001 zeichnet er für die WISAG Facility Service Holding verantwortlich.

Sebastian Mosbacher wurde 1988 in Bottrop geboren und lebt mit Familie in Dortmund. Nach seinem Wirtschaftsabitur absolvierte er eine Ausbildung als Gebäudereiniger. Inzwischen 15 Jahre im Familienunternehmen, wirkt er seit sieben Jahren als Geschäftsführer der Stölting Service Group GmbH.

Matthias Mosig ist Prokurist und Head of Digital Transition bei der TÜV SÜD Advimo GmbH. Seit dem Studium des Bauingenieurwesens liegen seine Schwerpunkte in der Prozess- und IT-/CAFM-Beratung im Real Estate und Facility Management. In den letzten Jahren hat er die Erweiterung des Leistungsspektrums um das BIM-Consulting und das BIM Management vorangetrieben. Als Mitglied im Arbeitskreis BIM der Real FM, im Arbeitskreis CAFM/Digitalisierung der GEFMA, im Ausschuss Digitalisierung des ZIA und als Beiratssprecher des CAFM-Rings verfolgt er aktiv die Verzahnung und Umsetzung der Standardisierung im Planen/Bauen und Betreiben.

Michael Peltzer ist seit 2015 Regionalleiter der Klüh Cleaning GmbH in der Niederlassung Düsseldorf. In seinen Verantwortungsbereich fällt auch die Beratung und Betreuung des Kunden Provinzial Rheinland Versicherung AG. Der Reinigungsexperte hat das Handwerk von der Pike auf gelernt, startete 1994 mit der Ausbildung zum Glas- und Gebäudereiniger, ist Gebäudereinigermeister und Fachkraft für Arbeitssicherheit.

Robin Petersen ist Diplom-Kaufmann und war nach seinem Studium in Deutschland, Frankreich und in den USA als Unternehmensberater bei der Boston Consulting Group tätig. Danach folgte ab 2003 eine Karriere in verschiedenen Unternehmensbereichen des Siemens- Konzerns mit mehreren Auslandsstationen, unter anderem in den USA und China. Von 2014 bis 2019 war Robin Petersen CEO der Servicesparte für das Kraftwerkgeschäft von Siemens für Europa, Russland und Afrika. Seit 2019 ist er COO bei Apleona und verantwortet dort das Facility und Real Estate Management in der DACH-Region.

Michael Pichler ist seit 2019 Senior Consultant bei der TÜV SÜD Advimo GmbH. Zuvor hat er 11 Jahre bei E.ON Facility Management GmbH als In-House Consultant den Bereich technisches Management mit aufgebaut. Später war er als Business Development Manager für Systemdienstleistungen Real Estate bei der TÜV SÜD mit Fokus auf die Entwicklung einer CAFM-Onlineplattform für den technischen Betrieb und die Dokumentation von Betreiberpflichten tätig. In seiner aktuellen Rolle agiert als Berater und Projektleiter für technisches und infrastrukturelles Gebäudemanagement sowie als Experte für Betreiberpflichtenmanagement.

Jacqueline Privenau, B.Eng, absolvierte an der FH Münster den Studiengang Total Facility Management und ist wissenschaftliche Mitarbeiterin im Studiengang Facility Management (Wirtschaftsingenieurwesen) an der DHBW Stuttgart. Dort koordiniert sie insbesondere das Projekt FMgoesDIGI.

Jorma Säteri, M. SC., leitet an der Metropolia University of Applied Sciences in Helsinki das Department Real Estate & Construction. Er engagiert sich innerhalb nationaler Netzwerke sowohl in der Aus- und Weiterbildung als auch im Bereich der Forschung und Entwicklung im Facility Management.

Clara Sasse hat Organisationspsychologie studiert und macht sich derzeit neben ihrer Aufgabe im Vertrieb mit einem MBA in Family Entrepreneurship an der Zeppelin Universität betriebswirtschaftlich fit. Vorher war sie vier Jahre bei EY aktiv, davon zwei Jahre als Strategische Assistentin der CEO von EMEIA.

Dr. Laura Sasse hat Betriebswirtschaft studiert und im Bereich Nachhaltigkeit an der Katholischen Universität Eichstätt promoviert. Sie arbeitet bereits seit sieben Jahren im Familienunternehmen, derzeit als Chief Digital Officer. Sie steht für die digitale und nachhaltige Ausrichtung der Gruppe.

Dr. André Schimmel ist Mitglied der Geschäftsleitung von SPIE Deutschland & Zentraleuropa. Als CSO verantwortet er die Bereiche Digital Transformation, Einkauf, Geschäftsentwicklung & Vertrieb, HSEQ, IT, Kommunikation und PMI.

Danilo Schön bekleidet bei der Flughafen Berlin Brandenburg GmbH die Position des Head of Central Services. Bereits während seines FM-Studiums war Herr Schön als Werkstudent beim Flughafen Berlin Brandenburg tätig. Anschließend stieg er im Jahr 2016 als Referent für Facility Management in das Unternehmen ein und schloss berufsbegleitend ein MBAProgramm erfolgreich ab. Seit 2018 übernimmt Danilo Schön zudem Aufgaben als Präsidiumsmitglied des RealFM e.V. und wurde 2020 zum 2. Vizepräsident des Verbandes gewählt.

Stefan Schwan ist Mitglied der Geschäftsleitung bei der ENGIE Deutschland GmbH. Er leitet den kombinierten Vertrieb von Energy & Facility Solutions, der mit gebündelten Kompetenzen Lösungen für den Übergang zur Klimaneutralität für B2B-Kunden in Industrie und Gewerbe entwickelt. Stefan Schwan ist spezialisiert auf die Verbindung von Facility Management und Energiemanagement und beschäftigt sich seit vielen Jahren mit Trends und Innovationen in diesen Bereichen.

Anne Tischer setzt sich für mehr Frauen und mehr Vielfalt in den Führungsetagen der deutschen Wirtschaft ein. Sie ist Vorsitzende von FRAUEN !N FÜHRUNG, einer Initiative für mehr Frauen in Führungspositionen in der Immobilienwirtschaft, und berät mit KARMA SHE SAID ... Unternehmen rund um Diversität und werteorientiertes Management. Anne Tischer war viele Jahre als Presse- und Marketingverantwortliche in Immobilienkonzernen, Stiftungen und in der Politik tätig.

Sergio Vega, PhD, ist Professor an der Fakultät für Architektur der Universidad Politécnica de Madrid und leitet dort den Masterstudiengang »Immobilien- und Facility Management«. Als erfahrener Forscher ist er in leitender Funktion in vielen nationalen und internationalen Forschungsprojekten und -programmen tätig.

Christian Volkmann, Dipl.-Ing., arbeitete als Architekt, bevor er im Jahr 2000 eine Stelle als Projektleiter im Bauprojektmanagement der DFS Deutsche Flugsicherung übernahm. 2004 wechselte er in das Gebäudemanagement und verantwortete die Themen Servicemanagement (intern), Datenmanagement (CAFM/CAD) und Securitymanagement (z. B. Ausweis- und Zutrittsberechtigungssysteme). Seit 2011 zeichnet er für die Grundsätze im Gebäudemanagement der DFS (Betreiberkonzepte, Dienstleistersteuerung und Digitalisierung) verantwortlich.

Lukas Manuel von Rotz, MRICS, studierte an der Zürcher Hochschule für angewandte Wissenschaften Facility Management (BSc) und an der Hochschule Luzern Real Estate (MSc). Seit 2020 ist er als Partner und Mitinhaber der Alpha IC Schweiz AG im Bereich Facility Management & Digitalisierung tätig und übernahm zeitlich die Geschäftsführung der Smart City Alliance. Er verfügt über diverse Unterrichtsmandate an Schweizer Hochschulen.

Udo Weißmantel ist seit 2001 für die Klüh-Gruppe in verschiedensten Führungspositionen tätig. 2016 wurde er in die Geschäftsführung der auf den Gesundheitsmarkt spezialisierten Klüh Care Management GmbH berufen und ist als Mitglied der Geschäftsleitung in der Klüh Cleaning GmbH und der Klüh Clinic Service GmbH unter anderem für die Produktentwicklungen und Innovationen zuständig. In seiner 28-jährigen Laufbahn war Weißmantel sowohl für führende Dienstleister als auch für öffentliche und private Kliniken tätig und für verschiedenste Projekte verantwortlich.

Holger Winkelsträter ist Leiter Marketing und Kommunikation Deutschland beim Spezialisten für technische Gebäudeausrüstung Caverion. Er macht sich stark für mehr Energieeffizienz und Nachhaltigkeit im Bereich Nichtwohngebäude in Deutschland.

Verzeichnis der Abbildungen

Bildnachweis

Sämtliche hier nicht aufgeführten Abbildungen wurden uns freundlicherweise von den Unternehmen und/oder den abgebildeten Personen zur Verfügung gestellt. Sollten unbeabsichtigt Credits nicht aufgeführt sein, so bitten wir um Entschuldigung und um Mitteilung an die Redaktion.

Seite	Quelle
8/9	dar woto/Getty Images
11	Nitat Termmee/Getty Images
27	DFS Deutsche Flugsicherung GmbH (Tower Nord Frankfurt)
29	DFS Deutsche Flugsicherung GmbH (Tower Berlin Brandenburg)
32	DFS Deutsche Flugsicherung GmbH (Tower Dresden)
34	DFS Deutsche Flugsicherung GmbH (ILS München)
37	DFS Deutsche Flugsicherung GmbH (Tower Nord Frankfurt)
39	Chris Ryan/Getty Images
47	Andrey Popov/Adobe Stock
59	andresr/gettyimages
71	Dimitris Otis/gettyimages
83	SERGII IAREMENKO/SCIENCE PHOTO LIBRARY/gettyimages
85	LTS AG
87	LTS AG
89	Steiner & Partner Landschaftsarchitektur GmbH
90	Steiner & Partner Landschaftsarchitektur GmbH
95	Westend61/gettyimages
97	Anchalee Phanmaha/gettyimages
99	sdecoret/Adobestock
101	Franck-Boston/gettyimages
105	Dimitris Otis/gettyimages
114/115	amnaj/Adobe Stock
116	Leo Lintang/Adobe Stock
122	ENGIE Deutschland GmbH
125	Ritter Sport
126	ENGIE Refrigeration

Seite	Quelle
128	Monty Rakusen/gettyimages
132	Bundesministerium für Wirtschaft und Energie
134	Wisag
135	Wisag
137	Wisag
140	Monopoly919/Adobe Stock
141	Alexander Limbach/Adobe Stock
143	Drazen/Adobe Stock
146	SPIE
154	zhu difeng/Adobe Stock
157	Andriy Bezuglov/Adobe Stock
160	makibestphoto/Adobe Stock
164	Nitat Termmee/gettyimages
168	Dr Sasse Gruppe
169	Dr Sasse Gruppe
170	Dr Sasse Gruppe
171	Dr Sasse Gruppe
174	4th Life Photography/Adobe Stock
175	blackdiamond67/Adobe Stock
180	CWS
183	CWS
186	onurdongel/gettyimages
187	JUNHO/Adobe Stock
192	Geiger FM
193	Adobe Stock
195	Geiger FM
198	Provinzial Rheinland Versicherung AG (Zentrale der Provinzial Rheinland Versicherung AG mit Sitz in Düsseldorf)
199	Klüh Service Management GmbH
200	Klüh Service Management GmbH
202	Klüh Service Management GmbH

Seite	Quelle
204	StokImagBrasil/Adobe Stock
205	Stölting Service Group
206	Stölting Service Group
208	Arno/Adobe Stock
209	Dimitriy Kuzmichev/Adobe Stock
210	InfraServ Hoechst
212/213	Goodluz/Adobe Stock
214/215	Industrieblick/Adobe Stock
266/267	boonchok/Adobe Stock
288/289	hakinmhan/Adobe Stock